作者──矢內原忠雄

翻譯
解題──黃紹恆

帝國主義<u>的</u><u>下</u>臺灣

目次

· 解題 ·

試論矢內原忠雄
與東大殖民政策講座
黃紹恆

1 前言

　　有關日治時代的臺灣史，特別是經濟史方面的研究，矢內原忠雄所著《帝國主義下的臺灣》（1929年）可說已成為必然的「起點」。矢內原在書中所描繪戰前日本資本主義在臺灣的發展與臺灣社會的變化，雖如涂照彥於《日本帝國主義下的臺灣》（1975年）所言，因為僅從日本觀點分析而有偏失，結果使得「臺灣土著社會的傳統社會經濟構造」無法成為其主要的分析對象[1]，但是正因如此的「缺陷」，反而增益矢內原此書在戰後臺灣社會的權威性。換言之，由於該書是日本學者的「告發」，因此符合戰後國民黨政權對臺灣社會推動的反日政策路線。也因此在研究方法上，此書雖實受馬克思主義影響甚深，與以反共為國是的國民黨政權理應水火不容，卻因前述的「反日色彩」而免除查禁。近10餘年臺灣社會的多元化逐漸展開，該書作為馬克思經濟學著作的學術價值或可因此受到辨識。

---

* 　內文中的文獻題名皆譯為中文，表明出處的註文中則保留原文──筆者識

　　戰後國內外學界對矢內原著作的研究最具系統者，當可舉出日本駒澤大學教授淺田喬二的研究。淺田在題目為〈矢內原忠雄的殖民論〉的系列研究中，分別就「矢內原殖民理論的特徵」、「矢內原的殖民地臺灣論」、「矢內原的殖民地朝鮮論」、「矢內原的殖民地滿洲論」及「矢內原殖民論的特徵及問題點」，列舉戰前大內兵衛（1926年）、細川嘉六（1927年）與戰後涂照彥（1974年）、川田侃（1976年）等人對矢內原殖民理論的看法，並逐一評述，認為各家對矢內原的研究均失之局部，因此有必要全面檢討矢內原的臺灣、朝鮮、滿洲（中國東北）及中國的殖民理論。

　　綜觀淺田研究之全文，其研究方法的特徵之一，可說是以其為文當時日本學術界的歷史研究成果，檢視矢內原所有的理論，發掘出各項論點的問題。例如就臺灣而言，淺田指出矢內原「無視」臺灣糖業中日本糖業資本地主與臺灣人佃農之間的半封建、非資本主義的各種關係，而有誤認為兩者處於「資本主義性質的土地所有關係」之問題。又如面對臺灣的民族運動，過大強調中產階級扮演的角色，忽略農民組合運動所居決定性地位，完全欠缺臺灣民族問題的本質為農民問題的觀點，導致民族問題與階級問題之間欠缺連結[2]。

　　淺田的研究雖然顯示出戰後日本學術界在相關課題的研究成果及水準，然而其將矢內原「個人」與其學問拆解的分析手法，儘管為今日一般常見，但是就理解矢內原個人學說理論而言，卻不得不說仍留下許多不同觀點的研究空間，畢竟任何學說理論無可避免地受到提出者個人的特質及其所處時代背景影響。同理，若只就理論議論理論本身，而疏忽此理論倡言者的「個人」生平及學問的研究，最後所描繪出的矢內原圖像，將不可避免地投射入研究者個人的因素，甚或變質成研究者心中所想的鏡像而與

被研究者無涉。

此外，今後臺灣在建構臺灣研究的學說史時，由於戰前與戰後的學術環境有明顯的斷絕，矢內原及其所處時代距今又已年代久遠，在整體時代背景與今日截然不同的情況下，欲再重新理解、詮釋矢內原的理論學說時，嘗試重回矢內原當時的歷史情境並以此重塑其個人圖像，當屬基礎而優先的工作。

基於上述的理解，繼本節「前言」，本篇解題將接續以「學歷貴族」式的人格養成、「馬克思主義」經濟學者矢內原忠雄、矢內原忠雄的臺灣研究及結論等各節，探討矢內原忠雄的重要生平及與其學問形成。

2「學歷貴族」式的人格養成

矢內原忠雄於1893年出生於日本愛媛縣，1910年就讀位於東京的第一高等學校（以下，簡稱一高），當時的校長為新渡戶稻造，1913年進東京帝國大學法科大學政治學科，1917年大學畢業後就職於住友別子礦業所，1920年以接任新渡戶的遺缺──「殖民政策」講座[3]，轉任東京帝國大學經濟學部（以下，簡稱東大經濟學部）助教授。

戰前日本的教育系統到1920年代中期大致發展齊備。就學歷而言，在趨於齊備的過程中，於尋常小學校或高等小學校畢業與中等學校畢業之間、中等學校畢業與專門學校或大學等高等教育畢業之間、專門學校或私立大學畢業與帝國大學畢業之間，有所謂「斷層」的現象出現。尋常小學校或高等小學校畢業者絕大多數屬於「庶民」階層，中等學校畢業者則已可成為地方上的菁英份子，帝國大學畢業生則立於此學歷金字塔的最頂

點。彼此之間，可謂涇渭分明，斷層與斷層之間的鴻溝，並不容易跨越。

帝國大學的權威可說直接來自於其畢業生為政府高級官僚的主要來源，而高等學校（今日稱為「舊制高校」）的學生，由於基本上都可免試進入帝國大學就讀，因此能夠躋身高等學校，無異搭上「立身出世」的專車[4]。由於當時日本社會認為高等學校畢業後就讀帝國大學的學歷最為正統，因此高等學校學生已可說是所謂「學歷貴族」的一員，而高等學校學生自身亦有如此的認知，戰前日本社會菁英份子的人格養成亦在此環境下開始。青年矢內原就讀的一高，不僅是日本最早設立的高等學校，而且畢業生大多進入東京帝國大學就讀，因此形象又顯得特別突出。

曾經就讀臺北高等學校的故臺大經濟學系教授張漢裕強調高等學校的教授不只是將學養、學識或工具傳授給學生，更重要的是培養了「年輕人的人格、人品志氣和骨氣」[5]。而張所描述的「1930年代是我一生中的黃金時代，在高等學校所受的教育真的是liberal（自由）教育，校長、教師都努力從事於『人』的教育（Character building），皆有為國家、社會造『人』的志氣」[6]氛圍，可說正是近代日本菁英教育的最大特色，亦為「學歷貴族」在人格形塑上最主要的工具——「教養主義」。

所謂的「教養」，簡言之，可解釋為「經由對文化的享受，完成自己人格的塑造」[7]。具體而言，係以接觸西洋古典名著，使得從心中產生對學問、文化的敬畏心理，藉此形成人格的過程。高等學校「教養主義」之抬頭，起源自新渡戶稻造擔任校長時期的一高，然後再擴散到其他高等學校。新渡戶於1906年9月的上任歡迎會中呼籲一高學生應該放棄所謂的「籠城主義」，不要建築城牆封閉自己，而是要襟懷灑落地致力於性格的修養[8]。以開放自己、培養人格，即「人格主義」為基本思想的「教養主義」，

其主要內容在進入大正（1910年代～）期之後，為廣泛地閱覽書籍[9]。閱讀的對象雖然未有任何規定，但是大致以西洋文化為主，至於東方或是本土的文化反未受到應有的重視。

事實上，高等學校的設立可說在先天上就十分有利於這種「教養主義」的植根及發展。

首先，高等學校畢業生可直升帝國大學，帝大畢業後前途也有保障，因此相對同級的專門學校著重職業教育，高等學校的課程內容便偏向所謂的「教養之學」，和「實用之學」距離較遠，此為高等學校教育的特徵[10]。

因此，高等學校學生相對之下便有餘裕閱讀大量的課外書籍，而此亦助長了以西方人文思想為內容的「教養主義」。特別是西方經典著作的日語譯本種類繁複而且大量出版，不僅提供了成長的沃土、充實了高校畢業生就讀帝國大學所需要的基礎知識與能力，更強化了兩者之間的連帶感，進而形成非同時擁有高等學校及帝國大學之學歷皆為「旁系」的文化優越感。

而此「教養主義」，到了大正中期（1920年代）又添加了新的內容，亦即隨著日本國內馬克思主義的興盛並頻繁發生無產者運動，馬克思的《資本論》與社會主義的著作受到高等學校以上的學生普遍注目。馬克思主義的學說由於植基於英國古典經濟學、德國古典哲學及法國社會主義，不僅不與「教養主義」衝突，更被認為是「高階」的「教養主義」經典，成為當時高等學校學生的重要讀物[11]。

不過，在矢內原就讀一高的時期，日本社會對馬克思主義相關著作的引介，只有安部磯雄、幸德秋水、片山潛、山川均等人對《共產黨宣言》及《資本論》部份內容的介紹而已[12]。儘管如此，上述馬克思主義的學說基礎與「教養主義」的內涵由於有相當程度的重疊，矢內原對這些正在引

進日本的西方新思潮當有一定程度的注意。不過，就矢內原而言，除了這些包括馬克思主義在內新的西洋文化外，宗教信仰的確立可說是其高等學校時代另一項關鍵影響，這方面的導師則有新渡戶稻造及內村鑑三。

矢內原就讀一高時的校長正是新渡戶稻造，當時新渡戶的言論行為皆為青年矢內原仰慕及模仿的對象。新渡戶稻造出生於1862年，16歲時進入「開拓使札幌農學校」（今日北海道大學前身）。該校為當時北海道開拓使黑田清隆仿照美國公立大學所建立的農業學校，創校時聘請美國麻州農業大學校長 William Smith Clark 主持校務。Clark 是位虔誠的基督教徒，每天的授課從晨禱開始，除分發聖經給全校學生外，並開辦「星期天學校」，藉由宗教信仰致力於「全人教育」。Clark 在任雖只有8個月，卻影響學生甚深，新渡戶與內村鑑三皆為其親炙學生，二人對矢內原的人格塑造皆極為重要[13]。

新渡戶雖然不公開傳佈基督教，但是其作為基督教徒的言行卻深深影響矢內原，因此雖然一般認為矢內原向新渡戶學習作人，向內村鑑三學作基督教徒，但是對矢內原的信仰而言，還是不可忽視新渡戶的重要性[14]。

而受教於內村的機緣，則是矢內原於1911年9月號的《聖書之研究》刊物看到「訂閱一年以上的讀者可出席每星期天的聖經講義」廣告而來，該雜誌正是內村為佈道所創辦的雜誌[15]。內村於札幌農學校求學時便已信仰基督教，1888年由美國學成回日，1889年任職第一高等中學校（一高的前身）時，由於拒絕向天皇的教育敕語行禮，釀成所謂「不敬事件」而被解職。內村這種反對所謂「政教合一」的天皇權力及追求個人心靈自由的態度，日後形成無視任何教會的權威及制度、一心致力於聖經研究及佈道的「無教會主義」。

矢內原於1952年出版著作《基督教入門》（角川書店），書中序言說到

就讀一高之後，在精神上缺乏自信、覺得自己知識教養不足，有此諸般年輕人於自我摸索及自我理解過程中特有的憂鬱及徬徨。於是在進入一高前已對基督教有欽慕之情的矢內原，在一高學長及友人引導下加入「一高基督教青年會」，然後再以上述機緣正式投入內村的門下[16]，內村反抗地表上一切權威的「無教會主義」亦深烙於矢內原的心版。

然而，值得留意的是矢內原如何在否定宗教的馬克思主義及「無教會主義」的宗教信仰之間，取得自己精神上的一致性。日後，矢內原在任教的東大經濟學部也因為既以馬克思主義為研究方法，又同時篤信宗教，受到同僚諸如「矢內原君在仍保有基督教仰的情況下，或許無法徹底成為社會科學者，甚至無法成為真正的學者」之類，從唯物論立場出發的批難[17]。

矢內原在1932年所著的《馬克思主義與基督教》一書中有明確的回應，認為馬克思所言精神鴉片的「宗教」，乃是成為社會制度的宗教。歷史上，教會或寺院勾結支配階級而與人民為敵的例子甚多，其情形正如馬克思對宗教的批判。教導正義與愛的宗教才是真正的宗教，不僅不是人民的敵人，也不是社會運動的敵人。而學問並非人生的全部，學問所不能填補的部份有宗教生活和藝術生活。學問可強化或改變人生觀卻無法製造人生觀，人生觀則將學問統一於人格之中。換言之，矢內原將信仰（基督教）與學問（馬克思主義）分置兩個不同的次元，主張信仰居於學問之上並給予學問存在的意義，對他而言，信仰成為推動學問的動力[18]。

唯高等學校時期的青年矢內原當無如此冷澈而清楚的區隔，極有可能是從對新渡戶的景仰與認同當中，更加確認自己對基督教的慕道之情。而在高等學校時期之前對基督教的認識，亦當可說夾雜著對西方文明的模糊理解與好感，此現象在近代日本充滿「脫亞入歐」的社會價值下，連同

高等學校的「教養主義」，皆可說是「崇洋」心理。由於西方文化等同「先進」、「合理」的基設亦是當時日本菁英階層普遍存在的價值觀，這種「崇洋」心理不僅有其正當性，更是晉身菁英份子所必備的條件。不過，並非所有近代日本的菁英份子都像矢內原信仰基督教，矢內原的信教自當有個人精神特質的因素，只是其背後所存在對西方文化的「肯定」態度，可說是這些菁英份子的共通點。

3 「馬克思主義」經濟學者矢內原忠雄

　　矢內原忠雄於1920年3月以接任新渡戶稻造於東大經濟學部的「殖民政策」教職重返母校，不過並未立刻站上講台授課，而是自同年10月到1923年2月以殖民政策研究為題留學英、德及美國。回國後到1937年12月因言論問題被迫離開東大為止，擔任東大經濟學部「殖民政策」講座共計15年。矢內原的臺灣研究，為其殖民政策研究的一環。

　　東京帝國大學的歷史可追溯至1877年日本政府合併東京開成學校及東京醫學校而成立的東京大學，創設時的東京大學分設法、文、理及醫學部。經濟學最初於文學部講授，爾後於1885年併入法政學部（由法學部改稱），至1919年獨立成經濟學部為止，一直編屬於法政學部及法科大學（由法政學部改稱）。總的來說，戰前東大經濟學部的教授陣容，可區分為「第一世代」、「第二世代」及「第三世代」。第三世代有渡邊銕作、森戶辰男、土方成美、上野道輔、森莊三郎、舞出長五郎及矢內原忠雄[12]，此世代最大的特徵在於當中有許多人受馬克思主義影響極深，同時亦為戰前經濟學部內部對立的主要當事人。

　　如前節所述，馬克思主義在明治末年雖已進入日本，然而要到第一次世界大戰結束後才大為流行。其內在因素有大戰帶來日本經濟空前的繁榮，「米騷動」的爆發則象徵社會矛盾趨於嚴重，外在則有俄國布爾什維克革命成功、德國社會主義文獻大量流入。1920年代，馬克思的思想及理論已然成為當時日本經濟學界的熱門焦點，然而來自日本政府國家權力對思想的控制與鎮壓，亦逐漸明顯、露骨地進入校園。

　　到1939年東大經濟學部遭到所謂的「平賀肅學」，即學校當局以強壓解決教授之間意識形態鬥爭為止，一連發生了1920年的「森戶事件」、1925年《資本論》採用問題、1930年山田盛太郎逮捕事件、1937年矢內原被迫辭去東大教職及1938年「教授集團事件」[20]。其中「森戶事件」、山田逮捕事件及「教授集團事件」為日本政府對思想言論的直接彈壓；《資本論》採用問題及矢內原的去職則是在此思想箝制網目日漸細密下，經濟學部內部圍繞在對馬克思主義的正反立場，從學問上的論爭發展成所謂「革新派」右翼教授土方成美、本位田祥男、田邊忠男聯合「自由主義派」教授河合榮治郎，與矢內原忠雄、大內兵衛等「馬克思主義派」教授間，學問以外的意識形態對立。

　　1923年矢內原任教的「殖民政策」又是如何的學問構成？

　　東大經濟學部的「殖民政策」講座設立於1909年，其緣起依《東京大學百年史》的記載，可知與臺灣總督府民政長官後藤新平等與臺灣總督府有淵源的人士之捐贈有密切關聯[21]。後藤等人捐贈的原因之一是希望能在帝國大學設置與有關殖民地的講座，以培養殖民地經營人才[22]，首任講座教授則由曾任臺灣總督府臨時糖務局長的新渡戶稻造擔任。

　　新渡戶於1920年因任職國際聯盟離開東大，遺缺由矢內原繼任。到

1937年離開東大為止，矢內原有關殖民地的重要著作可說皆已完成，計有《殖民政策講義案》（1924）、《殖民及殖民政策》（1926）、《殖民政策的新基調》（1927）、《帝國主義下的臺灣》（1929）、《滿洲問題》（1934）及《帝國主義下的印度》[23]。因此，矢內原任教東大經濟學部時期的「殖民政策」講座可說已是結構整然而且內容豐富的學問體系。

矢內原辭職後的「殖民政策」講座暫由拓殖大學教授永雄策郎兼任，1939年10月再由農學部教授東畑精一兼任該講座教授，一直到日本戰敗投降[24]。

新渡戶由於仍兼任臺灣總督府的顧問工作，因此缺課情形甚為頻繁，不過在當時德國歷史學派風行並對自由主義採批判立場的東大經濟學部內，新渡戶鼓勵學生閱讀亞當斯密《國富論》一點，可說較為特殊[25]。不過，新渡戶的授課予人有「鬆散」之感，除經常缺課外，講解的方式亦為另一原因。與矢內原同為新渡戶受業學生的故東大經濟學部教授大內兵衛回憶道「在我們學習的時候，新渡戶老師以臺灣總督府的顧問、後藤新平的顧問而更具名氣。事實上，他在臺灣的時間較多，學校的授課則有相當程度的缺席。老師上課全然不說像什麼是殖民、什麼是殖民政策之類『四四方方』的教科書式的話，因此當時的學生總認為這位老師大概沒什麼學問」[26]。

矢內原忠雄描述新渡戶的講課，「並非朗讀方便學生作筆記的文章，而是所謂的『談話方式』。在講課內容中所交雜的談話，為最富趣味的啟示，貴重真理的片鱗便在一瞬間閃過，給予我們超越知識的智慧及科學的學問感動……（新渡戶老師）對概念性學問的作法及講課，毋寧不抱好感的樣子」[27]。對矢內原而言，「在大學的授課中對我影響最大者，應算是

新渡戶老師的殖民政策及吉野造作老師的政治史吧。吉野老師以近世民本主義的發達為題，也就是以今天所講的民主講解民本主義的發達……新渡戶老師的殖民政策是以人道主義的立場出發。吉野老師與新渡戶老師的講課，皆不採用、而且似乎均刻意地排斥德國式精密理論體系的作風。不論是好是壞，皆對我們造成影響」[28]。

大內以旁觀者的立場看新渡戶與矢內原的學問，認為兩人有一個共同的脈絡，也即是亞當斯密的《國富論》，特別是第4篇「論經濟政策與經濟學說之諸體系」的第7章「論殖民地」[29]。矢內原於戰後回憶，亦表示《國富論》為其殖民政策研究的起點[30]。

《國富論》的第4篇分為9章，第1章到第8章直接討論重商主義，第9章則著重於法國的重農主義，法國重農主義又是以批評法國的重商主義而產生[31]，因此第4篇可說是為探討（或言批判）重商主義所設的章節。亞當斯密的「論殖民地」（第4篇第7章）亦在此脈絡下區分成「第1節論建立新殖民地的動機」、「第2節新殖民地繁榮的原因」、「第3節美洲及經由好望角到東印度的航路發現，究於歐洲有何利益」等3節，分別從殖民國、殖民地的層面探討殖民的現象。亞當斯密指出歐洲國家的殖民美洲，對歐洲各國而言，不論是否與美洲有直接貿易，均可因此霑潤其利；但是另一方面也會引起獨占的現象，而獨占是不好的。至於美洲及好望角航路的發現，亞當斯密承認的確為「東西兩個印度的土人」帶來不幸，但是結果還是極有可能大家同蒙其利[32]。

從世界資本主義的歷史發展階段來看，亞當斯密可說處於重商主義時代即將結束而資本主義已然萌芽的階段，新渡戶處於資本主義進入帝國主義階段的初期，矢內原則在第一次世界大戰（帝國主義國家重新分割世界

市場的戰爭）之後，分別建立各自的殖民地理論，後兩者的理論又如何像大內兵衛所言，可用第7章貫成一脈？

　　新渡戶及矢內原「殖民政策」理論的具體內容，殆可從矢內原忠雄編《新渡戶博士殖民政策講義及論文集》（岩波書店刊，1943年8月發行）[33] 及矢內原忠雄著《殖民及殖民政策》（岩波書店刊，1926年發行）[34] 的內容，看出其主要精神與重點。以下就此二書，作扼要的檢討。

表1　新渡戶稻造及矢內原忠雄之殖民政策理論綱要

新渡戶稻造	矢內原忠雄
第1章　晚近殖民思想的勃興	第1章　殖民的本質
第2章　殖民的理由、目的、利益	第2章　殖民地的概念
第3章　殖民的語源及定義	第3章　殖民的動因（消極面）
第4章　殖民地的種類、類別	第4章　殖民的動因（積極面）
第5章　殖民地的獲得方法	第5章　殖民地的成立及終止
第6章　殖民地的統治	第6章　殖民地的分類
第7章　殖民地的土地問題	第7章　殖民的社會層面
第8章　原住民政策	第8章　殖民的經濟層面
第9章　殖民政策的原理	第9章　殖民地的價值
	第10章　殖民政策的概念
	第11章　統治政策
	第12章　原住者政策
	第13章　勞動政策
	第14章　土地政策
	第15章　金融政策
	第16章　產業政策
	第17章　財政政策
	第18章　殖民政策的理想

出處：新渡戶部份出自矢內原忠雄編，《新渡戶博士植民政策講義及論文集》（岩波書店，1943年8月）。矢內原部份出自矢內原忠雄，《植民及植民政策》（岩波書店，1926年）。

　　由表1所示新渡戶與矢內原殖民政策理論的綱要，相較新渡戶，可看出矢內原殖民政策的構想與內容有明顯的擴充，但是在理論框架上，兩者仍有相似之處。新渡戶的第1章至第5章主要以西方歷史為考察對象，說明殖民現象的起因及種類，類似的論述則出現在矢內原的第1章至第9章。接著有關殖民政策的探討，相對新渡戶的第6至第7章，矢內原則花費相當的篇幅（第10章至17章）作相當深入而仔細的探討。新渡戶的第9章則可比擬為矢內原的第18章，先從「殖民」開始展開論說，再延伸到「殖民政策」，最後作出結論。

　　新渡戶的第1章至第5章，細數人類史上的殖民經驗。由於新渡戶所處時代的西方資本主義列強已然建立極為發達的殖民地制度，因此新渡戶的論述不僅涵蓋了《國富論》第4篇第7章的範圍，更擴及包括租借、勢力範圍、保護國等19世紀出現的新現象。新渡戶指出殖民思想的發展到19世紀中葉跌落到最低潮，但是從1870年左右再度勃興，其理由有交通機關發達、人口增加、資本蓄積等，包括經濟、政治及道德層面。在經濟理由當中，又以資本主義的需求最為有力，資本主義與帝國主義原本就是不可分離的關係[35]。

　　新渡戶定義殖民地為「新領土」，包含了「人」、「土地」及「與母國的政治關係」等三要素，「殖民」為一部份的國民從故國移居到新領土之意，「殖民政策」則是在新領土逐行國家目的之政策。不過，新渡戶強調此政策需以對各國殖民地的比較研究為基礎，方得在新領土推行相關政策[36]。但是成為新領土的殖民地，並非空無一人，因此在其國民移居新領土時，如何處置既有居民（即新渡戶所指的「原住民」）的問題自然因應而生。新渡戶認為即使造成人種優劣的理由未必清楚，但是其現象確實存在。不

過，這種人種（即民族）的優劣不應以個人才能而應以團體能力（例如國家）來評斷。大體而言，所謂的殖民，多為優等人種取得劣等人種土地而來，因此原住民政策可說是人種鬥爭的問題。而在執行上必須注意幾點，即對原住民的調查、以蠻制蠻（此為殖民者有必要保護自己時的例外作法）、阻止原住民之間的對立及爭鬥、保障本國人及原住民的土地財產權利、使用原住民勞動並致力教導他們勞動、可保護卻不可給予與母國人相同的權力[37]。在最後一章的結論，新渡戶認為難以概括殖民政策的原理，勉強地說，殆為「重視原住民的利益」一點。此外，其亦強調「精神殖民」的問題為今後（20世紀）越來越重要的問題，就其所主張的「殖民乃文明的傳播」而言，新渡戶認為此問題也是思想的征服問題[38]。

而在著書序言寫下「以敬愛及感謝將本書獻給新渡戶稻造老師——作為他學生中一人的著者」的矢內原除表達對恩師的感激之情外，亦間接表明其殖民政策理論的師承源流。雖為「大正教養派」一員的矢內原忠雄[39]在人格、學問對新渡戶抱有孺慕般的崇敬與親近，但是矢內原的理論絕非新渡戶理論的再版。矢內原對新渡戶的景仰可說是對其人格欽慕的延伸，至於矢內原的殖民理論，具體而言，則是從對霍布生（J. A. Hobson）及列寧（V. I. Lenin）的帝國主義論深入研究，再加上對殖民地的實地踏查而建立[40]。

矢內原的殖民政策論述也是以「殖民」的定義為出發點，而在殖民地的概念上，矢內原舉出「形式上的殖民地」及「實質上的殖民地」的兩個觀點。所謂「形式上的殖民地」係以力量爭奪而來，為一國統治權力的延伸，以強權「支配」其他社會群體。當被支配的群體具備獨立的集團意識時，形式上的殖民地也就無法再和平地存在下去。人類的歷史上，這類殖民地的具體成立方式，可有先占、合併、買賣交換、租借、保護條約、委

任統治（託管）等不同種類。「實質上的殖民地」只是在概念上與「形式上的殖民地」有所區分而已，兩者間有密切的關聯。「形式上的殖民」（統治權的延伸）追隨「實質上的殖民」並以其為基礎而成立，「實質上的殖民」則接受「形式上的殖民」的保護，亦即「商業追隨國旗的同時，國旗亦追隨商業」。其次，在「殖民地的終止」一節，矢內原主張應從實質與形式兩方面檢討。「實質上的殖民」的結束，係起因於殖民地社會已形成一個獨立且統一、嶄新的集團意識，而且該地區已經無法再接受新集團的移居。例如美國移民法的施行沿革，正是說明此「實質上的殖民」終止的最佳例子。「形式上的殖民」的終止則有與殖民國的合併、由殖民國獨立、任意的放棄或強制獨立等情形[41]。

矢內原鋪陳其見解時，亦延續新渡戶的敘理方式，特別是從大航海時代以降的西洋史中旁徵博引，令人不禁想起亞當斯密於《國富論》第4篇第7章的論述方式，前引大內兵衛所指的一貫脈絡，其理由或許便表現於此。

在所引用的諸家理論、學說方面，除與新渡戶皆相當重視德國歷史學派的學說外，矢內原理論最大不同處乃在於引用馬克思主義有關帝國主義的理論。特別是此方法上的特徵，矢內原的殖民政策理論不僅對當時各國殖民地領有的情形有批判性的理解及掌握，而且在理論架構上將殖民地與資本主義歷史發展過程彼此扣聯，以臺灣為首的日本殖民地因而在近代日本的經濟學（即日本馬克思經濟學）理論構成上，獲得應有的位置。矢內原在所著《殖民及殖民政策》第8章「殖民的經濟層面」第2節「殖民對資本主義經濟發達的貢獻」，統整殖民地對殖民國資本主義的貢獻，計有對原始積累的貢獻、提供流通手段（金、銀等貴金屬）、提供資本主義存續所需的市場、提供原料及食品、殖民地為近代股份有限公司的濫觴。在這

方面論述，矢內原所舉的例證正是重商主義時代荷蘭、英國等國的歷史經驗[42]。由此，可感覺到矢內原之殖民政策理論，除對現狀分析有其廣度（第10至第17章的說明）外，在理論架構上亦有其歷史的深度。

　　前引故臺大經濟系教授張漢裕對恩師矢內原的學問則有如此的描述，「（矢內原）老師依據一定的理論進行分析，而此理論是以亞當斯密及馬克思的經濟學為基礎，再引進霍布生、希發廷（R. Hilferding）、列寧等的帝國主義論而完成……並不將之當作主義或教義信奉，只不過將之當作分析的工具乃至假設使用而已」[43]。遠從臺灣負笈日本求學的青年張漢裕所感受到的矢內原忠雄，與其說是馬克思主義經濟學者，其全身所發散的「教養主義」氣味及虔誠基督教徒的形象更為強烈[44]，也無怪乎矢內原在面臨同儕指責時，大費周章地解釋馬克思主義與自己宗教信仰的關係。

　　要言之，亞當斯密、新渡戶稻造及矢內原忠雄所處的世界資本主義歷史發展階段各異，也因此在殖民現象及殖民政策的鋪陳敘理上，三人雖有其一貫相連的脈絡，但是內容則反映時代變化，自新渡戶開始有所增益。到了矢內原的階段，在分析的方法上，更沿用了列寧等人的帝國主義論觀點而有新的理論發展。

　　矢內原將殖民區分成形式及實質兩種，當可說來自新渡戶對近代殖民現象的分類。矢內原在殖民地分類方面的論述，有相當程度繼承新渡戶的見解，另外矢內原亦延續新渡戶的人道精神及文明傳播之觀念。但是矢內原殖民理論更重要之處，在於指出殖民地對進入帝國主義階段的資本主義而言，實際上為另一個資本積累或再生產基盤的延伸，而殖民地與殖民國之間則處於榨取的關係。不言自明，矢內原在這方面的見解可清楚看出馬克思主義的痕跡。

4 矢內原忠雄的臺灣研究

矢內原忠雄在《殖民及殖民政策》的序言中表明其殖民地的研究，係「說明已為社會事實的殖民及殖民政策之意義，以及殖民對人類，特別是利害相關的殖民國對殖民地與殖民者對原住者的影響，以及殖民地社會各種關係的特色。在如此意味下的殖民研究，對殖民國的國民也好，對殖民地的人民也好，對資本家階級也好，對勞動者階級也好，對帝國主義者而言也好，對非帝國主義者而言也好，應當可說是幾近沒有偏見的方法。這是因為以客觀分析為基礎的事實關係之理解，應為實際政策的基礎」[45]。日後，矢內原接受東大經濟學部教授大塚久雄訪問時，也曾說明他的殖民地研究是以帝國主義理論及實證研究為中心而進行[46]，因此矢內原的殖民地臺灣研究也必然以在臺灣的實地踏查為基礎逐漸建立起來。

如表2所示，矢內原於1927年3月18日來臺考察[47]，根據後人編纂的年譜，矢內原於18日從東京出發，22日於基隆上岸，迎接他的人是蔡培火，而後除接受臺灣總督府、各地方廳官員款待並在各地講演外，到4月29日搭船離臺為止，環島考察旅行一個月餘。其間，曾旁聽了「二林事件」的公審、調閱總督府特產課檔案及三井物產檔案並與訪談總督府官員、旁聽臺灣農民組合大甲支部有關開墾及保管林的討論、視察「竹林事件」的發生地點、參觀嘉南大圳，並且在離臺前夕於總務長官後藤文夫官邸以「民族運動與階級運動」為題發表講演[48]。

不過，由4月16日矢內原於礁溪休養時寫給其妻惠子的信中可知，於屏東、臺南、嘉義、彰化及臺中的講演會場，不僅有警察在場監視，同時也有些臺灣人在場妨礙，使得矢內原覺得在東京答應在臺演講為錯誤決

表2 矢內原於「日本資本主義論爭」期間的動態

	「日本資本主義論爭」之進展	日本及世界動態	矢內原之動態
1927	6月起「小帝國主義」論戰開始 12月「勞農」雜誌創刊	3月起日本經濟發生「金融恐慌」 12月蘇共開除托洛次基（Trotsky）黨籍	2月《殖民政策的新基調》（弘文堂）出版 3月18日－5月6日前往臺灣考察 5月23日在東大《大學新聞》發表〈臺灣的政治自由〉
1928	1月起「戰略論戰」開始 4月河上肇、大森義太郎、向坂逸郎被迫離開大學教職	3月日本政府大舉逮捕共產黨員（「三一五事件」） 5月蘇聯第一次計畫經濟開始執行	2月《人口問題》（岩波書店）出版 4月10日為蔡培火《給日本國民》一書寫序 8月5日－9月3日前往樺太（南庫頁島）及北海道考察
1929	10月「無產階級科學研究所」創立，對「勞農派」進行批判	4月日本政府再度大舉逮捕共產黨員（「四一六事件」） 10月美國紐約股市大暴跌	1月於楊肇嘉東京住所舉辦的「臺灣新民會」中講演 10月《帝國主義下的臺灣》（岩波書店）出版
1930	5月山田盛太郎等人為日本政府逮捕 7月山田盛太郎、平野義太郎辭去東大教職	1月日本政府實施「金解禁」政策 3月世界經濟恐慌開始波及日本 10月日本米價暴跌、農業恐慌擴大 11月首相濱口雄幸為右翼恐怖份子暗殺	5月為《社會科學大辭典》（改造社）撰寫「臺灣民族運動史」等條目 10月楊開渠譯漢語本《日本帝國主義下的臺灣》出版
1931	3月「現階段論戰」正式開始 10月「農業問題地租論戰」正式開始	9月「瀋陽事變」爆發 12月日本政府再度禁止黃金出口 此年日本東北及北海道大饑荒	
1932	5月岩波書店《日本資本主義發達史講座》開始刊行	5月首相犬養毅為右翼恐怖份子暗殺 10月日本政府逮捕共產黨員（「一〇三〇事件」）	2月《馬克思主義與基督教》（一粒社）出版 8月26日－9月21日赴「滿洲國」考察

年			
1933	4月京都帝國大學「瀧川事件」，學生運動激昂 9月「manufacture 論戰」開始	1月希特勒就任德國總理 12月共產黨間諜審問事件	7月3日－9月16日第一次赴南洋群島考察
1934	2月山田盛太郎《日本資本主義分析》出版 8月《日本資本主義分析》論戰開始	12月日本片面廢除《華盛頓海軍裁軍條約》	2月《滿洲問題》（岩波書店）出版 6月24日－7月31日第二次赴南洋群島考察
1935	10月《日本資本主義分析》論戰正式開始	10月義大利入侵伊索匹亞	10月《南洋群島的研究》（岩波書店）出版
1936	7月「講座派」學者（山田盛太郎、平野義太郎、小林良正）遭逮捕	1月日本退出倫敦海軍裁軍會議 2月「二二六事件」爆發	6月《民族與和平》（岩波書店）出版 編輯《新渡戶博士文集》
1937	12月「第一次人民戰線事件」（山川均、猪俣津南雄、大森義太郎、向坂逸郎遭逮捕）	7月「蘆溝橋事變」爆發	3月《帝國主義下的印度》（大同書院）出版 9月刊登於《中央公論》雜誌之〈國家的理想〉遭查禁 11月為右翼份子攻擊為「反國體」、「反軍反戰」、「殖民地放棄論者」 12月辭去東大教職 12月自費出版《民族與國家》
1938	2月「第二次人民戰線事件」（大內兵衛、有澤廣巳、宇野弘藏遭逮捕）	4月日本政府公佈《國家總動員法》	《帝國主義下的臺灣》及《滿洲問題》為政府當局禁止再版

資料來源：小山弘健編，《日本資本主義論爭史 下》（青木書店，1953年7月）、長岡新吉，《日本資本主義論爭の群像》（ミネルヴァ書房）、南原繁等編，《矢內原忠雄：信仰・學問・生涯》（岩波書店，1968年8月）、《矢內原忠雄全集》第29卷（岩波書店，1965年7月）。

定。而在臺期間，蔡培火給予相當的協助，矢內原在返日旅程上，曾寫了兩次信給蔡，除感謝在臺的協助外，對蔡參與的臺灣議會請願運動、羅馬字運動及《臺灣民報》返臺發行等事表示理解並提供了一些建議[49]。

　　矢內原訪問臺灣的感想，很快地在東大的《帝國大學新聞》披露。於該刊同年5月23日第210號，題名為〈在臺灣的政治自由〉的文章中，矢內原直接批判臺灣總督府的統治，特別是關於臺灣人欠缺而必要的政治自由。其謂「昔日法國有言，欲知路易十四的政治，到西印度群島就對了，欲知昭和今日的專制政治之學者，就應該到臺灣」，而「臺灣的專制政治威力最近最為明瞭發揮的事例，便是臺銀事件。關於臺銀事件，不僅臺灣的報紙不予報導，即使是內地發行的新聞，也是將相關記載剪掉後才准進口，因此看臺灣的報紙，根本無法理解為何內閣會更迭」[50]。接著又指出「除少數的御用紳士外，臺灣人各階級對所謂內臺融合政策的不信任和疑惑很難化解。雖有許多人認為原因與臺灣人的民族性有關，然而民族性的缺陷卻無法說明臺灣人對政治和社會問題不滿意、不信任的原因，必須從問題的本身求取答案。一言以蔽之，就是欠缺政治自由」。而此政治自由又與臺灣經濟的變遷有密切關聯，即「臺灣的資本主義發展已是個無法隱藏的事實，資本主義多少在某個程度以教育民眾及改良其健康為存續要件，於是與獨占支配的慾望成長同時，自由抗爭的時機亦隨之高漲。資本主義的浸潤，必然地使民眾要求政治上的自由。也即是說，臺灣內部所出現政治自由的要求及發展，有其必然性」。矢內原最後以「適合時勢的發展，而不失時機地順應社會要求而施政，是為實際政治的進步」，對臺灣總督府提出忠告[51]。

　　而矢內原來臺的最主要目的——對殖民地臺灣經濟的考察，成果自

1928年5月開始在《國家學會雜誌》以〈帝國主義下的臺灣〉為題，分成5次發表。眾所皆知，這些研究成果集結成冊之後，於1929年10月以同名出版。戰前《帝國主義下的臺灣》的譯本，依出版時間順序計有楊開渠譯本（神州國光社，1930年）、俄語譯本（莫斯科國立社會經濟出版所，1934年）。1938年該書受到日本政府的壓力遭到實質上的查禁（臺灣則很早就被當局列為禁書）[52]。《帝國主義下的臺灣》雖在出版後成為臺北帝國大學的藏書，然而矢內原的弟子，即前引張漢裕回憶他到1934年進入東大經濟學部就學為止，不曾聽過矢內原及此書，只聽過河上肇、大內兵衛、有澤廣巳等人的著作或名字[53]，或可判知此書在臺灣的影響力可能遠不及戰後。

矢內原以1926年出版的《殖民及殖民政策》建立起自己的殖民理論，相對之下，《帝國主義下的臺灣》則是在此理論架構下的實證研究，從表2所示1927年到1938年矢內原的重要學術活動內容可知，臺灣的踏查為其殖民理論實證研究的重要內容之一。至於《帝國主義下的臺灣》的研究方法及內容，如前節所引各家研究所示，在海內外學術界已有相當程度的檢討，無需在此重作續貂蛇足之說明。唯此書能否被界定為研究歷史的著作，以下鋪陳筆者管見。

首先，矢內原所指陳的「帝國主義」一詞，也即是列寧在《帝國主義論》所檢討及主張的帝國主義。殖民地在一國資本主義「帝國主義」階段的再生產構造中所扮演的角色，則為矢內原殖民理論問題意識的核心。

眾所皆知，馬克思以歷史唯物論的觀點考察資本主義，主張資本主義是人類群居生活歷史過程中的一個階段，亦即特定歷史背景下的「歷史產物」，因而一國的政治經濟呈現資本主義的結構，自有其來龍去脈。也就是在各國資本主義形成的歷史過程中交織入許多個別、獨自的條件，因而

縱使人類歷史已進入到資本主義的階段，由於各國條件各異，因而呈現既不平等又相互糾結的歷史圖像，殖民地則處於資本主義結構中的最底層。

戰前的日本資本主義實質據有臺灣、朝鮮半島及中國東北等殖民地，因而矢內原的殖民地研究在當時可說屬於日本資本主義的現狀分析。因此，矢內原在《帝國主義下的臺灣》的主要觀點可說是「糖業帝國主義」，即以日本人資本為主的機械製糖業，是殖民地臺灣整編成為日本資本主義再生產結構的一部份。為了說明此項既成事實，基於歷史唯物論的觀點，自然有必要交代自「原始積累」階段起，日本資本主義在臺灣生根、發展的歷史背景。前引涂、淺田諸家日後對矢內原的批判，係出自殖民地已成歷史遺跡的事後時點，雖然無可厚非，然而卻也不得不說多少有點「以今非古」，曲解矢內原在著書立說時的時代背景及其主眼。

也由於以殖民地作為日本資本主義現狀分析的切入點，矢內原接著又繼續探討朝鮮、中國東北等地，甚至再擴及英國的殖民地印度，以與日本資本主義對照。矢內原對臺灣內部情形及歷史的研究與討論，由於以日本為分析出發點，在涂、淺田等人以臺灣為主體的觀點下，其缺失與不足極為明顯。因此，作為臺灣經濟史的研究成果而言，《帝國主義下的臺灣》的學術價值顯然有其侷限。然而，包括《帝國主義下的臺灣》在內、矢內原所有的殖民地研究，實則為對當時日本資本主義的現狀分析，而且是近代日本建立其經濟學的重要環節之一，後者可說是評價矢內原殖民理論的歷史位置不可或缺的觀點。

如前所述，自 1920 年代以降，馬克思主義對學院的浸透成為近代日本經濟學發展的最主要促因及內容[54]，其中起自 1927 年延續到 1938 年的「日本資本主義論爭」，可說是最重要的過程。

　　所謂的「日本資本主義論爭」，簡而言之，即研究者就日本資本主義的發展階段及其性格的看法所引起的論戰。不過，此學術論戰的出發點卻可追溯到1922年非法成立的日本共產黨所制定的「日本共產黨綱領草案」。該草案在共產國際的指導下，將當時日本的國家權力（天皇制國家）界定為由大地主與部份工商布爾喬亞階級所組成的集團，主張在此情況下共產黨可與廣大的自由主義布爾喬亞階級結合成革命的夥伴，因此當前的革命為布爾喬亞民主革命，而亦為接下來的無產階級革命之序曲。

　　翌年該黨遭政府查禁，到1926年底重建，此時日本經濟已處在「金融恐慌」爆發（1927年）前夕的危機狀況，新成立的日共指導者如片山潛、德田球一、渡邊政之輔雖然認為日本資本主義已然進入沒落的過程，但是在行動綱領上卻仍主張上述1922年的「兩階段革命論」。相對之下，未參與日共重建的山川均、豬俁津南雄等人於翌（1927）年所創刊的《勞農》雜誌，主張現在的天皇制國家只不過是失去階級基礎的封建遺制，國家權力已然在布爾喬亞階級的手中，因此當前的革命應該是無產階級革命，此即所謂的「一階段革命論」[55]。雙方意見分歧最根本的原因，可說在於對日本資本主義發展階段及其性格的看法不同，又不斷夾雜著日共與日本政府當局的政治爭鬥。當時重要的經濟學家逐漸捲入此路線對立的漩渦中，近代日本經濟學的發展過程中所謂的「日本資本主義論爭」於是出現。

　　由表2可扼要地看出所謂的「論爭」，其實是一連串不同議題的爭論總稱，雖然都圍繞在「日本資本主義」的課題，但是各個「論爭」之間未必有直接關聯，而且每次的論戰亦未必有最終結論。戰前論戰之所以告終是因為1936年日本政府逮捕「講座派」學者、1938年逮捕「勞農派」學者，於是自然終止[56]。然而，該論戰對日本經濟學發展的最大意義，當在於馬

克思主義經由參與者互相的論難詰問而逐漸「本土化」，亦即具有日本本土色彩的馬克思經濟學因此開始在學院中成長。

然而，每場論戰的議題幾乎均未涉及殖民地問題。

限於篇幅，無法詳細檢討歷次論戰，僅簡單說明對今日日本資本主義研究仍有極重要影響的若干課題。首先就1934年出版並釀成論戰原因的山田盛太郎《日本資本主義分析》而言，該書在今日已成為研究日本經濟史的經典著作，一如該書副題所示「日本資本主義的再生產過程之把握」，其目的在說明甲午戰爭到日俄戰爭期間日本產業資本建立的過程，經由此過程，日本資本主義的「軍事性、半農奴性之型制」亦決定性地形塑完成，而且特殊的是日本資本主義的此過程，同時也是轉化到帝國主義及金融資本形成其主要結構的過程[57]。但是，檢視山田論述的範圍，只有紡紗業、製絲業、軍事工業、半封建性質的土地所有制及半農奴制性質的零細農耕，卻不見對殖民地的討論。

其次，再以對戰後日本經濟研究極為重要的「講座派」與「勞農派」論戰為例，雙方的爭論亦主要圍繞在日本農業的地主佃農關係、資本主義方法論及幕府末年到維新期間日本經濟發展階段論各點進行[58]，基本上可說只延續前引山田論述的路線而未有所擴充。

由表2可知，在論戰進行的10年之間，亦是矢內原以親身調查擴充其殖民理論內容並建立其理論架構的時期。矢內原馬不停蹄地前往東亞各地作較長時期的實地踏查，可說無參與論戰的餘裕。究其原因，或可說係出於矢內原和參與論戰者對馬克思主義及日共的態度有所不同所致。不過由於矢內原於此時期亦以個人的方式開始積極傳教佈道，亦可能為其未能積極參與或無心於論戰的原因之一。因此從今觀之，儘管矢內原與論戰參

與者理論分析的方法皆可說屬於馬克思主義，實際上矢內原卻顯然置身於「日本資本主義論爭」之外，前引淺田以自由主義者而非馬克思主義者來描述矢內原，其原因或許便在此。也因同樣的緣故，日後矢內原受到政治迫害的理由，與這些馬克思主義學者不盡相同。

不過，總的來說，矢內原的臺灣研究縱使與當時的日本資本主義論戰未必有直接關聯，為個別的存在，但是應仍可視為戰前日本經濟學的一環。當論戰的焦點由日本國內轉換到同為日本資本主義再生產結構之一部份——殖民地時，兩者理論上的關聯與激盪勢必出現，而近代日本的經濟學，特別是馬克思經濟學至此方可說步入完成的階段。只是「講座派」學者遭日本政府逮捕不久後，1938年「勞農派」學者也面臨相同命運，整場論戰因參與者消失而自然消滅。結果論戰雙方不但未能達成結論，更遑論與矢內原的殖民理論合流。換言之。近代日本的經濟學（特別是馬克思經濟學）可說在未完成的狀態下，便不得不面對日本戰敗投降後海內外的新情勢。

5 結論

日本的戰敗投降，使得東大經濟學部一掃戰前法西斯的陰霾，包括矢內原在內被迫離開東大的教授，紛紛重返學校。因為臺灣、朝鮮等殖民地已失去，東大經濟學部的「殖民政策」講座於1945年變更為「國際經濟」講座，由矢內原忠雄擔任首任講座教授。

矢內原主張國際經濟論研究可有3條路徑，即視為國民經濟膨脹的國際經濟論研究、著眼於世界經濟之成立的國際經濟論研究、以各國國民經

表3 戰後矢內原忠雄《國際經濟論》講義綱目及「日本國際經濟學會」 1950-1961年共同課題

《國際經濟論》講義綱目	「日本國際經濟學會」歷年共同課題
第1章 國際經濟論的接近	1950 國際價值論
第2章 世界的成立	1951 國際價值論、蘇聯東歐經濟的研
第1節從古代世界到近世殖民主義的發	究、日本貿易的現狀
軔為止、第2節重商主義時代、第3節	1952 蘇聯經濟的分析、美元不足
自由主義時代、第4節帝國主義階段	1953 戰後世界經濟的構造不均衡、亞
第3章 帝國主義論	洲經濟與日本
第1節帝國主義的概念規定、第2節資	1954 帝國主義及帝國主義論、景氣變
本主義與殖民地、第3節價值論與殖民	動與國際收支
地	1955 後進國家經濟開發的理論與實際、
第4章 共榮圈論	國際資本移動
第1節 bloc 經濟、第2節共榮圈、第3	1956 國際貿易、金融系統、經濟發展
節二大陣營	與外國貿易
第5章 國際移民論	1957 日本的經濟與貿易
第1節國際移民的趨勢、第2節國際移	1958 世界景氣與日本貿易
民的條件、第3節國際移民的效果	1959 世界經濟的構造矛盾
第6章 國際貿易論	1960 世界經濟的新展開
第1節國際貿易的成立、第2節世界商	1961 世界經濟與國際通貨（戰後的實
品、第3節國際貿易的組織	態與機構）
第7章 國際投資論	
第1節資本的國際性移動原因、第2節	
國際投資的形態及組織、第3節美國在	
國際經濟的地位	
第8章 國際和平論	
第1節戰爭與國際經濟、第2節國際經	
濟與國際和平、第3節國際和平的條件	

出處：矢內原忠雄、楊井克己，《國際經濟論》（弘文堂，1955年12月）、川田侃，〈國際經濟〉，東京大學經濟學部，《經濟學部五十年史》（東京大學出版會，1976年3月）。

說明：「第一章國際經濟論的接近」為原文的直譯，其內容為國際經濟學的方法論。

濟比較為內容的國際經濟論研究。第一條路徑以殖民地的研究最為重要，殖民國與被殖民地的經濟關係，可視為國際經濟與國民經濟的複合。矢內原的講義雖然仍以西洋經濟史為內容，在綱目上，如以表3左欄與表2右欄比較，亦可看出部份內容與戰前殖民政策論有所銜接，但是至少自第5章之後，可說已然開啟戰後東大經濟學部新生「國際經濟論」的研究路線，而此可說是上引矢內原所言第2及第3條研究路徑的實踐。

作為戰後日本新的研究領域，國際經濟論在矢內原的指導下有了明顯發展。表3所列「日本國際經濟學會」為於1950年4月由矢內原發起並任首屆理事長的學術組織，到矢內原逝世的1961年為止，由每年所揭舉之共同課題，可看出由戰前殖民研究演變到戰後國際經濟論的過程。但是無可否認的，由於如此蛻變，戰後重新出發的日本經濟學自始便「脫落」了臺灣、朝鮮等「舊殖民地」的部份，甚至連矢內原亦未繼續其戰前的殖民地研究。這可說是戰後日本的日本資本主義研究，有關曾為其再生產構造一部份的殖民地，特別是對戰前臺灣的研究相對薄弱之重要原因。也因此原本屬於成書當時現狀分析的《帝國主義下的臺灣》，因為無其他足以取代其地位的歷史著作出現，即使在日本學界也很自然地將之視為敘述近代臺灣經濟史的著作，也自然有前引涂與淺田等研究的批判。

唯在前述種種的認識之下，實為日本資本主義的現狀分析——矢內原忠雄所著的《帝國主義下的臺灣》，如何在研究臺灣資本主義歷史性發展的脈絡下，給予重新看待及定位，當為今後臺灣經濟史研究上的重要課題之一。

1　涂照彥，《日本帝國主義下の台灣》（東京大學出版會，1975年），頁6。

2　淺田喬二的〈矢内原忠雄の殖民論〉分成三部份連續刊載於日本《駒澤大學經濟學論集》第20卷第1號至第3號（1988年6月－12月）。

3　日文將中文的「殖民」寫成「植民」，本文為求行文上的方便，權將日文原文統一以「殖民」表示。

4　竹内洋，《學歷貴族の榮光と挫折》（中央公論新社，1999年4月），頁32。

5　董伯達訪問、黃鴻棋撰稿，〈張漢裕教授訪問記錄——涉談大英殖民國協〉（《張漢裕博士文集（三）》1984年11月）。

6　柯志哲訪問，〈師生問答——「一位經濟學人的成長歷程」〉（《張漢裕文集（三）》1984年11月）。

7　筒井清彦，《日本型「教養」の命運》（岩波書店，1995年5月），頁1。

8　筒井清彦，《日本型「教養」の命運》，頁21。

9　竹内洋，《學歷貴族の榮光と挫折》，頁244。

10　以臺北高等學校為例，1922年4月1日臺灣總督府敕令第157號第7條規定臺北高等學校的「高等科文科」之學習科目，計有修身、國語、漢文、第一及第二外國語、地理、哲學概說、心理及論理、法制及經濟、數學、自然科學及體育。而臺北商業高等學校的課程，就經濟學方面，雖然種類相對較多，但是多屬如「商業文」、「商業簿記」、「計理學」等實用科目（臺灣教育會編，《臺灣教育沿革誌》，1939年12月，頁943－948及頁952－954）。

11　竹内洋，《學歷貴族の榮光と挫折》，頁240－241。

12　伊藤誠，〈經濟學原理（經濟原論）〉（東京大學經濟學部，《東京大學經濟學部五十年史》，1976年3月），頁148。

13　松隈俊子，《新渡戶稻造》（みすず書房，1969年8月），頁36－39。

14　矢内原伊作，《矢内原忠雄傳》（みすず書房，1998年7月），頁156。作者為矢内原忠雄長子，所著則為矢内原忠雄傳記中近年最新的作品〔中譯本為《矢内原忠雄傳》，李明峻譯（行人，2011年）——編按〕。

15　矢内原伊作，《矢内原忠雄傳》，頁192－193。

16 矢內原此書於日後由其門弟故臺大教授張漢裕翻譯成中文版的《基督教入門》（協志工業出版，1968年）。

17 《矢內原忠雄全集》第26卷（岩波書店），頁240。

18 矢內原伊作，《矢內原忠雄傳》，頁394－396。

19 東京大學，《東京大學百年史　部局史一》（經濟學部抽印本），頁44。

20 「森戶事件」事件是以1920年助教授森戶辰男一篇名為〈クロポトキンの社会思想の研究（對克魯泡特金的社會思想之研究）〉論文賈禍，連帶刊登此文的《經濟學研究》編輯兼發行人助教授大內兵衛亦受誅連去職。接著於1925年，助教授矢內原忠雄為採用《資本論》當作外文經濟學著作選讀教材，在教授會引起軒然大波。然後於1930年，助教授山田盛太郎亦因思想問題遭到政府當局逮捕。「教授集團事件」則受「第二次人民戰線事件」的波及，教授大內兵衛、助教授有澤廣巳及脇村義太郎以違反《治安維持法》遭日本政府逮捕。

21 1908年後藤新平等人對東大捐贈「兒玉文庫」而成為開設「殖民政策」講座的圖書條件。1911年後藤等人再捐貲1萬圓供殖民、交通圖書之購買。

22 後藤新平，〈帝國大學の殖民政策講座計劃〉（《殖民世界》創刊號，1907年）。

23 南原繁等編，《矢內原忠雄：信仰、學問、生涯》（岩波書店，1968年8月），頁671－672。

24 方法與理論完全與矢內原不同的東畑對既成的殖民政策研究似未能給予比較積極的評價，即「大致而言，集中有關殖民地的種種知識、活動的各種研究，再總稱地貼上殖民學或是殖民政策的標籤，應可說是它的現狀，因此尚未到達理論一貫，樹立能貫穿所有內容的精緻概念或是特有的邏輯……於今日殖民學的低水準之下，應沒有比理論性的整備更為重要」（東畑精一，〈植民學の大觀〉，《東京帝國大學學術大觀　法學部・經濟學部》，1942年4月）。東畑精一出生於1899年，東大農學部畢業後，經歷研究所及助手階段，1926年留學美國威斯康辛大學，曾受業於美國制度學派學者Commons之門下。1928年1月到1930年3月，成為文部省留學生再度出國前往德國留學，接觸到熊彼得（Schumpeter）著作，在波昂大學正式進入熊彼得的門下而且終身服膺其學問，並為將熊彼得學問介紹到日本的重要學者（東畑精一，《私の履歷書》，日本經濟新聞社，1979年1月）。

25 大內兵衛，《經濟學五十年 上》(東京大學出版會，1970年8月)，頁21－22。新渡戶對東大經濟學部更重要的貢獻當在於圖書文獻方面。例如其離開東大赴任國際聯盟後，曾經捐贈一批有關殖民地的書籍，爾後於倫敦舊書店發現亞當斯密的藏書，新渡戶購得後贈予東大，而成為今日東大經濟學部的「亞當斯密文庫」。

26 大內兵衛，《經濟學五十年 上》，頁20－21。

27 矢內原忠雄編，《新渡戶博士殖民政策講義及論文集》(岩波書店，1943年8月)，頁2－3。

28 《矢內原忠雄全集》第26卷，頁19。

29 大內兵衛，《經濟學五十年 上》。此處亞當斯密《國富論》篇章的翻譯係引用張漢裕譯《國富論》下冊(臺灣銀行經濟研究室，1967年1月)，以下亦同。

30 矢內原忠雄，《矢內原忠雄 私の步んできた道》(日本圖書センター，1997年2月)，頁82。

31 張漢裕，《西洋經濟思想史概要》(作者刊行，1993年9月)，頁21。

32 引文出自張漢裕譯，《國富論》下冊(臺灣銀行經濟研究室，1967年1月)，頁588。

33 此書係以矢內原忠雄於1916－1917年度的新渡戶稻造講課中所作成的筆記為基礎，再補充以高木八尺(1914－1915年度)、大內兵衛(1912－1913年度)的筆記內容而成。新渡戶最初並無打算出版上課內容，係在矢內原再三請求下，以「與矢內原君共著」為條件才應允。本書於1943年刊行，但新渡戶則先於1933年於加拿大逝世。

34 此書係以著者自1924年起在東大講授「殖民政策」的講義內容為骨架，所寫成的「殖民及殖民政策」概論，其內容則未及「特殊問題」及對各個殖民地的考察(矢內原忠雄，《植民及植民政策》，岩波書店，1926年，序)。

35 《新渡戶博士植民政策講義及論文集》，頁8。

36 《新渡戶博士植民政策講義及論文集》，頁54、56。

37 《新渡戶博士植民政策講義及論文集》，頁143－148。關於第6項，新渡戶的理由是法國將大革命時期的口號「自由、平等、博愛」適用於殖民地，結果反而引起海地原住民的叛亂，此外，保持本國人的威嚴，亦為各國殖民地行政的共通點。

38 《新渡戶博士植民政策講義及論文集》，頁171－174。

39 松井慎一郎，〈河合榮治郎の學生時代——理想主義者の形成〉（《史觀》第136冊，1997年3月）。

40 東京大學，《東京大學百年史部局史一》（經濟學部抽印本），頁77。

41 矢內原忠雄，《植民及植民政策》第2版（岩波書店，1938年），頁101－108、120－124。

42 矢內原忠雄，《植民及植民政策》第2版，頁170－186。

43 張漢裕，〈「帝國主義下の臺灣」刊行にちなんで〉（《矢內原忠雄全集第二卷》月報，岩波書店，1963年5月）。

44 張漢裕，〈話別經濟學系畢業生〉、柯志哲，〈師生問答——「一位經濟學人的成長歷程」〉（《張漢裕博士文集（三）》，1983年11月）。

45 矢內原忠雄，《植民及植民政策》第2版，序。

46 矢內原忠雄，《矢內原忠雄　私の步んできた道》，頁39。

47 矢內原來臺考察的具體日期有幾種不同的說法，《矢內原忠雄全集》第29卷以3月18日，緒方武歲編，《臺灣大年表》（臺灣經世新報社，1938年12月）以3月30日，葉榮鐘著、葉芸芸補述，《日據下臺灣大事年表》（晨星出版，2000年8月）以3月22日。

48 《矢內原忠雄全集》第29卷，頁816－819。

49 《矢內原忠雄全集》第29卷，頁59－64。

50 此處矢內原所指的「臺銀事件」為表2所列引起3月「金融恐慌」的導火線，即臺灣銀行對鈴木商店過度融資引致巨額壞帳無法處理，在鈴木商店經營危機的曝露後所引起的一連串的金融危機。由於臺灣銀行為日本政府立法成立的特殊銀行，又為臺灣的發券銀行，臺灣總督府以其經營上的醜聞有損政府顏面為由，全面封鎖所有的相關報導。

51 以上引用皆取自矢內原忠雄，〈臺灣に於ける政治的自由〉（東京帝國大學《帝國大學新聞》第210號，1927年5月23日）。

52 《矢內原忠雄全集》第23卷，頁671－672。

53 張漢裕，〈「帝國主義下の臺灣」刊行にちなんで〉、南原繁等編，《矢內原忠雄：信仰、學問、生涯》）。

54 除馬克思經濟學外，瓦拉斯（Walras）以降的一般均衡理論學派乃至於熊彼得等維也納學派等經濟理論，亦很早就引進日本。不過，其理論重鎮並不在東大經濟學部，而是在由商業學校轉變而來的東京商科大學（今一橋大學），在當時日本學術上的「勢力」遠不如帝大系統的馬克思經濟學。有關日本戰前非馬克思經濟學的引進情形，可參照安井琢磨，〈我國における理論經濟學について ──「數理經濟學」を中心として〉，《東京帝國大學學術大觀　法學部‧經濟學部》（1942年4月）。

55 小山弘健編，《日本資本主義論爭史上（戰前の論爭）》（青木書店，1953年2月），頁19－23。

56 所謂的「講座派」，其源自野呂榮太郎編輯30餘名的馬克思主義研究者的論文並由岩波書店出版（1932－1933年）的《日本資本主義發達史講座》，山田盛太郎、平野義太郎、小林良正、服部之總屬於此派。「勞農派」則出自1927年山川均等創刊的《勞農》雜誌，當野呂主編的《日本資本主義發達史講座》問世後，立即受到被稱為「勞農派」的向坂逸郎、大內兵衛、櫛田民藏、土屋喬雄等人的批判，兩派的論戰因此開啟了序幕。

57 山田盛太郎，《日本資本主義分析──日本資本主義における再生產過程把握》（岩波書店，1977年9月），頁7－8。

58 山崎隆三，〈日本資本主義論爭〉，大阪市立大學經濟研究所編，《經濟學辭典第2版》（岩波書店，1979年6月），頁1027－1028。

翻譯凡例

1. 原書之括號（）、引號「」，中譯時皆保留。譯者、編者所加之文字，皆以方括號〔〕夾註，有以下幾種：

   （1）西元：原書使用年號紀年處，隨正文註出西元。

   （2）專名：人名、公司行號名等，有必要註出原文而原書闕如者，隨正文註出。

   （3）按語：原書行文若有必要說明，以方括號夾註按語。

   （4）原書單位與公制之換算。

   （5）出處：矢內原忠雄逝世後，岩波書店整理出版了29卷的《矢內原忠雄全集》（1963-5年），為此後相關研究的標準參照。本書1988年岩波書店單行本中，編者即註出作者著作在全集對應的卷次和頁數，本次中譯本沿用，並補充部份。

2. 中譯本於法典、法規、法律、機關公布的命令或辦法的名稱或簡稱，加《》以示區別。

3. 作者於原書部份內文加上旁點以表示強調，並註解「旁點，矢內原」。中譯保留旁點之形式，內文中不再說明來源。

4. 岩波書店1988年新出本書單行本時，編者在部份段落引用原始資料，補充原書出版後續年份的數據。中譯本納入這類內容，在本書中以「◎」標記。

5. 原書使用之「教化」、「討伐」、「蕃」、「土匪」、「內地」等詞，有其時代背景，未

必符合今日標準。這類詞彙中譯時原則皆逕予沿用，保留原書之時代框架，請讀者留意。部份詞句出於中文世界習慣、方便現代讀者理解並避免誤會而改動，例如「臺灣內地人」改作「在臺日本人」。

6. 本書頻繁引用的兩本著作現已有中譯，在內文中皆註出中譯版頁數供讀者參照。中譯版書目資料列記如下，於內文中不再另外說明。

伊能嘉矩，《臺灣文化志》，國史館臺灣文獻館編譯，陳偉智審訂，大家，2017年。
蔡培火，《與日本本國民書》，收入《蔡培火全集》卷3，張漢裕主編，張炎憲總編輯，吳三連臺灣史料基金會，2000年，頁103-180。

7. 本書頻繁出現之特殊名詞以下表說明，內文中不再另外註解。

名詞	說明
株式會社	股份有限公司。
合資會社	由擔任企業經營工作並對企業債務負無限責任的股東，以及僅出資而不涉及經營，對公司債務負有限責任的股東所組成。
合名會社	所有股東對公司債務負無限責任所組成的合股企業。
本島人	作者使用此詞時，依其前後文脈，有時意指臺灣人中的漢人，有時意指包括所有族群的全體臺灣人。從文章脈絡判斷專指臺灣漢人時，則翻譯為「臺灣漢人」，特別是與「蕃人」並列之時。其他皆翻譯成「臺灣人」，即使文中所指涉事務，實際上並無原住民族參與。

8. 以下列出本書頻繁使用的度量衡單位與公制之換算，內文中不再另外註解。

（1）面積：

1甲＝9699.17平方公尺。

（2）容量：

1石＝180.39公升。用於穀物、酒精。

（3）重量：

　　1擔＝100斤，約等於60公斤。用於砂糖、煤炭。

（4）貨幣：

　　1日圓＝100錢＝1,000厘。

當時日圓之大約價值，可參照書中第159頁，矢內原引用《臺灣總督府第三十統計書》（1926年），列出當時勞工的工資。以下再選列此統計書中當時臺北市物價（頁410）供讀者參考：

項目	價格
在來米（中）（糙米）	23.15圓／石
蓬萊米（下）（糙米）	26.65圓／石
甘藷（赤）	3.56圓／擔
甘藷（白）	2.06圓／擔
雞蛋	4.47圓／100個
鴨蛋	3.76圓／100個

另，大正3年（1914年）以勅令第73號（4月30日）改正《高等官官等俸給令》後，臺灣總督年俸為7,500圓。因派駐臺灣，加給50%，實領1萬1,250圓（參岡本真希子，《殖民地官僚政治史》上冊，郭婷玉譯，臺大出版中心，2019年，頁202）。

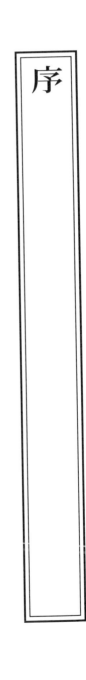

序

　　本書係增補拙稿而成，第一篇原刊載於《國家學會雜誌》第42卷第5號至第9號，第二篇則是《經濟學論集》第7卷第1號。這些論文發表不久之後，有伊能嘉矩的遺著《臺灣文化志》付梓刊行，為3卷約3,000頁的大作。根據板澤武雄的跋文，伊能去世時已經完稿，僅書名尚未確定。伊能雖曾表示可以「清國治下的臺灣」為題，不過由於記述範圍縱貫清國領有前後時期，而且是網羅歷史、地理、政治、經濟、宗教、教育、人種、民族、學藝等全面性的綜合研究，因此遺稿出版者以「臺灣文化志」為書名。然而此書最主要部份還是清國領有時期，整體論述則是到日本獲得臺灣擱筆。在內容上，清國行政制度之記述，為作者精力主要灌注之處。相對伊能大作處理的主題是「清國治下的臺灣」，我這本書應該可以「日本治下的臺灣」為題。亦即主要研究日本領有臺灣之後，在日本的勢力之下，臺灣是如何的發展。就時代而言，則為伊能著書之接續。我認為相對伊能的著作，本書除了作為主題的時代不同，頁數無法與之匹敵的少之外，在內容上的處理，則有若干特徵。

　　第一，本書內容雖說也橫跨經濟、政治、法制、教育等各種問題，不過我最投注心力的是經濟發展，其他方面只是簡略記述。其他方面並非不重要，只是因為我的研究主要是經濟相關課題而已。況且日本統治臺灣各項政策的推行，一向著重經濟發展。換言之，日本對臺灣在經濟上的要求，才是決定各項臺灣統治政策的最有力因素，所以要探討統治臺灣對日本的意義，將研究主力放在經濟關係的分析乃理所當然。

　　第二，本書雖然不是不作歷史性的敘述，不過我的主力灌注之處，在於說明事實所具之意義。就日本領有臺灣之後的情勢或其沿革、現狀，不乏臺灣總督府的出版物及其他著作，我希望能以這些官民出版物所提供的

事實為材料，嘗試分析臺灣經濟、政治發展的事實關係、探究其社會意義，以說明日本統治臺灣的性質。而此意義及其性質，由於具備獨占資本主義階段的帝國主義特徵，因此本書以「帝國主義下的臺灣」為題。

如上所述，本書是以經濟為中心，對臺灣社會發展所作的科學性分析，且根據一定的理論嘗試分析社會事實，然後以此具體的分析結果，確立或修正科學性的理論。殖民地的社會科學研究，也不外乎這種方法。不只臺灣，朝鮮、印度、阿爾及利亞等其他的殖民地，也唯有以這種方法才能真正認識其殖民地特性，同時也可究明此時代的國家經濟及政治、世界經濟及政治的活動型態，如實理解其社會意義之所以，我認為在學術上研究殖民地的可能性及重要性便存在於此。因此，本書的主題雖然是臺灣，同時也是對日本帝國，以及進一步對帝國主義殖民政策的研究。也就是以臺灣為具體事例，說明帝國主義殖民政策及日本殖民政策的活動型態。

作為科學分析的書籍，本書雖然不是提倡政策的政論，不過在事實關係的分析上，還是會明白指出問題的所在及其性質，又於歷史發展的理解上，也會指出今後的發展方向。過去政策的說明、現在政策的批判及未來政策的樹立，唯有對事實的發展有正確的認識才有可能做到，今日及未來的政策取決於過去及今日所顯現的事實與事實發展的方向。正確且銳利分析此方向，正是科學的任務。因此，科學使吾人理解過去，知道現在，同時更進一步預測未來，而以此樹立政策，則是政治家的任務。附帶一言，本書雖然不是政治評論，不過對於殖民地的統治方針，仍帶有若干的「天氣預報」。

本書論述雖然不足，也確實不足，卻是我在科學研究上的辛勞之作。如果容我披露我對殖民地問題的心情，則是衷心企望「受虐者的解放，沉

淪者的向上，以及自由獨立者的和平結合」（拙著《植民及植民政策》〔全集
第1卷，頁483〕）之實現。此書就是著者本著這種心情，在學術上的一個盡
心作品。

　　如同在本文開頭所說，本書是由我已經發表的兩篇論文所構成，雖說
也曾作若干的修補，不過今日進一步將之集結成書，係基於友人的勸說，
以謀閱讀方便而已。於此序文附言之處，除說明本書之性質外，同時也披
露我的想法。

　　　　昭和4年（1929年）4月　　　　　　　於東京大森八景坂上

　　　　　　　　　　　　　　　　　　　　　　　著　者

第一篇 帝國主義下的臺灣

本篇以研究臺灣問題所具之帝國主義性質，或是作為帝國主義日本的殖民地——臺灣為目的。

此處帝國主義指的是資本於獨占階段對外擴張其政治與經濟支配的運動。

雖然拙著只是顯示問題的概觀，不過如能有助於闡明帝國主義殖民政策的活動型態，以及處理臺灣問題的參考，則屬幸甚。

然後再就經濟、教育和政治各方面予以探討，並論及這些帝國主義發展所必然引起與其對立的結果——民族運動。

作為序論，先從日本領有臺灣的沿革起筆。

・第一章・

日本領有臺灣

　　臺灣東西寬 40 里〔1 里＝ 3.927 公里〕，南北長 100 里，面積 2332 方里，雖然不過是比九州稍小的島嶼，但是由於天然資源及地理位置的緣故，曾經一度於近世初期的重商主義時代，捲入各殖民國家的掠奪競爭漩渦中。進入 19 世紀末的帝國主義時代，臺灣再度成為各國爭相染指的對象，而此二次皆與日本有所關聯。

　　西元 16、17 世紀，西歐各國在政治上，可見到其國內近代國家形式的統一逐漸就緒，在經濟上，資本亦逐漸以商業資本型態的發展，結合此二者的需求與力量，驅使各國開始有組織的奪取殖民地。在東亞，西班牙經略呂宋，葡萄牙占領澳門，兩國勢力的前端更遠及日本。在北上的途中，葡萄牙的航海者眺望到一座綠樹蒼鬱的島嶼，讚嘆 Ihla Formosa!（美麗島），此即臺灣。當此地理大發現時代，西、葡兩國的航海者於世界各地探險，遠眺陸地，經常發出如此的驚嘆，因此今日歐洲、亞洲、非洲及南北美洲名為 Formosa 之地，即有 12 處之多[1]，臺灣是其中最有名的一處。當時在臺灣站穩腳步並將之作為殖民地者，則是荷蘭。

　　明朝當時雖試圖征服臺灣的原住民，也就是今日所謂的生蕃，卻未能
獲得統治成果，臺灣因而成為日本及中國海盜的據點。荷蘭積極對東南
亞、東亞進行殖民地經略，1602年設立東印度公司，1603年即攻打澎湖，
最後於1624年從臺灣西南的鹿耳門進入臺江2。兩年之後，西班牙以保護
呂宋、日本之間的貿易為由，企圖占據北臺灣，並在基隆及淡水登陸、築
城，不過1642年被荷蘭人全數驅逐出臺灣。

　　荷蘭人沿著臺江在今日安平及臺南築城，由駐巴達維亞的東印度公司
總督統轄，在臺設有領事（Comprador）。由於荷蘭人的主要目的是貿易利益，
因此獎勵生產能夠成為商業標的物的商品，致力於農業拓殖，從中國招徠
墾民、進口家畜、提供資本、確立土地制度，而且在教化土蕃上獲得成效。
這些措施使得臺灣的人口增加，米穀、砂糖的生產及貿易大為進展。1650
年臺灣主要貿易商品砂糖的出口高達7、8萬擔，大半輸往日本。

　　日本人比荷蘭人更早在臺灣落腳，從日本戰國時代末期開始，倭寇即
以武力侵占今日的基隆、淡水、臺南、高雄及澎湖，作為襲擊華南的根據
地。豐臣秀吉更致書「高山國」（即臺灣）王，要求對日本入貢3（日本文
祿二年，1593年）。德川幕府時代初年，長崎商人村山等安取得允許前往
高砂的「御朱印狀」，由原先海盜式的掠奪跨足商業性質的活動，在臺灣
的地位亦見穩固。因此即使荷蘭人將臺灣納入統治，日本人既不遵從其威
令，亦不服荷蘭人加諸臺灣漢人的人頭稅。日本寬永五年〔1628年〕，臺灣
發生柏原太郎左衛門、濱田彌兵衛等人要求荷蘭東印度公司領事賠償的事
件，不過由於欠缺組織性的武力及政治後援，未能將荷蘭人的勢力驅逐出
臺灣。最後德川幕府在日本寬永十六年〔1639年〕下達鎖國令，日本與臺灣
的交通因而正式斷絕。

日本由於西班牙、荷蘭人來航，加入當時世界經濟及政治的一端。外有這種刺激，內有豐臣、德川兩氏統一日本全國的餘威，因此日本積極地成為向海外發展的一股勢力。亦即日本接觸重商主義各國後，本身的重商主義雖尚未發展成熟且止於形式，但也跟著西洋人進行相同性質的海外活動。然而日本的資本及軍備等實力，尚無法抵抗外國勢力進入，亦難以貫徹海外擴張之志，於是最後走到施行鎖國令的地步。

荷蘭對臺灣的統治從1624年到1662年，共計38年，然後遭鄭成功驅逐。鄭氏的統治共計21年，至1683年（康熙二十二年）為清國所傾覆，此後的200年間，臺灣隸屬清國。荷蘭人退出之後，西洋人之東亞經略斷絕亦久，因此與臺灣無所交涉。直到19世紀中葉，歐美資本主義列強的殖民地活動再度來到東亞，進而掀起臺灣四周的波浪，而英國站在其先頭。英軍於1840年中英鴉片戰爭之際，為牽制清軍而窺伺臺灣。爾後清國與英、法兩國發生戰爭，戰敗的結果是臺灣的安平、淡水、打狗及基隆根據1858年的天津條約開港。接著普魯士船於1860年前來臺灣探險，砲擊南部蕃社。1867年美國軍艦砲擊蕃社。1869年，在臺灣的英國商人與地方官員發生衝突，致使英國軍艦砲擊安平鎮。1874年（明治7年）則有日本的牡丹社討伐事件。1884年因安南談判破裂而有中法戰爭，法國艦隊司令孤拔（〔Amédée〕Courbet）砲擊並封鎖基隆、淡水及澎湖。直到翌年，法國帝國主義政策施行者茹費理〔Jules Ferry〕內閣垮台，中、法兩國締結和約，法國才解除對臺灣的封鎖。由於外患如此頻仍，清廷感到臺灣防備的必要，於是在中法戰爭後，將臺灣獨立為一省，設置專任的巡撫，由劉銘傳出任。劉銘傳雖然整頓臺灣的行政組織，籌畫土地調查、經濟開發，銳意治理臺灣，卻因改革過激招來人民反抗，在任6年便掛冠而去。中日戰爭的結果，

臺灣及澎湖島成為日本的領土，到1895年（明治28年）為止，清國領有臺灣共計212年。

甲午戰爭即將以日本勝利告終的時候，日本要求中國割地。據說陸軍要求遼東半島，海軍則主張臺灣，以作為日本「南進跳板」。日本雖然經由中日談判取得中國的領土割讓，但是因為俄德法三國的干涉，被迫將遼東半島歸還給中國，中國再將之轉租給俄國。至於臺澎的領有，列國之間亦非毫不在意。於戰爭即將結束的時候，為防止日軍襲擊臺灣、澎湖，中國政府派遣中法戰爭時在安南的勇將劉永福到臺南，授予守備南方的任務。另外，謠傳中國政府認為臺灣、澎湖終究不免為日本所掌握，與其如此，不如將臺澎讓予英國，以使日本的希望落空，然而為英國拒絕。此消息使得自中法戰爭以來，即著眼臺澎的法國煩悶不已，於是派遣兩艘戰艦進入媽宮港，告知中國守備將領日本艦隊即將來襲的消息，並鑑於中國終究無法守住澎湖，建議不如暫時將澎湖島讓予法國以避開攻擊，等事情結束後再還給中國。不過，因安南事件憎恨法國，且為法國所苦的劉永福拒絕了這項建議[4]。果然不久之後，日本的比志島大佐〔比志島義輝〕即登陸占領了澎湖島。馬關條約決定臺灣及澎湖島割讓給日本後，臺灣巡撫唐景崧集結兵力，在臺北建立共和國，國號臺灣民主國，政府以法國為範本，以此期待法軍的援救，試圖抵抗日本的占領。但臺灣民主國政權僅從明治28年〔1895年〕5月23日持續到6月11日*，即因內部的混亂及日軍的壓迫而瓦解。

相對俄國對滿洲抱有野心，德國也希望在東亞取得根據地，舟山群

---

* 臺灣民主國政權究竟延續多久有多種判定方式。唐景崧於5月23日在臺北發布宣言，25日舉行典禮正式成立政府。6月11日日軍進入臺北城，並於17日舉行始政典禮，但劉永福在臺南繼任大總統，直到10月20日才離開臺南。21日日軍進入臺南城——編按

島、膠州灣及臺灣則為候選地。儘管德皇最中意臺灣，頻繁表示欲取得之意向，但是德國政府認為若中英未針對舟山群島締結密約，就應要求舟山群島，德皇最後接受政府的主張（關於舟山，由於中英兩國間確實存在密約，德國因而獲得膠州灣）。而法國對臺澎的執著如上所述，德國不要求臺澎，但也不樂見法國占優勢。因此三國干涉還遼時的事項之一，就是要求宣布澎湖島中立或禁建軍事要塞，不然就是日本必須付出代價，才能取得澎湖島，不過最終因為德國反對而未實現。最後以日本宣言臺灣海峽航行自由，以及臺灣、澎湖島不讓予任何國家，才得解決[5]。

　　日本確定領有臺灣後，西班牙唯恐日本勢力南進。1895年（明治28年）5月兩國政府協定以巴士海峽中央為界，西班牙不要求以北及東北島嶼的主權，日本亦不要求以南及東南島嶼的主權。1898年美國與西班牙戰爭結束，美國從西班牙取得菲律賓，1899年德國又從西班牙購得加羅林群島〔Caroline Islands〕、帛琉〔Palau〕、馬利安納群島〔Mariana Islands〕。

　　由以上所述可知日本獲得臺灣和澎湖島的過程，以及當時的國際情勢，此即19世紀後半列強帝國主義競相奪取殖民地風潮中的作為。英美德法等國曾經或是與臺灣接觸，或是「砲擊」，或是設法取得，至少都是排斥日本的永久占領。當時這些列強進入帝國主義時代，因其國內獨占資本的壓力，有意識、有計畫地在東亞圖謀領土擴張，日本領有臺灣雖然也是此帝國主義領土競爭中的當事者，然而當時日本的經濟實力，並不具備列寧所舉出的帝國主義特徵，即尚未進入獨占資本高度發展的階段。因此甲午戰爭究竟是國民戰爭還是帝國主義戰爭？日本領有臺灣、澎湖是出於國民主義的舉動，還是帝國主義？則成為待解問題。

　　天津條約開放臺灣四個港口的1858年，正是日本的安政五年，也是

日本與英、美、法、荷、俄等五國簽訂五國條約，承認外國領事裁判權的一年。接著於慶應二年（1866年），日本又與列強約定進出口稅皆為從價5%的片面協定關稅率。臺灣與日本於同時期接觸到歐美列強帝國主義，臺灣受此刺激，劉銘傳致力於行政、軍備的充實與改良，日本則是明治維新及維新後的發展。無需贅言，明治維新是日本由封建國家邁向現代國家的轉換，然而其革命成立的動機，多來自歐美列強各方壓迫的情勢。日本作為現代國家統一後，立即被要求展現與這些歐美國家相同的水準及型態，即內有民權說和邁向資本主義化，外有征韓論和明治7年〔1874年〕的征臺之役。雖說日本仍處於全面致力立憲政治、資本主義經濟及對外擴張的狀況，不過還是必須先整頓經濟，其次召開議會，而對外的勢力膨脹則是以甲午戰爭達成。

甲午戰前，日本已整備了資本主義經濟的機關，發展的陣容亦逐漸成立。亦即明治19年〔1886年〕1月起，日本政府逐漸以金銀貨幣交換紙幣，確立兌換制度。其次於明治23年〔1890年〕3月發布《商法》，確立商事會社相關制度，同年8月制定《銀行條例》，並自明治26年〔1893年〕7月開始施行。同年再制定發布現行的《交易所條例》，開啟股票交易的新紀元。票據交換所於明治20年12月設於東京，24年進行組織革新。然而儘管經濟機關如此整頓，日本的資本卻仍未充實。帝國主義的必然——因為資本的壓力而取得殖民地之舉，在日本尚未存在。明治31年〔1898年〕臺灣總督府民政長官後藤新平在所提政策建議的項目中，也舉出日本經營殖民地特別感到困難的情事之一，為「本國利率水準高，以致難以對殖民地投下資本。」日本領有臺灣之後，為了維持軍政，每年需要1,000萬圓的經費，其中700萬圓必須由本國補助。就是因為此700萬圓補助金的緣故，日本

國內輿論認為臺灣的領有對日本而言實屬「奢侈」，甚至國內有些關心此
議題的人附和外國人的主張，也建議以1億圓的代價將臺灣賣給外國或中
國，結果日本政府於明治30-31年的議會，將補助金削減為400萬圓。在
此預算之下，臺灣總督兒玉源太郎〔第4任，任期1898-1906年〕及其民政長官
後藤新平來臺履新，希望以發展資本主義振興臺灣經濟，於是政府發起在
臺灣設立新式製糖會社的企畫。總督和長官努力遊說財界有力者，並在井
上馨政治勢力的後援下，終於以三井、毛利及其他等總數95名的股東，
創設資本金額100萬圓的臺灣製糖株式會社（明治33年〔1900年〕12月），
其中有1,000股出於天皇獎勵的意味，由宮內省出資。臺灣總督府於明治
33年度及34年度各補助1萬2,000圓、5萬5,780圓，較諸臺灣製糖株式會
社實繳股金50萬圓，可知補助獎勵之豐厚。另外，作為臺灣的中央銀行，
設置臺灣銀行的法律雖於明治30年制定並公布，但是由於股金募集並不
順利，因此政府再於明治32年制定《臺灣銀行補助法》，規定政府承接該
銀行資本金500萬圓中的100萬圓股份，自創立起的5年之間，政府所獲得
之股息全數撥入該銀行「欠損補填準備金」，在此期間不出售持股，以及5
年間無息借給臺灣銀行相當於200萬金圓的銀幣，如此才成功募集臺灣銀
行的股金，明治32年終於得以開業。

　　要言之，甲午戰爭當時，日本雖已整頓現代化的金融機關，但是尚未
施行金本位制，資本亦未充實且薄弱。在臺灣的殖民地發展全因政府主動
的計畫與豐厚的保護獎勵才逐漸推動。當時英、德奪取殖民地出於獨占資
本的積極活動，採取屬於資本家行動的「特許公司」型態，引導並驅使政
府；相較之下，日本的情形當然無法等同而論。這是因為當時的日本並非
處於經濟高度發展階段的獨占資本主義國家，換言之，也就是不具有金融

資本主義國家實行帝國主義之實質。

　　不過，當時的日本在意識形態上已經是堂堂的帝國主義國家。明治30年〔1897年〕公布的《臺灣銀行法》制定理由中，從政府敘明該行設立的旨趣，可知「臺灣銀行作為臺灣的金融機關，對商工業及公共事業融通資金，開發臺灣富源，以謀求經濟上的發展，此外更進一步將營業範圍擴及華南與南洋諸島，成為這些地區的商業貿易機關，調和金融，此即臺灣銀行設立的目的。」當時出版的某一本書亦言「如今臺灣已落入我國之手，正好給予大日本擴張的機會。假如治績就緒而舉拓殖之功的話，臺灣自然成為我日本展延鵬翅之根據。向南望去，菲律賓已在咫尺之間，南洋諸島如同庭園的跳石一般互相連接，香港、安南及新加坡亦不在遠處，皆為國人一試雄飛之地，唯此事留待日後成就之事來證明。₆」

　　此「日後成就之事」係指臺灣作為日本的殖民地，使日本得以實現帝國主義的使命，不過此使命並非出於日本資本發展階段所產生的內在需求而使然，只不過是因為身處歐美列強爭相奪取帝國主義領土的漩渦中，日本領有了臺灣，日本獲得臺灣一事因而具有帝國主義的意義。由於國際關係進入到帝國主義時代，此事實規定了捲入其中的日本所作所為的色彩，日本雖未具備帝國主義的實質，卻採取了帝國主義的形態與意識形態。因此，儘管當時日本的獨占資本主義還不發達，由於獲得了臺灣，因此不能將中日甲午戰爭視為單純的國民戰爭，反而具有早熟的帝國主義、帝國主義前期、以政治軍事行動開展帝國主義時代等性質，即所謂非帝國主義國的帝國主義實踐。此即世界政治（經濟的發展階段）對後進國日本之規定，恰如豐臣、德川時代重商主義對日本的影響。荷蘭曾經因為日本勢力的退縮才領有臺灣，如今英、法勢力被排除，反使我國獲得臺灣。

1　Nitobé I.〔新渡戶稻造〕, *The Japanese Nation*, p.233. (Ch. IX. Japan as a Coloniser).

2　當時臺南一帶地方的海岸線深入東邊，使得臺南城市西邊直接臨海，而形成內海，此內海稱作臺江。其外有數個小島沙洲斷續接連形成臺江的屏障，鹿耳門即為從外海進入臺江的水路，當時的臺江是「汪洋浩瀚，可泊千艘」的良港。荷蘭人占據臺江之後，便在其外屏障的一個島嶼－鯤鯓（今日的安平）建築熱蘭遮（Zeelandia）城，又於相對的臺江內岸赤崁（今日之臺南）建造普羅民遮（Provintia）城。臺江日後因地盤隆起及泥沙堆積的緣故，其地形發生變化以迄於今（伊能嘉矩，《臺灣文化志》上卷，頁55、下卷，頁997以下〔中譯上卷頁124以下、下卷頁10以下〕）。

3　當時日本稱臺灣是「高砂」或「高山國」，據說是日本人造訪的打狗地方原住民Tacoasan社的名稱訛音而來（亦有其他說法）。豐臣秀吉北征朝鮮，南開與呂宋的交通。文祿二年〔1593年〕原田孫七郎前往呂宋途中，曾寄港臺灣勸誘當地人入貢。然而臺灣當時由原住民部落構成，並不存在可接受日本國書的「高山國王」，因此無論在交通或外交上，皆未見有任何成果。德川家康也於慶長十四年〔1609年〕命令有馬晴信派遣其部下進入臺灣視察。

4　竹越與三郎，《臺灣統治志》，頁138-9、伊能嘉矩，《臺灣文化志》下卷，頁986-91〔中譯頁757-761〕。

5　立博士〔立作太郎〕，《明治二十七八年戰役とヨーロッパ強國の外交》，頁55-72。

6　松島剛、佐藤宏共編，《臺灣事情》（明治30年〔1897年〕2月刊），頁13。

・第二章・

臺灣的資本主義化

竹越與三郎在所著《臺灣統治志》（明治38年〔1905年〕刊行）的序文言「開拓文明未啟的國土，傳佈文明的德澤，白種人長久認為是他們的負擔，現在日本國民崛起於極東海表，意欲分攤白人之大任。惟不知我國民是否具備完遂黃種人負擔之才幹，統治臺灣的成敗不得不說正是解答此問題的試金石。」日本領有臺灣之際，代表經營實力的資本並不充裕，至於政治方面的準備，事實上就是白紙一張。而且當時臺灣的情勢絕非前景可期。德國想在東洋求得根據地之際，儘管德皇頻頻主張要取得臺灣，政府卻不採納。這是基於精通中國事務的李希霍芬〔Ferdinand Freiherr von Richthofen〕教授的反對意見，理由是臺灣欠缺可容大船進入的良港，人口相對稠密且有難以征服的蠻民，因此不適合殖民。臺灣面積之大，也難以抵禦如法國等垂涎臺灣的其他國家[1]。當日本於馬關條約要求中國割讓臺灣時，李鴻章刻意表現為難的態度，並舉出匪徒之亂難根絕、鴉片吸食積習深且難絕禁、氣候不健康、生蕃出草（馘首）經常威脅到經濟開發等各項，以此島難以良好治理為理由，試圖阻止日本領有臺灣的意圖。而此號稱難治的臺灣，在兒玉、後藤治理下的十年〔實八年餘〕，治安受到整頓、

衛生狀況獲得改善、經濟發達、財政臻至獨立。日本殖民政策之成功，博得國內外驚嘆，前記竹越氏的名著可說就是凱歌或是讚歌。而就經濟層面來看此成果，正是臺灣資本主義化的進展使然。特別是明治37年〔1904年〕完成幣制改革、38年土地調查、41年〔1908年〕縱貫鐵路開通，基隆與高雄築港亦大功告成，臺灣經濟遂急速發展。

日本則在甲午戰後的10年之間，由於獲得中國賠款、領有臺灣、募集外債等情事，使得經濟呈現活絡景象。銀行業實繳資金從1億圓增加到3億7,000萬圓，儲蓄的發展由1億3,900萬圓躍升到7億7,500萬圓，即原先的5倍半，如果抽離普通銀行的存款，更增加到11倍半。「如此可觀的成長率不惟日本，在世界金融恐怕也絕無僅有……又，在此時代，日本國民產業活動旺盛，國富增殖之鉅，也是前所未見。[2]」此後再經日俄戰爭、世界大戰，日本的資本積累更為躍進，對臺灣的企業發展大有增益。又，臺灣資本主義性質的發展，對日本的帝國主義發展也有極大貢獻。

作為臺灣資本主義化的基礎事業，本章以下分別敘述土地調查事業、度量衡及幣制改革。其次說明日本資本在臺灣的樹立及獨占、臺灣財政與資本主義化的關係、資本主義化所帶來殖民者（日本人）與原住者（本島人、生蕃）的階級對立。最後論述臺灣在日本帝國主義的地位。

▋ 第一節　土地問題

◆ 第一項　日本領臺前的臺灣土地制度

關於日本領臺前臺灣的土地制度，雖然於此不予詳述（詳見臨時臺灣舊慣調查報告書《臺灣私法》第一卷、伊能嘉矩《臺灣文化志》中卷及下

卷），不過自荷蘭東印度公司時代以來的臺灣，由於只有殖民地的性質，因此土地問題有三個特徵。一為隱田多，二為土地所有關係具封建性質，三為與蕃人的關係。

臺灣的先住民，即所謂的蕃人，原本居住於臺灣全島，然而隨著他們的土地逐漸落入殖民者手中，所居住的地區也就越來越狹隘。臺灣進入清領時代之後，中國移民日增，經常使用詭詐或暴力「霸耕侵占」蕃人的土地，導致蕃人對外來者施暴，屢見不鮮。清政府劃界立石或設土牛溝[3]，限定線東之地為蕃人地區，禁止民蕃相互越界，此即「劃界遷民」。不服清政府統治的蕃人遂退居高地，因而被稱為生蕃或高山蕃，而服從清政府統治居住於平地的蕃人則被稱為熟蕃或平埔蕃，清政府承認他們對特定地區具有「管業權」，禁止漢人侵占或買賣。也就是利用隔離制（Segregation）及保留制（Reservation）[4]，以避免原住者蕃人與殖民者漢人的衝突，同時確保條件良好的平原為漢人的活動區域。蕃界以外不屬任何人占有之地區視為官有，經官方許可，可成為民間產業，不過官方也默許「自墾首」（未取得官方許可，擅自開墾之人，相當於所謂的Squatters）[5]。儘管有上述規定，由於漢人霸耕侵墾不斷，清政府最後決定開放臺灣全土拓墾，於同治十三年（1874年）解除漢人進入蕃地的禁令。

在這種情況下，取得政府許可開墾官有地的人或霸耕侵占的私墾者，多為地方有力的豪族。他們將土地租給實際的開墾經營者，開墾經營者又將土地出租給佃農。現耕佃人（佃農）對開墾經營者（小租戶）繳納稱為小租的租穀，小租戶再對開墾權利者（豪族）繳納稱為大租的租穀，此開墾權利者稱為大租戶。大租戶向政府繳納土地稅，如果是從蕃人取得土地開墾的利權，還需負擔「蕃租」（或「蕃大租」），清代臺灣的土地制度便因

此帶有封建性質。大租權與土地沒有直接關係，只有收取大租的權利。大租權與小租權由於可個別轉讓，因此同一塊土地，彼此不知誰是大租戶誰是小租戶，土地的權利關係無可避免陷入混亂，權利的性質亦模糊不清。大租權雖立足於土地，卻只有收取大租的權利，可說既非物權亦非債權，屬於一種特別的財產權。小租權隨實際的土地管理移轉，雖可說是物權，卻沒有完整的所有權，又由於有繳納大租的義務，因此可理解為一種帶有負擔的所有權6。如此混亂的權利關係及性質不明，結果就是大租戶還是小租戶誰應為地主，誰應為納稅義務人，也變得難以釐清（業主權是土地的最高權利，此乃基於中國率土之濱皆為「王土」的觀念，由此產生有別於純粹個人主義法制下私有財產權的業主權觀念）。

　　而且不只是納稅義務人不明確，完全不負擔納稅義務的土地亦不在少數，這類土地稱為隱田。豪族由於上述的開墾情事，擁有許多隱田，但清政府默許隱田，為了鼓勵開墾，招徠移民，所以並不施行土地丈量7。

◆ 第二項　土地調查

　　清代臺灣二百餘年的開拓以上述的過程及情勢完成，一言以蔽之，帶有封建性格，於是限制了日後資本主義性質的開拓。臺灣資本主義開發的先驅是劉銘傳，劉於光緒十一年（1885年）就任臺灣巡撫，那是中法戰爭結束後不久，歐美資本主義列強頻仍窺伺臺灣四周的時期。劉的使命是自力推動資本主義性質的開發和富國強兵，以對抗資本主義列強的野心。他所興辦的事業，舉凡基隆新竹間的鐵路架設、汽船採購，乃至於臺灣沿岸與中國大陸、香港、新加坡、西貢、菲律賓之間的航海，以及郵政制度、樟腦專賣、理蕃事業，皆屬此類。而土地丈量調查事業，亦為其中一環。

在中國王土觀念下，業主權可說是領土權及私法*土地所有權無從區分的時代遺物，大租戶與小租戶的關係亦為帶有封建性質的土地制度。土地業主加上不動產權移轉不明確，未經官方許可擅自開墾者亦不清楚土地的權利關係，以上種種皆導致政府在徵收土地稅和管理土地權利的私法移轉時，多有不便。因此制定單一、清楚的土地所有權，以確保稅賦及經濟交易，成為資本主義現代政府在殖民地率先推行的事業。劉銘傳可說是著眼於此，施行臺灣首次土地丈量，整理隱田，確定土地業主權之歸屬。劉銘傳認定小租戶為業主，使之為納稅義務人，同時減免四成大租。就大租戶而言，納稅義務解除後，大租收入減為原有既定額的六成，即所謂的減四留六法（臺灣南部雖說因特殊狀況，依然認定大租戶為納稅人，但是業主權事實上仍歸小租戶所有）[8]。然而，劉的土地清賦事業主要目的是增加稅收，調查過於苛刻而招致人民反抗，該事業因此中途而廢，劉也辭官離臺。

劉銘傳籌畫卻未能成功的土地調查事業，於日本領有臺灣之後，在更加明確的意識、周到的計畫及強硬的權力之下，付諸實行。臺灣總督兒玉源太郎及民政長官後藤新平上任後，首先著手調查戶籍及地籍。就戶籍而言，臺灣總督府於明治36年〔1903年〕制定《戶口調查規則》，並以明治38年〔1905年〕10月1日凌晨零時為普查基準點，比日本國內更早以現代人口普查的方法進行臺灣第一回臨時戶口調查**。而土地調查方面，明治31年〔1898年〕匪徒仍舊猖獗，臺灣總督府即已推動臨時土地調查局（局長中村是公）的業務，施行地籍調查、三角測量及地形測量等三項事業。大租權

---

* 「私法」之確切定義有多家說法，可大致理解為不涉及國家公權力的法律──編按
** 日本原定1905年進行首次「國勢調查」，因恰逢日俄戰爭而延後，1915年時又因大戰延後，最後於1920年方遂行──編按

經調查確認的同時，臺灣總督府下令自明治36年12月5日起，禁止新設大租權。明治37年對大租權者發放公債及補償金，大租權因而消滅，如同明治維新之際的秩祿公債＊一般。封建遺制的大小租關係消滅後，從前的小租戶確立為業主，土地所有的權利關係就此單一明確化。而在土地權利的移轉方面，臺灣總督府於明治38年制定《土地登記規則》，除繼承或遺囑外，強制規定土地登記為法律上權利移轉的生效要件，不像日本國內僅為對抗要件（爾後自大正12年〔1923年〕1月1日起，日本的《民法》及《不動產登記法》也在臺灣施行）。

土地調查的效果，使得地理地形因而明確並獲治安之便，此其一。整理隱田使得土地甲數增加，加上大租權消滅使得土地收益增加，修訂與加徵土地稅則（明治37年〔1904年〕）使得政府歲收增加，此其二。土地權利關係明確使土地得以安全交易，因而獲得經濟利益，此其三。此經濟利益，要言之，就是為了誘導資本到臺灣。土地調查保障日本資本家在臺灣投資土地、設立企業的安全。如同當時竹越與三郎在書中所說，「對內安定田制，對外使資本家安心，從而對臺灣田園投下資本，效果可說是無窮2。」因此，臺灣總督府的土地調查是臺灣資本主義化及日本資本征服臺灣的必要條件，也是基礎工事。

◆ 第三項　林野調查及林野整理

前述土地調查係就田、園（旱田）確立業主權，範圍未及林野。自明治43年〔1910年〕度起，臺灣總督府投注五年經費進行臺灣林野調查，區

＊ 日本政府原本必須支付士族（武士）俸祿，後發行公債，以其利息代替俸祿——編按

分並確立官有及民有的權利。調查結果是官有91萬6,775甲，民有5萬6,961甲（臺灣1甲約等於日本的9反7畝24步）。不過，判定為官有的林野，部份含有當地居民善意占有，從事竹木採收之類的經濟使用，即所謂的緣故關係。臺灣總督府雖然不承認緣故關係者的業主權，但是為保護其利益，以保管林的名義或附帶限制條件的方式，允許這些人繼續占有使用，同時徵收相應的保管費用。

由於臺灣林野在清代未曾丈量及課賦，政府也不曾發放山林業主權的所有權狀，因此林野業主權的取得，或是作為田園厝地（宅地）的附屬物，或是竹木採集等事實上的占據利用，或是經由買賣其他權限等方式。即使是買賣，專以山林為對象訂定契字，也是比較近年的事，從前多為口頭契約。由於山林原野的業主權多依循這種慣行，因此日本領有臺灣之後的《官有林野取締規則》（明治28年〔1895年〕）第一條「沒有可證明所有權的證件或其他確證之山林原野皆為官有」，即定下了無主地國有的原則。而此「證明所有權的證件」或「確證」所指為何並不明確，舊慣調查會認為應解釋為不僅限於書面證據，也應包含人證及其他事實上的占有狀態[10]。明治32年〔1899年〕臺灣總督府雖規定無主地之開墾必須取得官方許可，但是其後仍然出現擅自開墾、耕作或造林，或是採收林野產物，並未受任何阻礙而繼續利用的情形。林野調查事業實地測量調查的結果，大部份「由於沒有足以認定所有權的憑據，結果固不待言被查定為官有林」，但是也無法完全無視現有的緣故關係，從而才制定前述保管林的制度[11]。

林野調查事業的效果是將大部份的林野查定為官有林，這便給予臺灣總督府法律及經濟上的基礎，對投資者放領公有林野。但是由於仍然承認緣故關係，使得土地所有權有了瑕疵而無法完整確立，導致林野的使用與

處分無法徹底改變，因此大正4年〔1915年〕度起，出現以一掃緣故關係為目標的官有林野整理事業政策，並於大正14年度完成。該事業調查官有林野，將之區分成「要存置林野」及「不要存置林野」，再實地調查「不要存置林野」，對無許可開墾保管林之類的緣故者放領該林野，出售「預約開墾」成功的土地。列入調查的總面積為71萬7,835甲，其中「要存置林野」31萬9,294甲、「不要存置林野」39萬8,541甲，後者以放領及出售方式處理的面積為26萬6,399甲，其中屬於緣故地的面積約18萬7,000甲[12]。

臺灣總督府林野整理事業的立意在於維持完整的官有地，同時使人民得以擺脫不確實的緣故關係，確切取得所有權，以防止林野荒廢，並增進土地使用，而且可消弭歷來經常發生的「使用這些土地進行公家事業或經營大規模事業時，所引發的各種糾紛，導致阻礙」的情形[13]。要言之，林野調查及整理事業的結果，確定了林野所有權及其邊界，劃歸官有的部份，有了穩固的基礎，可由官方經營或放領給民間資本家。另一方面，緣故地劃歸民有，民有地的經濟運用與交易在法律上也有了安全保障。於是林野的私有財產制確立了，鋪設了吸引資本、資本家企業進入的途徑，此即林野的資本主義化。

林業整理事業的附帶事業為臺灣總督府在東臺灣的臺東、花蓮港兩廳所進行的土地調查。兩廳由於是蕃人居住的地區，可開墾土地不少，各蕃社向來認定所占有的區域是自己所有，擅自禁止外部入侵，其狀況全然與他州不同，因此日本領臺以來，未曾施行土地調查，不過曾有嘗試調查卻失敗的例子。然而近來隨著蕃情穩定，蕃人開始喜愛土地，「不可錯失此機會，有必要儘快調查地籍……明治43年〔1910年〕（該年施行林野調查）以前即占有、開墾目前可耕之地者，斟酌以往慣例，認可開墾者的土地所

有權。另外，開墾時日尚短的土地，則下放給開墾者，使其生活安定的同時……以期地籍整理的完備。[14]」東臺灣田園的私有財產制因而設定，土地稅制度施行使得各蕃社頭目對部落蕃人徵收土地貢租的舊慣隨之廢除，即國家取代了頭目。

◆ 第四項　森林計畫事業

明治31年到明治37年〔1898-1904年〕的土地調查，確定了西臺灣的田園所有權，而自明治43年度到大正3年〔1910-4年〕度的林野調查事業，區分了林野的官民有，接著大正4年度到大正14年〔1915-25年〕度的官有林野整理事業，則將林野及東臺灣的田園所有權釐清。這些土地是資本主義企業投資的前提，資本正是以上述順序逐步支配臺灣全土。這是因為私有財產的確立為資本主義必要且不可或缺的基礎。迄今所剩之蕃界，臺灣總督府自大正14年度起，制定連續15年的森林計畫事業，施行（一）「森林治水調查」，以此決定是否需要治水及國土保安建設。（二）「區分調查」，依據治水、國土保安、產業、公益及軍事等條件，區分需要與不需要保存的林野。（三）實地測量以確定面積及地形。（四）根據「施業案編成調查」決定施工方法。不過「鑑於近時新興產業日益發達，有必要確立林業的基本，臺灣總督府越加認為該事業有速成之必要，因此於昭和2年〔1927年〕度擴大其規模，同時將事業期程縮短為十年」[15]。

林野調查的91萬6,000甲官有林野，如扣除根據林野整理所出售的土地26萬6,000甲，根據《官有林野預約賣渡規則》、《官有財產管理規則》、《樟腦造林獎勵規則》及《官有森林原野貸渡規則》對投資者所作的預約出售、租賃，出售地及租賃地的預定保留面積約10萬甲（大正14年〔1925

年〕末）、保管林9,000甲、大學實驗林約13萬甲，可利用處分的官有林野面積剩下不過約40萬甲。其中甚多在地形、地質、經濟等層面上難以利用，或基於林野行政需求，無法出售給民間。雖說林野調查區域滿足產業發展和經濟性質的開發等資本投資的要求的餘地明顯不多。然而臺灣林野總面積265萬甲中有172萬甲在蕃界內，因此在目前的森林計畫事業下，施行蕃界林野的調查整理，以開拓國家資本及民間資本投入之路，乃為大勢之所趨。

資本現在正敲打著蕃界原始共產部落制度的大門，近年政府施政更使高山蕃頻頻遷村到山麓邊的平地。原本散居在高山的蕃戶部落密集於平地轉變為集中的聚落生活，從前在面積遼闊的地區狩獵或從事粗放的輪耕農業，現在改為定居的集約農業並豢養豬隻，蕃社的社會制度、經濟關係因此遷徙而急遽發生變革，他們的健康狀態及心理狀態亦因此急速改變。原始社會邁向現代化的過程，其影響之善惡得失，欲親眼目睹研究之人，應該前往觀察。蕃界林野一方面因高山蕃的下山政策而獲「自由」，另一方面臺灣總督府以區分調查並設立未遷蕃社的保留地制度，區分蕃社地及官有地。官有地或是進行官方事業或是出售給民間，當可興起森林產物採集、鳳梨種植等資本家企業，資本於是征服了臺灣全土。

◆ 第五項　土地的資本原始積累

土地及林野調查的成果雖然確立了業主權，原住者的土地從此可合法且平穩地移轉到資本家手中，但是如果沒有政府強權的保護，臺灣的資本原始積累恐怕還是難以達成。政府強權的保護在那時協助了（一）官有林野的確認與放領、（二）以公權力介入耕地所有權在私法上的移轉。首先

說明第二點。

　　土地調查事業是政府支出377萬9,479圓消滅大租權，以此確立人民的土地所有權，而不同於在愛爾蘭所見到的土地計畫性沒收，即政府並未沒收人民的土地。然而在處於非資本主義時代的臺灣，為了要創設資本主義企業，需要集體收購大面積的土地，但這並非易事。這是因為農民不想出售土地，有許多則是不接受企業家的出價所致。尤其土地的收購並非單純的經濟關係，從政治面及社會面來看，當投入的資本來自屬於外來壓迫勢力的日本人時，土地的收購就更加困難。然而臺灣總督府的政策有賴資本家企業對臺灣的經濟開發，於是援助資本家收購土地，其手段就是動用警察強權勸誘或迫使所有者出售土地。臺灣南部、中部的製糖會社、私營農場等收購土地時，屢屢獲得這種「官憲的援助」，尤其在土地調查結束後的明治41、42年〔1908、9年〕左右，在臺灣總督佐久間左馬太〔第5任，任期1906-15年〕治下的資本投入之際，這種例子甚多。其中最顯著的事件為林本源製糖會社在臺灣總督府的勸導下於明治42年設立時，臺中州溪州發生的土地強制收購事件。由於引發強烈的非難與抗議，當時的民政長官大島久滿次甚至不得不引咎辭職16。不過近年來資本家企業已變得普遍，臺灣社會已全然納入資本主義架構，已經不會這種強制收購土地的情形，而且也無此必要。製糖會社雖然經常擴充社有地，不過已經是純粹的經濟交易，運用資本的壓力便已足夠。

　　其次，官有林野的確認及放領，在何種意義下，可說是政府強權援助資本家取得土地？林野調查的結果，使得臺灣大部份的林野被查定為官有林野，而且有關林野業主權的取得，從前的慣例並不明確，欠缺日本法律要求的確證，已在前面有所論述。因此在缺乏業主權確切證明而被劃為官

有、之後再出售為民有的林野地之中，存在著當地人民以「緣故者」繼續
事實占有使用之情形。臺灣總督府雖然或是以設置保管林制度，或是以
「緣故地」放領給人民的制度，以此保護緣故者。但是仍有不少的緣故地
未獲得這種保護。在此情況下，當政府以強權實質沒收，再出售給資本家
時，便不能不說是國家權力直接協助資本的原始積累。其著名的例子為明
治41年〔1908年〕以來所謂的竹林事件，即竹山、斗六、嘉義三郡的竹林，
以及造林地1萬5,000甲，全歸三菱製紙會社的事件[17]。

　　目前，以高山蕃下山政策開啟的蕃界林野利用，也是政府強權對資本
原始積累的協助。雖說這是資本發展必然出現的要求，但是政府也應該充
分注意到蕃社的社會經濟生活基礎，設置適當的保留地制度以保障他們的
生活，避免急遽的變革，使之能夠漸進地向上發展。曾因殖民者霸耕侵占
而入山的他們再度下山後，如果能和平地轉變為富足的農耕之民，則日本
的臺灣殖民政策在此點，當可成為殖民史上的一道光明。他們今後受到平
地資本及山地資本的夾擊，必須施以保護，以免他們在山麓的新居住地受
到奴役，甚至餓死。

　　官有林野的預約放領、租賃及上述二者的預定存置，也是幫助資本原
始積累的制度，這是因為最享受此利益者為大資本家。例如許多旅行者參
觀蕃社時，在所訪問的新竹州角板山往返途中，台車經過的兩旁山野，可
看到插滿了三井物產合名會社所有地、預約開墾放領地、租賃地、預定存
置地等標柱。這些都是預約開墾成功並獲得政府出售之官有林野，而三井
合名會社在此經營一個大茶園。

　　要言之，在臺灣雖然未見其他國家殖民地歷史上極端的沒收原住者土
地、強制切割共有地等事例[18]，且政府土地林野的施政計畫，亦以周延的

計畫及慎重的考慮，文明地進行，但是同時也很明白是為資本投入所作的準備，為資本的原始積累過程。或基於規定，或強制性地協助，政府的公權力非常明顯的協助土地資本集中。權力就是資本原始積累的助產士。

◆ 第六項　土地的分配

關於土地的分配，必須看土地持有及經營的集中狀態，以及土地的支配權落入日本人，特別是日本人資本家手中的程度。

臺灣的耕地持有及經營的集中，即土地獨占的程度，雖然不比日本國內，但也顯著可見（其數據於註19揭示[19]）。雖然沒有顯示殖民者（日本人）與本島人[20]土地支配狀態的統計，但是僅從個別日本人土地所有的狀態來看，應該也可知道日本國內資本家掌握臺灣土地的情形。即新式製糖會社所支配的土地有（社有地）7萬8,601甲、取得租佃權土地2萬5,237甲，共計10萬3,838甲（昭和元年〔1926年〕底），相當於臺灣耕地總面積的八分之一。或如花蓮港廳鹽水港製糖株式會社的社有地9,428甲，其中耕地5,001甲，獨占花蓮港廳耕地面積的四分之一強。而且這些新式製糖會社事實上全部為日本人資本家所支配。

西臺灣於明治42、43年〔1909、10年〕左右，在臺灣總督府的移民計畫下，設立了民營農場，其中日本人農民移民事業雖說歸於失敗，但是日本人資本家的土地持有卻是不爭的事實。即合資會社「三五公司」（經營者愛久澤直哉）開設的源成農場占地約3,000甲，同公司的南隆農場約4,000甲，今村繁三的今村農場約1,600甲（大正12年〔1923年〕底）。此外，目前日本拓殖株式會社（鈴木系統）在新竹州中壢郡擁有水田3,000甲，其租佃關係據稱極為不良。

　　再就中小地主來看，花蓮港廳原官營移民村土地約2,700甲，大正14年〔1925年〕在臺灣總督府行政整理之際＊，下放給退職官吏約4,700甲。

　　僅合計上述各項，屬於日本人支配的土地約12萬甲，相當於全臺灣耕地的一成五，而且大部份屬於少數的企業。實際上，有更大的面積可視為屬於日本人，特別是資本家。

　　其次，就林野而言，其獨占狀態及屬於日本人資本的比率，比耕地的部份還要高。試就個案而言，屬於臺東開拓株式會社的林野約2萬甲（大正12年〔1923年〕臺東廳報告，其中已開墾土地1,000甲）、三井合名會社茶園1萬7,000甲、臺灣拓殖製茶株式會社茶園1,000甲、三菱製紙會社竹林及造林地1萬5,000甲。新竹州大湖郡普通行政區域全面積1萬7,000甲的土地，於明治40年〔1907年〕北埔事件後，放領給五、六名資本家，其中只有一名是本島人。另外，從屬於國家資本的專賣局樟樹造林地3萬5,000甲、阿里山、八仙山及宜蘭濁水溪〔今蘭陽溪〕的林業官營地8萬3,000甲、帝國大學實驗林13萬甲等，由此應足以察知林野獨占及日本人資本、國家資本介入情形之一斑。

　　臺灣原本就有豪族、頭家等大中小型的地主，雖然有臺灣總督府的土地調查，不過由於他們的權利仍受保存，因此即使到了今天，臺灣耕地的大部份仍在他們手中。然而近年由於製糖會社頻仍擴大其社有地，因此隨著資本主義發展，土地集中及農民無產者化的程度也提高了，此外耕地的支配權同時也遭具資本優勢的日本人資本家逐漸侵蝕，這些資本家對林野的獨占支配可說有過之而無不及。土地的獨占支配和日本人資本家對土地

＊　當時遵循本國的行政機關精簡方針，改革總督府官制，將六部一局的編制整併為四局，高等官、判任官（參頁147之說明）共806名因此退官、退職──編按

的投入，皆為臺灣土地問題發展的結果，也是未來的趨勢，此即殖民政策的意義。

....

1 立博士，《明治二十七八年戰役とヨーロッパ強國の外交》，頁59、71。

2 東洋經濟新報社編，《金融六十年史》，頁237。

3 所謂的土牛就是土壘。開鑿出土溝，再堆成土牛，並以此為境界，這些就是土牛溝或土牛紅線（伊能嘉矩，《臺灣文化志》下卷，頁296以下〔中譯頁602以下〕）。

4 拙著《植民及植民政策》頁371、頁444〔全集第1卷，頁301、358〕。

5 同上，頁465-6〔全集第1卷，頁373-4，Squatter指無法律依據而占據土地之人──編按〕。

6 臨時臺灣舊慣調查會報告書《臺灣私法》第一卷上，頁311、頁334-5。伊能嘉矩，《臺灣文化志》中卷，頁546以下〔中譯頁440以下〕。

7 臺灣守備混成第一旅團司令部報告書，《臺灣史料》，頁134-5、頁236。

8 《臺灣私法》第一卷上，頁288、《臺灣文化志》中卷，頁553〔中譯頁444以下〕。

9 竹越與三郎，《臺灣統治志》，頁214。

10 《臺灣私法》第一卷下，頁77。

11 臺灣總督府內務局，《臺灣官有林野整理事業報告書》，頁1。

12 同上，頁277-8。

13 同上，頁1-2。

14 同上，頁3。

15 臺灣總督府，《臺灣事情》（昭和3年〔1928年〕版），頁359。

16 「官僚及會社所想出來的妙案是先廉價購買土地，然後自己再經營農場。地主當然不希望廉價賣出，在這個情形下，隨時發揮功能的就是警察。警察頻繁地利用傳票集合地主，對於不允諾者不是體罰就是拘留。這種悲劇最有名的就是明治42年〔1909年〕臺灣中部的溪州發生的林本源製糖會社土地收買事件。（中略）此事件發生時，為預防不帶印章的地主出現，除臨時叫刻印店到現場營業，甚至到了連

土地登記所也被命令臨時到現場處理相關事務的程度」（蔡培火，《日本々國民に與ふ》，頁62-3〔中譯頁131〕）。

17 此橫跨臺中及臺南兩州的竹林，向來是當地五千數百戶居民以採收竹木竹筍維生的憑藉，其業主權因為不明確，所以被認定為官有地。明治41年〔1908年〕，臺灣總督府強制解除居民的「林役權」，使之成為臺灣總督府的模範竹林。明治43年〔1910年〕，臺灣總督府委託當時設立於林內（地名）的三菱製紙所經營此模範竹林，當地居民的竹林利用受到嚴苛的限制與禁止，以致一些人無以為生。明治45年〔1912年〕的林杞埔事件——暴徒襲擊巡查派出所，3人遇害，也是以此情形為主要原因。由於三菱製紙所的竹紙製造在技術上最後歸於失敗，此事一時沉寂，但是大正4年〔1915年〕此地區又變成三菱的「預約賣渡許可地」。當地居民對此的不滿持續不斷，大正14年〔1925年〕趁秩父宮殿下〔大正天皇次子〕訪臺，火車經過林內站時，甚至想直接向其投訴。三菱的預約開墾期限為大正14年，臺灣總督府以開墾成功為由，將該地區出售給三菱，同年6月當地居民1,031名向臺灣總督提出陳情書，要求依照舊慣恢復他們的權益未果。不過屬於臺中州的區域則在同年臺中州知事的調停下，三菱與當地居民簽訂契約，才使此歷史事件獲得解決。根據此契約，當地居民獲得竹林使用權，同時土地所有權則確定屬於三菱（拙著《植民及植民政策》，頁477-8〔全集第1卷，頁383-4〕、山川均，《殖民政策下の臺灣》，頁32以下參照）。

18 前引拙著，頁443-9〔全集第1卷，頁357-61〕。

19 大正10年〔1921年〕耕地所有狀態（戶數百分比）〔1町＝9917.36平方公尺〕：

　　　1町以下　　日本73.57　　臺灣64.08

　　　50町以上　日本0.09　　臺灣0.14

　耕地經營狀態（同上）：

　　　1町以下　　日本68.53　　臺灣33.10

　　　5町以上　　日本1.63　　臺灣4.58

　　另外，臺灣1甲以下的耕地面積10萬3,500甲（14.35%），其戶數25萬9,642戶（64.08%），100甲以上的耕地面積與前者大致相同（9萬4,072甲、13.04%），戶數則不過196戶（0.05%）（大正14年〔1925年〕度《臺灣農業年報》）。

20「本島人」通常指的是臺灣住民中的漢族,係從對岸的福建、廣東遷移過來,曾相
　　對原住的「生蕃」,站在殖民者的地位。日本領臺之後,「內地人」相對漢人及生
　　蕃處於殖民者的位置。昭和2年〔1927年〕底時,臺灣人口約433萬7,000人,其中
　　漢人約400萬9,000人,占總數的九成二,內地人約20萬3,000人、生蕃約8萬7,000
　　人、外國人約3萬8,000人。

▌第二節　度量衡與貨幣制度

社會經濟資本主義化的前提在於生產物的商品化，而商品生產及交換則必須在量方面對每個商品訂立規定。基於商品的雙重性，有必要規定商品物理面的大小及價值量。前者即為度量衡，後者則為貨幣。為了商品經濟乃至於資本主義經濟的普及、確立，不能僅推出度量衡及貨幣，也必須確立、普及與統一該制度。這些制度作為商品流通的軌道，在構造或是軌幅統一的範圍內，商品便可順暢活絡地流通。因此日本在使殖民地資本主義化之時，便不只統一並確立殖民地社會的度量衡及貨幣制度，也理所當然盡可能使之與殖民國日本的制度統一。藉此，殖民地在資本主義的意義上成為殖民國的一部份、殖民國與殖民地被統括入相同的經濟領土，而此事亦在臺灣完全實現。

首先，關於度量衡，「本島向來所使用的度量衡都是中國的樣式，種類繁多，器物的修復製作亦任由民間隨意進行，以致其地若異，其器與量亦異，無法杜絕各種弊病。臺灣總督府治臺後不久，便立即著手改正，早在明治28年〔1895年〕10月便已開闢了日本式度量衡器移入及販賣之途[1]」。根據明治33年〔1900年〕發布、翌年施行的《臺灣度量衡條例》，臺灣的度量衡全部改定及統一為日本式，明治36年〔1903年〕底則全面禁止使用舊式度量衡器。明治39年〔1906年〕4月起，所有度量衡器的製作、修理及販售全部劃歸公營，原因是此前民間業者的承攬製作，未能滿足新式度量衡器的需求。要言之，臺灣度量衡制度的統一，係從中國式變為日本式，而且是以官方提供度量衡器的方式，確立、普及新制度。這些都是臺灣的日本資本主義化準備過程，與之後所述的臺灣貨幣制度改正約略同時並行，

亦不足為怪。

臺灣的貨幣制度向來極為混亂錯雜，正如在清國所見。貨幣的種類有上百種，係以秤量的方式收付。甲午戰後，日本政府為支付領臺當時的費用，曾對臺灣輸送相當多的日本銀行兌換券、一圓銀幣及輔幣，使得臺灣的通貨更加錯雜。整理臺灣的貨幣制度並與日本的制度統一，則是臺灣幣制改革的要旨。

日本於明治30年〔1897年〕公布《貨幣法》施行金本位制，此制度延伸到臺灣，則為日本殖民政策的要求，然而當時臺灣的經濟狀態無法實施金本位制。或許是因為這個原因，日本政府決定臺灣暫且以黃金計算，但是允許照舊使用銀幣，等待時機恰當，再改為與日本相同的制度。政府以公定金銀比價視一圓銀幣為法定貨幣，明治32年〔1899年〕臺灣銀行開業後，允許臺灣銀行以銀幣為本位發行兌換銀行券。明治38年〔1905年〕8月，在臺灣總督向大藏大臣所提出的稟議中，說明了此期間的狀況，即

「以本島舊有慣行及在交易上今日與對岸〔指中國〕的關係來看，臺灣實際所流通的貨幣目前仍無法避免銀幣。然而本島在地理上與帝國本土連接，以其土地之廣袤與戶口的數目，終究不容許獨立的幣制。在經濟上，使臺灣與我國關係密切之必要固不待言，假若幣制不相同，必然的結果很明白，就是與日本的匯率產生變動，招致交易阻滯，妨礙我國工商業者對臺灣投入資本，以及其他種種障礙。因此以臺灣的貨幣制度預定與日本相同為前提，實際的流通貨幣則暫以銀及銀行兌換券為由，敬請裁定可否發布明治30年〔1897年〕法律第十六號及明治17年〔1884年〕第十八號公告《兌換銀行券條例》在臺灣施行之敕

令，以上稟議。」

　　亦即將當時經濟上仍隸屬於中國的臺灣轉為受日本資本支配，為臺灣幣制政策的根本目的，前述依據黃金計算的銀圓法定貨幣制度，其過渡性質至為明顯。此過渡性制度雖不妨礙臺灣人相互交易，與日本人相關的交易卻窒礙難行。原因是臺灣人之間交易的價格標準及交換媒介，慣行上仍皆為白銀，而臺灣總督府的收支、日本人之間的交易、日本人與臺灣人之間的交易，其計算的本位為黃金，由於交換的媒介是銀幣，使得記帳計算複雜，且金銀比價變動也攪亂債權債務關係，助長投機，而立場最為痛苦的，當數臺灣銀行。因此臺灣銀行頭取*於明治36年〔1903年〕提出臺灣幣制改正之必要及施行金本位制的建議書，臺灣總督同年也向大藏大臣稟議臺灣貨幣制度的改制。結果就是明治37年〔1904年〕6月臺灣銀行發行兌換黃金的銀行券，銀圓除用於向政府繳納相關的金錢外，其他一律禁用。接著又於明治41年〔1908年〕禁止使用銀圓向政府繳納，並將銀圓兌換金圓的期限設定為次年4月底，兌換銀圓的銀行券之兌換期限則為12月底。上述相關處理完成後，臺灣於明治44年〔1911年〕4月施行《貨幣法》，至此與日本完全統一在相同的貨幣制度之下。

　　明治36年〔1903年〕，在臺灣總督稟議中寫道

　　「察考近年的狀況，臺灣銀行券在民間的流通量尚未達到五百萬圓，不僅與當初預定的金額相距甚遠，而且以紙幣要求兌換銀圓的金額依

---

* 相當於董事長或總經理之類的企業高級經營幹部——譯按

舊甚鉅，銀行屢屢忙於鑄造兌換使用的銀圓。實際上，島民交易依舊以銀元為價格標準。這是因為富於守舊之風乃中國民族之通性，要本島人民一掃愛銀觀念，究竟不是短期所能達成。因此，從島民的一方來看，改制的時機尚未成熟。但是本島的貿易關係，主要由於《關稅定率法》的施行，有意外急速的變化。目前臺灣與金本位國的往來占貿易總額近七成，與以往比較，與銀本位國的往來及銀本位國的地位已全然翻轉。由此來看，可說改制的時機已然成熟。現在如果改制的話，顯然可加速建立臺灣與日本的密切關係」。

也就是說，金本位制的施行並非出於臺灣人自身經濟上的需要，對臺灣而言，反而是出自外部「金本位國」資本的要求，主要來自日本人增進對臺貿易及投資的要求。而且經由此改革，臺灣在資本方面可「加速建立與日本的密切關係」。臺灣商業界的發達是明治37年〔1904年〕以降的事情，雖說是由於以日俄戰爭為跳板的日本資本自身的發展所致，但是仍必須說此時期臺灣的土地調查、度量衡及貨幣制度的改革已經完成、臺灣已確立資本主義化及日本資本進入臺灣之途等等，貢獻甚多。這些都是保障投資安全、獎勵日本資本家拓展各種事業，即臺灣資本主義化的基礎工事[2]。

1　臺灣總督府，《臺灣事情》（昭和3年〔1928年〕版），頁420-1。
2　臺灣銀行，《臺灣銀行二十年誌》，頁31以下、拙著《植民及植民政策》，頁484-7〔全集第1卷，頁389-90〕。

▌第三節　資本家企業

　　站在前述臺灣資本主義化的基礎建設之上，資本家企業，特別是日本資本家的企業是如何發展？此議題包含外國資本的驅逐、資本型態的發展（從商業資本到金融資本）、獨占的成立、對島外的投資等各項，以下本節依序說明之。

◆ 第一項　外國資本的驅逐

　　自1858年中英法天津條約決定臺灣開港以來，英、美、德等國的資本與臺灣接觸，凌駕清國商人勢力，以至掌握貿易及金融實權的程度。他們多數以廈門為根據地，而當時臺灣大部份是與對岸及香港貿易。日本領臺的結果就是此商權移轉到日本資本家手中，貿易路線也轉到日本。

　　首先就砂糖而言，以1858年美商羅賓奈（Robinet）公司前來打狗從事砂糖出口為始。1873年澳洲商墨爾本砂糖公司派員來打狗訂購鉅額的砂糖。日本領臺之際，德記、怡記、慶記、美打、海興、東興等洋行（即外國商館）利用買辦制度，對製糖業者放款的同時，簽訂獨占收購砂糖的契約。而就裝運出口而言，除中國式帆船外，如要以汽船運送的話，就非獲得外商的允諾不可。由於當時臺灣的汽船海運是由根據地在香港的英商得忌利士〔Douglas〕汽船公司所獨占，所以甲午戰爭前後臺灣的砂糖貿易幾乎為外國商人所獨占。

　　面對此狀況，我國的三井物產於明治31年〔1898年〕在臺北設置分店，明治36年〔1903年〕開始採購赤糖。當時即因外商與製糖業者、汽船公司訂有特約，使得三井物產在採賣及出口皆蒙受不利與不便，不過仍以豐厚

的資金吸引外商專屬的買辦，積極提供預付資金，以扶植自己的勢力。另外，明治38年〔1905年〕橫濱的增田屋商店也開始砂糖貿易。為了打破在打狗、安平交貨的舊慣，增田屋商店將交貨地點改在車站，而且進一步深入產地交貨，謀求製造業者的便利，由於外商只依賴買辦制度，這些作法於是逐漸奪取外商的地盤。三井物產甚至廢除買辦制度，直接與製造者交易。另外，在臺灣總督府的補助金政策之下，大阪商船會社加入臺灣的對外海運，前述得忌利士公司最後於明治38年退出臺灣的海運市場。砂糖運出臺灣的外商勢力支柱，亦因此一掃而空。從明治40年到41年〔1907-8年〕，神戶的鈴木商店及湯淺商店、大阪糖業會社及其他商人也開始採購砂糖，明治42年日本系統的有力糖商更成立卡特爾組織糖商俱樂部＊。於是外國人及臺灣人糖商大約於明治43、44年〔1910-11年〕左右全部沒落，或是完全撤離臺灣，或將資金投入製糖，或是轉向稻米的交易。前述洋行中繼續營業者不過怡記（Bain商會）和德記（Tait商會）。怡記雖然從砂糖貿易抽手，轉至臺南廳建設改良糖廍，但是於明治45年被臺灣製糖株式會社併購，德記洋行則完全關閉砂糖部。於是糖業方面，外國資本完全被驅逐出去。

其次，臺灣茶葉的出口以1869年英國商人陶德（John Dodd）以大約21萬斤〔約127公噸〕直接出口到紐約為嚆矢，而且在很短的期間就興盛起來，不過爾後被根據地在廈門的洋行獨占。這些洋行因同時也是金融機關，擁有強大勢力，故得以隻手決定茶葉的買賣價格，壟斷其利益。亦即德記及其他洋行從廈門的外商銀行融通資金，再將此資金貸放給媽振館[1]，媽

＊ 即日後的糖業聯合會——譯按

振館再對茶館，茶館再對生產者提供製茶資金，同時約定製茶的獨占收購（砂糖的收購，也是相同的系統）。對洋行提供資金融通的銀行，主要是 Hongkong & Shanghai Bank〔匯豐銀行〕，即英國資本在東洋活動的中樞。應知臺灣原本位於英國帝國主義圈內，挑戰此一局面的我國資本戰士是三井物產及野澤組，他們從明治40年〔1907年〕左右開始從事茶葉貿易，外國人商館最後只剩下英商3家、美商1家。茶葉貿易之所以仍殘存幾家外國資本勢力，原因在於茶葉與其他產物的貿易路線轉向日本的情形相反，迄今仍以外國出口為主。今後，伴隨三井物產會社等的農園（estate）式直營茶園的發展，日本資本家大量生產出口茶葉，商業資本結合在生產面的支配，將因此日益強大，外國資本在臺灣茶葉貿易的勢力應該就會逐漸被驅逐出去。

　　關於樟腦方面，早期有英國船舶的走私。在清國咸豐年間約定臺灣開港的天津條約批准交換之前，英商怡和洋行與寶順洋行*即已與官吏勾結出口並博得巨利，爾後外國商人積極進入此業，以壟斷樟腦出口的利益。清代臺灣曾二度嘗試官營專賣樟腦，但是遭遇外國（主要是英國）商人與領事的抗議而不果。外國資本家在臺灣樟腦業有其牢固不可拔除的獨占地位，日本領臺之際，政府對樟腦招致外國資本家反抗的情形甚為警戒。明治28年〔1895年〕臺灣總督府訂定《樟腦製造取締規則》，29年制定《樟腦稅則》，結果不斷與外商發生衝突，引發外商抗議，當時日本與外國交涉事件大部份都與樟腦有關。在這種情況下，能夠驅逐外商勢力完全是明治32年〔1899年〕施行樟腦專賣制度的結果，經由發動國家權力，將樟腦商

*　Dent & Co, 又名顛地洋行──譯按

權從外商的獨占奪回，成為政府的獨占。施行樟腦專賣後，業者以競標的方式獨占樟腦出口，英商三美路商會〔Samuel Samuel & Co〕獲得出口的權利，也就是說實際上仍屬於外國資本獨占。明治41年〔1908年〕，臺灣總督府將販賣方法改為直營，並且委託三井物產株式會社販賣，樟腦商權才開始歸於日本資本家。亦即專賣制度將外商利權移轉為國家獨占，然而尚無法完全拔除，直到臺灣總督府在形式上直營販賣樟腦的制度開始實施，商權才從外商三美路移轉到三井。外國資本家固若金湯的城堡——樟腦商權，之所以歸於日本資本家之手，正是出於政府強權直接的保護。

鴉片是日本領臺當時在臺灣進口品中拔頭籌、金額最高的重要商品。其進口雖然也是經由外商，不過施行專賣制度的結果，最後由三井物產及其他日商取而代之。

稻米雖然向來是臺灣重要的物產，但是日本資本家著手其交易，卻是從明治34年〔1901年〕三井物產進入後才開始。明治37年〔1904年〕以現任臺灣總督身份參加戰爭的滿洲軍總參謀長兒玉源太郎將軍下令三井物產供應臺灣米30萬石，作為日俄戰爭的軍用米，不過其中亦兼顧推廣開拓臺灣米銷路的獎勵政策[2]。外國商人雖逐漸退出稻米的買賣，不過臺灣人米商的勢力至今依然強而有力，這是因為臺灣米由於品質無法廣銷日本，主要都在島內交易所致。恰如以出口外國為主的茶，外國商館的勢力因而依舊殘存。然而近年臺灣蓬萊米（日本品種米）生產普及，使得臺灣米對日本的出口激增，同時島外米對臺灣的進口亦增加。也就是說，米變成對日本的貿易品，日本商人因而積極投入米的買賣。特別是趁昭和2年〔1927年〕瑞泰、泉和〔商號名〕等勢力最大的臺灣商人破產，臺灣米交易的霸權終於移轉到三井及其他日商之手。

除上述各項之外，就海運而言，前已說明，明治32年〔1899年〕臺灣總督府對大阪商船會社給予補助金使之開設命令航線的結果，壓迫曾獨占對岸及香港航線的英商得忌利士公司，後者於明治38年〔1905年〕左右完全撤出臺灣[3]。

如以上所述，臺灣的貿易及海運雖然在日本領臺之際為外國資本家所掌握，但是到了明治40年〔1907年〕左右幾乎被掃除一空，其商權歸於日本資本家。此商權移轉的原因，可說有如下述：

（一）相較外商及本島商，我國商人在競爭上具強大的資本力。例如在赤糖收購戰中的三井、增田屋等。

（二）日本資本是以產業資本在臺灣設立企業，進而結合日本商業資本，因此與單純以商業資本活動的外商相比，在資本方面較為強大。例如日本資本家興辦新式製糖會社後，便將產品分蜜糖的販賣權給予有關係的日本商人。臺灣製糖株式會社將其獨占販賣權交給三井物產，明治製糖株式會社一開始是交給增田屋，大正9年〔1920年〕增田屋沒落後，改為三菱商事，鹽水港製糖株式會社則是鈴木商店及安部幸商店，每個都是基於同一資本或資金系統的特約。

（三）日本資本又以銀行資本的方式在臺灣站穩腳步。相對於外商唯一的武器──生產資金的借貸，其所仰給的資金來源或為自有資金或廈門的匯豐銀行分行，我國商人則獲得臺灣銀行密切的援助，才得以凌駕外商。

（四）國家專賣制度的實施，使得進出口的商權移轉到日本商人，如樟腦、鴉片、菸草等。

（五）國家直接且差別性地保護日本資本，例如航線補助金。

（六）關稅制度與日本統一，日本與臺灣之間從此免除關稅，臺灣與

中國、香港之間的關稅則於明治32年〔1899年〕起調升，因此臺灣主要的貿易路線從對岸轉向日本。

　　要言之，臺灣很明顯是藉由日本資本自身的勢力及國家直接間接的援助，才得以驅逐外國資本。

....

1　「媽振館一名原本來自英語merchant，向來是茶業者間主要的金融機關，按其營業狀態既非純粹的茶商亦非代理商。亦即雖為茶商，卻站在其他茶商與洋行之間經營茶葉的委託販賣，同時以茶葉為抵押進行資金融通」（臺灣銀行，《臺灣銀行二十年誌》，頁9）。

2　杉野嘉助，《臺灣商工十年史》，頁123。

3　關於日本領有以前的臺灣產業，參照伊能嘉矩，《臺灣文化志》中卷，頁611以下、下卷，頁1-57〔中譯中卷頁486以下、下卷頁10-49〕。

◆ 第二項　資本型態的發展

　　就歷史而言，資本最初的型態是商業資本，而且是外國貿易資本。像臺灣這類非資本主義的殖民地社會，無法以其固有的資本進行資本主義化，而必須專以外國的商業資本促進推動。然而日本領臺前後的外國資本只是單純的商業資本，對臺灣的接觸止於外圍，未能觸及臺灣社會內部生產關係的資本主義化，亦即產業資本家企業的設立，尚停留在商業資本的非資本主義社會掠奪型態。日本領臺堅固的現代政府樹立後，土匪討伐帶來治安的底定，土地及林野調查、度量衡及貨幣的統一等，意味成功建立

保障投資安全的基礎事業，資本的活動型態隨之發展，遂進入臺灣社會內部，企業的設立、生產關係亦趨向資本主義化。要言之，也就是從單純的商業資本朝向產業資本發展。

產業資本經常是由商業資本家提供，這是因為在殖民地貿易中，商業資本家喚起出口標的物——殖民地重要物產的大量生產，也創造出大量進口商品的銷路，因此迫切需要在殖民地設立企業。然而非資本主義性質的殖民地本身，並沒有足以滿足這種需求的資本，因此商業資本家自身成為產業資本家，即資本家企業的創立者。而且商業資本隨其資本的充實，會試圖進一步控制其利益泉源的生產過程，因而成為產業資本家，此過程在臺灣非常顯著地呈現。例如臺灣最早的新式製糖會社臺灣製糖的最大股東為三井物產、鹽水港製糖為安部幸商店所創設，後來成為鈴木商店的旁系企業、東洋製糖為鈴木商店所創立等。其他亦有許多由糖商設立的改良糖廍。

因此，臺灣的產業資本化是從商業資本家的活動開始，不過一旦企業開始蓬勃發展，產業資本的供給就未必經由商業資本，產業資本反而控制商業資本，或與之結合，或與之訂立特約，或自己從事商業資本活動。例如明治製糖在日本國內的銷售，即由自己的子公司明治商店負責，國外販售則由同一資本系統的三菱商事獨占。大日本製糖則是販賣自營產品。

不只是產業資本發達，以及商業資本與產業資本的結合，日本及臺灣的銀行資本也成立並發展資本家企業，然後再與產業資本、商業資本結合並使之發展。在資本的集中及積累過程中，由於金融的勢力具有決定性的影響力，因此產業資本不僅獲得銀行資本的供給，也受銀行資本的控制，也就是資本採金融資本的型態發展。三井、三菱及臺灣銀行的金融勢力，

對臺灣的資本家企業興起、發展、集中的促進及援助確實相當巨大。

首先，就臺灣產業的大宗糖業而言，到日本領臺為止，以粗放的甘蔗耕地及使用原始人力或畜力製糖技術之在來〔原有〕糖廍（所謂的糖廍是指「榨取蔗汁，煎煮砂糖之處」，即壓榨甘蔗的製糖場）散布在臺灣各地製造赤糖，又以相同不成熟的技術在糖間製造再製糖（白糖）。兒玉、後藤治臺政治的中心為產業發展政策，而糖業獎勵為其焦點，主要致力於橫跨農業及工業二方面的技術改良及經濟獎勵。新渡戶博士〔新渡戶稻造〕的《糖業改良意見書》成為臺灣總督府糖業獎勵計畫的基礎，其中關於製糖業企業的型態，主張有必要以大資本建設新式機械大工廠，同時依臺灣各地狀況的不同，亦應獎勵裝設小型機械的中小工廠，而且要使耕作者組織同業組合，與備有機械設備的製糖廠共同經營。上述第一種企業型態為資本家大企業，以臺灣製糖株式會社為嚆矢，第二種為所謂改良糖廍的中小資本家企業，而第三種組合式的企業最後並未出現。改良糖廍在大資本家對臺灣的投資未見規模、資本積累之勢尚未強大的時代，一時之間曾見蓬勃發展，明治39年期到41年〔1906-8年〕期的產糖能力，甚至超過新式大企業。然而其發展成長到明治43—44年〔1910-1年〕期終止，此後因新式大企業壓制而減少，大部份被後者併購，也就是說改良糖廍的本質是從在來糖廍時代轉換到新式工廠時代的過渡性企業型態。另一方面，在來糖廍自糖業獎勵政策初期以來，即持續減少。特別自明治38年〔1905年〕為了新式工廠而制定原料採取區域制，該區域內不再允許新設在來糖廍。而且以往限制於濁水溪以南的製糖業，自明治42年〔1909年〕往中北部發展，大正2年〔1913年〕更進入東臺灣，原料採取區域幾乎遍及全島適合種蔗的地區，如今在來糖廍只有山間僻地的幾百餘所而已。糖間亦從明治38—39年〔1905-6

年〕左右開始衰微。明治43年〔1910年〕砂糖消費稅施行的結果，使得製造白糖不敷成本終至絕跡，大資本家企業的新式工廠可說取得壓倒性的勝利。大正15年—昭和2年〔1926-7年〕度臺灣總產糖能力的95.3%、總產糖量的98%，係出於新式工廠[1]。

　　糖業之外，不論臺灣原有的主要產業，如製茶、樟腦及稻米，或是新興產業鳳梨、梨和香蕉等，市場都在日本國內及國外。隨著其產品的性質從島內消費移轉為出口導向的商品，該產業也就進入或即將展開資本家企業化。像臺灣這種非資本主義的殖民地，資本主義企業急速勃興，正是依賴外部市場與政府事業才得以實現。於是糖業及其他資本家企業化，加上居於前者輔助地位的政府土木事業，以及有所關聯的電力、機械、肥料、水泥等企業的新興，使得資本家企業化更加全面普及。而且資本主義生產由於與資本主義金融密不可分，因此臺灣產業的資本家企業化以臺灣銀行的設立為始，與島內金融機關的資本家企業化相伴進行。要言之，個別產業的資本家企業化絕對無法單獨進行。臺灣各種事業的資本家企業化的歷史，正是臺灣資本主義化的歷史，不過此處並無逐一記述各項事業的餘裕，僅於註2簡單說明幾項重要產業[2]。

　　日本領有之前的臺灣為非資本主義經濟，連一家現代化銀行、現代化企業或現代化工廠都沒有。臺灣的現代化銀行以明治28年〔1895年〕9月大阪中立銀行（爾後為三十四銀行〔一銀行名〕合併）開設基隆辦事處專門處理國庫事務為始。現代化企業則有明治32年〔1899年〕5月起，資本金額2萬圓的「四十萬合資會社」之設立，其次是同年6月株式會社臺灣銀行的開設。現代化工廠則以明治35年〔1902年〕臺灣製糖株式會社橋仔頭工廠為嚆矢，創立當時為防備土匪襲擊，據說是在軍隊及武裝員工警戒下進行

作業＊。也就是說，臺灣的資本家企業全於日本領有臺灣之後才成立，與30年後的今日臺灣整體已是資本主義社會相較，實有恍如隔世之感。總公司設立在臺灣的企業之激增如下表所示：

		企業數	資本金或 出資額（圓）	實繳之資本金 或出資額（圓）
明治 32 年〔1899 年〕		3	10,170,000	8,860,000
昭和元年〔1926 年〕	株式會社	391	563,300,000	321,986,381
	合資會社	363	15,520,828	15,520,828
	合名會社	64	8,819,451	8,819,451

然而臺灣資本家企業如此快速成長的原因，可於何處求得？若以一言說明之，即為日本資本之力及政府的力量。也就是日本經過甲午、日俄兩次戰役及世界大戰所蓄積的資本運動，正是將臺灣急激資本主義化，而且使之發展到高度資本形態的根本原因。熱帶及亞熱帶的自然環境，加上勤勉、富利殖心，同時生活水準低下的居民，可增大臺灣企業的利潤率，並足以誘引日本的投資。

不過，關於前項外國資本的驅逐，如前所述一般，若沒有政府的援助，臺灣的資本家企業應該無法看到目前急激的興起。快速成長的原因條列如下：

（一）首先是治安的底定、土地調查、幣制改革等基礎工事的遂行。

＊ 當時遭土匪襲擊一、二回後，會社於屋頂設置大砲，並且由陸軍派遣分遣隊，和武裝持槍的社員壯丁團共百餘人共同護衛廠房——編按

　　（二）國家資本的活動，例如建鐵路、築港口等。這些事業是一般資本家企業的發展條件，同時其本身也是一項資本家企業。再者以阿里山、八仙山及宜蘭濁水溪的公營林業、專賣制度為基礎的政府事業，即國家本身經營的資本家企業。或是以國家資本完成民間進行或欲進行卻難以成功的企業，如鐵路及阿里山林業就屬這類事例[3]。

　　（三）國家的直接援助。政府在行政及財政對資本家企業的直接援助，其最大者為糖業獎勵，諸如蔗苗的改良及配發、土地放領、原料採取區域的制定及補助金（製糖會社及製糖廠的設立、製糖機械的購入、改良糖廓的拆除，以及對原料糖、甘蔗原料消費、冰糖、開墾及灌溉排水費用的各種補助金）。明治33年度到大正14年〔1900-25年〕度的26年間，臺灣總督府的糖業補助金支出總額高達1,270餘萬圓（另外無償發給蔗苗實物2億4,600萬株），關於糖業政策事務及事業的經費大約在1,200萬圓，臺灣總督府合計共支出2,470餘萬圓[4]。這些補助金很多已經廢止，現今仍繼續的只有灌溉排水工程費的補助（大正13年〔1924年〕度13萬圓）及蔗苗的無償發給，不過臺灣總督府對糖業資本家企業的發展給予的保護依舊甚為豐厚。除上述情形外，臺灣銀行和臺灣電力株式會社則是依據特別法而設立，並獲得國家在資本及營運資金方面的援助。又，不僅是臺灣稀有的大工程，也可號稱全球屈指可數的大水利工程嘉南大圳，初以公營規劃，後以公共埤圳組合著手興建，徵收土地及組合費時得使用國家權力，且總工程費預算4,800萬圓的一半為臺灣總督府的補助金。此外，臺灣總督府再提供1,446萬圓的低利貸款。實際上，臺灣總督府以其豐厚的財政，不僅自身經營大企業，亦興辦半官半民的大企業，再以獎勵政策推動民間設立大企業，給予這些企業的補助及保護亦甚豐厚。

（四）人事上的援助。對資本家企業而言，從有資本關係或資金關係的其他大企業選任自家董事及其他重要幹部，乃企業治理的一個形態，同時也可藉此提供新的企業經營手法與信用，這種例子在臺灣的實業界甚多，而且臺灣總督府官吏就任新設企業經營者的情形亦所在多有。其中最有名的應是明治製糖的社長相馬半治，原為臺灣臨時糖務局技師。林本源製糖株式會社設立之際，該會社的業務執行幹部來自糖務局及臺灣銀行。其他大者從臺灣電力、臺灣青果等諸會社的社長，小至地方的農會、農業倉庫，臺灣實業界重要人物充斥退職官吏的情形，令人驚訝不已。如同業組合、公共埤圳組合亦是相同情形[5]。以退職官吏對事業體提供經營者，雖說是非資本主義社會急速振興資本家企業，也就是說基於臺灣殖民地情事必要且有效的作法，但是卻經常伴隨著危險。其弊害之一為事業經營的官僚作風，亦即將農民、勞工或組合成員當作「人民」對待。其二是因為曾任高官，便要求退職後經營具相應規模的企業和組合，但能力並不相稱。其三是對事業經營的輕忽怠慢。臺南新報記者杉野嘉助所著《臺灣商工十年史》（大正8年〔1919年〕刊）概述臺灣的企業濫設、事業經營散慢的情形，關於其原因則批判「給人不免有並非為了事業而興辦企業，只是為了提供所謂特定人物出路之觀感。[6]」雖說或可從退職官吏的轉職獲得具才能的事業經營幹材，然而若能避免作為退職官吏的收容所，動輒新設或利用與住民經濟能力不相稱的大事業，則屬幸甚。

（五）企業設立的勸說。就臺灣的經濟開發而言，無論是對日本國內資本家或本島人，臺灣總督府皆熱心勸導資本家投資，然而兩者投資的效果卻不相同。即日本人資本家成為企業內部具支配力量的實權人物，臺灣人只是單純的出資者。在政府的獎勵和勸導下設立的企業、募集的股金，

使得臺灣人的資金被企業股份所吸納，日本人資本家則掌握企業經營的實權，並且獲得企業經營的主要利潤（股息及獎金），林本源製糖會社設立的經過，即為其中一例[7]。然而臺灣總督府是如何以資本家企業之設立為重要政策並致力勸導，其結果又招致如何的企業濫設、經營散慢，從前引杉野著書所引下列文字亦可察知。即「泡沫企業的濫設煽動企業的創立熱潮，即使不確信事業是否有前景，卻致力於吸收臺灣人股東」、「當企業的設立多少帶有官廳支援性質之時，經常意味著企業設立發起人不需花費太多勞力，官廳即代為斡旋，勸導大眾成為股東」，許多臺灣人股東受到官廳或有力人士從旁「請託性的勸導」，導致「雖對未來感到不安卻又無法推辭，不得已」認購股份，因而對事業既不理解亦不關心。對於事業經營的輕忽怠慢，「給人不免有並非為了事業而興辦企業，只是為了提供所謂特定人物出路之觀感」（同前引），致使企業濫設的勸導被視為只是「為了想維持殖民地開發的體面」而已[8]。要言之，臺灣人的資金被動員成為企業的資本，提供日本人資本家支配運用，此即資本的原始積累。而「官廳」為助產士，「殖民政策」則為指導者，恰如在土地所見到的原始積累一般。

　　於是因日本國內資本積累的發展、臺灣良好的投資條件，加上臺灣總督府的政策及政治，遂使得臺灣的資本家企業得以在溫室中發育成長。

．．

1　各種製糖廠盛衰的軌跡如次所示（臺灣總督府殖產局《臺灣糖業統計》及日本糖業調查所《日本糖業年鑑》）：

		明治 34-35 年〔1901-2〕	同 38-39 年〔1905-6〕	同 43-44 年〔1910-11〕	大正 4-5 年〔1915-6〕	大正 9-10 年〔1920-1〕	大正 15–昭和 2 年〔1926-7〕
		（自 11 月至翌年 10 月）	（同前）	（同前）	（同前）	（同前）	（同前）
新式製糖廠	廠數（廠）	1	8	21	35	42	45
	能力（英噸）〔約 1,016 公斤〕	300	1,539	16,526	26,090	31,870	35,209
	產糖量（擔）	18,502	127,652	3,237,461	4,876,193	4,019,482	6,710,184
改良糖廍	廠數（廠）	—	52	74	32	22	9
	能力（英噸）	—	3,276	6,130	2,460	1,900	600
	產糖量（擔）	—	183,699	679,232	277,251	86,955	55,719
舊式糖廍	廠數（廠）	1,117	1,100	499	217	171	115
	能力（英噸）	11,170	11,000	4,990	2,170	1,710	1,150
	產糖量（擔）	890,202	962,533	588,954	197,627	105,799	86,437

（所謂能力指的是機械一晝夜壓榨甘蔗的能力，舊式糖廍的噸數為估計數）。

2 關於砂糖，如本章各項所記述，成立了涵蓋生產及販賣、規模廣大的資本家企業。詳見本書第二篇〈臺灣糖業帝國主義〉。

關於茶，雖然由三井物產、野澤組及外國商館出口，但是生產卻尚未充分資本家企業化。不過自大正 6、7 年〔1917、8 年〕左右起，三井合名會社著手建立以新式製茶工廠為中心的農園式直營大茶園（面積 2,434 甲），臺灣拓殖製茶株式會社也開始規劃同樣的大茶園（1,318 甲），前者預定於昭和 12 年〔1937 年〕、後者於同 7 年〔1932 年〕完成建設工程，亦即製茶業也逐漸走向資本家大企業化。臺灣總督府自大正 7 年起獎勵大茶園制，尤其促使小生產者設立組合或公司，目前其數達 80 家（單位面積 100 甲），此獎勵政策相當於糖業的改良糖廍。要言之，製茶目前正經歷著「工業革命」期。

米由於向來以島內消費為主，較少出口，因此其生產尚未資本家企業化，沒有可與朝鮮的東洋拓殖株式會社、朝鮮興業株式會社比擬的企業。不過我認為在不遠的將來，臺灣的稻作也會設立資本家企業。其理由如次：（一）由於近年蓬萊米

（日本品種米）的發展，使得臺灣米的生產轉向出口商品的方向發展。（二）製糖會社已經持有大面積的土地。（三）臺灣米成為出口導向的商品，將使得米價提升，同時由於作物間的競爭，蔗價上漲，使得砂糖生產成本亦隨之提高。因此如果稻作比蔗作有利，製糖會社即可轉換成稻作會社。（四）由於嘉南大圳將其灌溉區域內的土地，設定為三年輪作集體耕作制，每種作物以50甲集體耕作，150甲為一個輪作區，應有助於土地所有及經營的集中，成為吸引農耕資本家企業化的原因。

鳳梨罐頭雖說是新興產業，不過卻以明治35年〔1902年〕岡村某〔岡村庄太郎〕及接著明治40年〔1907年〕濱口某〔濱口富三郎〕的嘗試為嚆矢，惟其發展是近四、五年來的事情。昭和元年〔1926年〕的出口額是176萬圓，昭和2年一躍激增到317萬圓，製罐業者由20餘家小企業所組成。鳳梨種植面積目前雖僅有2,300甲，不過由於適合種植的面積達6萬7,000甲以上，未來隨著技術改良及銷路擴大，該產業應會發展為大資本家企業。三菱已經收購300甲的鳳梨種植地。

香蕉在今日是僅次於稻米及砂糖的重要出口商品，昭和元年〔1926年〕的出口金額1,360餘萬圓，種植面積高達1萬7,000甲，也是自大正11、2年〔1922、3年〕突然獲得日本國內市場後，生產激增的新興產業。香蕉的生產尚未見到大企業成立。其主要產地臺中州於大正13年〔1924年〕由香蕉種植者（農民）集合同業創立臺中青果同業組合，此後，高雄、臺南兩州亦仿傚之，然後這些同業組合再組成聯合會。同業組合進行青果檢查、裝籠改善及統一，以共同計算成本為基礎，聯合、調節出貨，並將販賣及輸送委託臺灣青果株式會社。青果會社雖說是資本150萬圓的資本家企業，然而其業務的性質卻不過是收取手續費的仲介而已。香蕉的種植、加工（乾果製造等）、輸送（冷藏船之類的設備）、販賣等的大企業化，都是未來要面對的問題。

煤炭，劉銘傳曾聘請英國技師著手經營，但是中途挫折未成。促使日本資本家注意到臺灣煤炭的原因是世界大戰後的炭價上漲。自大正6、7年〔1917、8年〕起，大倉組、藤田組、三井、芳川、赤司等日本及臺灣的資本家，相繼設立十數家新的煤礦公司。然而大正10年〔1921年〕經濟不景氣之後，各煤礦公司勢力因而變動，今日以三井系統的煤礦公司最為有力。

黃金在日本領有臺灣之後，很快就有日本人資本家著手開採。金瓜石礦山的田

中長一郎〔原文如此，但應為「田中長兵衛（2代）（1858年-1924年）」。其子田中長一郎生於1881年，約在第一次世界大戰後才開始協力經營父親在臺事業——編按〕、瑞芳礦山的藤田組皆自明治30年〔1897年〕以來進行其事業，牡丹坑金礦則於明治34年〔1901年〕開坑，為基隆的木村久太郎所有。臺灣銀行以獨占吸收本島產金為目的，與此三座金礦締結提供資金及收購產金的契約。這些黃金除充當臺灣銀行的紙鈔發行準備外，也提供給日本銀行〔為日本央行〕。目前仍在生產的業者有金瓜石和瑞山兩座金礦，前者於大正15年〔1926年〕為金瓜石鑛山株式會社繼承，後者於大正9年〔1920年〕起移轉為臺陽鑛業株式會社（三井系統）經營，牡丹坑礦山則於大正7年〔1918年〕廢止。

　　由以上所述應足以看出臺灣重要產業的資本家企業化，係在日本領臺後，由日本人資本家推行，而此變化的前提，乃日本及國外市場的成立。臺灣作為日本的殖民地便如此地資本主義化，這些事業的經營者皆我國的資本家（關於臺灣企業界可參照《臺灣事情》、《臺灣銀行二十年誌》、杉野嘉助著《臺灣商工十年史》、武內貞義著《臺灣》等著作）。

3　關於鐵路，日本領臺當時（明治29年〔1896年〕6月）曾發起臺灣鐵道株式會社計畫，因股金募集失敗而未能進展到實際設立的階段。最後於明治32年〔1899年〕從政府公債求取財源，以公營方式鋪設縱貫鐵路，明治41年〔1908年〕全線通車。

　　林業方面，阿里山於明治39年〔1906年〕由大阪藤田組開始經營，因收支不能相抵，於明治41年歇業。明治43年〔1910年〕臺灣總督府收購藤田組事業，開始公營。與阿里山相反，八仙山及宜蘭濁水溪在五年計畫討蕃事業成功之後，於大正4年〔1915年〕皆以公營開始經營。

4　臺灣總督府殖產局，《臺灣糖業概要》，頁22。

5　臺灣青果會社社長由殖產局長〔高田元治郎〕、臺灣電力會社社長由臺北醫專校長〔高木友枝〕、嘉南大圳管理者由臺南州知事〔枝德二〕分別轉任。

6　杉野嘉助，《臺灣商工十年史》，頁34。

7　林本源家族為臺灣既有的豪族，日本領臺當時為躲避動亂，據說將二、三百萬圓存入上海的匯豐銀行。臺灣總督府勸說林本源家族將此資金移回臺灣創設製糖會社（明治42年〔1909年〕），糖務局及臺灣銀行再派人進入此會社負責經營，該製糖

會社最後於昭和2年〔1927年〕被併入鹽水港製糖。

再舉一個例子，臺灣總督府於土地調查發給的大租權補償公債總額408餘萬圓，其中302萬餘圓為臺灣銀行收買（自明治38年至43年〔1905-10年〕間）。臺灣銀行為謀求以此公債為擔保的金融貸放便利，先後創立以此公債為基礎的嘉義銀行（明治37年）及彰化銀行（明治38年），臺灣銀行提供這些銀行人員及經營的「援助」，終至支配。

上述二例皆顯示臺灣人豪族從封建土地資產家往現代資本家的轉換，再由此轉換進入由日本人資本家支配的過程。

8　杉野嘉助，《臺灣商工十年史》，頁22、31-5。

◆ 第三項　獨占的成立

在臺灣成立並發展的資本家企業急速地走向獨占，而且是出自日本國內資本獨占的運動及反映，並在臺灣總督府的助力之下，非常模型式、溫室式地進行。

首先就糖業來看，新式製糖會社資本合計2億6,001萬圓，實繳1億6,414萬5,990圓，約占臺灣株式會社總資本5億6,330萬圓，實繳3萬2,198萬6,381圓的半數（昭和元年〔1926年〕底）。而臺灣耕地總面積約80萬甲，其中包含在製糖會社原料採取區的部份為78萬5,000甲。也就是說臺灣幾乎所有的耕地，只要與蔗作有關，皆已成為新式製糖會社獨占支配的區域。小規模的舊式糖廍不僅只能存活於山間僻地，在製糖會社設立的原料採取區域內亦毫無新設的餘地。而且甘蔗種植總面積約13萬甲，蔗作農家約12萬戶，相對臺灣總戶數75萬戶，約占一成六，相對農家總戶數39萬戶，約占三成（大正14年〔1925年〕）。然而由於臺灣的蔗作需要三年輪

作，如果依順序應進行蔗作及農家的總數是此數目三倍的話，則在耕作面積方面，原料採取區域內耕地的二分之一、戶數方面幾乎是全部，可說都處於與新式製糖會社的關係之下。也就是說臺灣無論總資本也好，耕地面積及農家戶數也好，甚大的比例都是受新式製糖會社支配。而且臺灣出口到外國及日本的總金額（昭和元年）2億5,000萬圓中，砂糖為占1億圓的重要產業，其總生產額九成八屬於新式製糖廠。由此應可知新式製糖會社在臺灣實業界所占有的重要勢力，以及在臺灣糖業界的獨占性地位。

新式製糖會社直到最近有臺灣、新興、明治、大日本、東洋、鹽水港、林本源、新高、帝國、臺南、臺東、新竹、沙轆等13家，但是昭和2年〔1927年〕林本源、東洋分別被鹽水港、大日本所併購，減少2家，巨大的臺灣製糖企業集中到11家會社（昭和2年金融恐慌之後，臺南製糖重整，取而代之的是昭和製糖株式會社）。明治35年〔1902年〕的新式製糖會社僅臺灣製糖1家，工廠數為壓榨能力300〔英〕噸1座，資本金額不過100萬圓。然而到了昭和3年〔1928年〕6月底的時點，新式製糖會社有11家，獲政府許可的工廠48座，工廠能力合計4萬2,786噸〔美噸，1美噸約904公斤〕，資金總額達2億8,286餘萬圓！在此巨大的資本積累、企業膨脹過程中，有力的三、四家大會社尤其顯著，僅臺灣製糖便占有資本金6,300萬圓、工廠數13座、工廠能力1萬1,814〔美〕噸。又，臺灣、明治、大日本、鹽水港、新高、帝國等6社資本金合計2億6,691萬6,600圓，相當於上述新式製糖會社總資本額的九成四；工廠數合計40座占全體八成三；工廠能力合計3萬8,620〔美〕噸占全體九成。相對之下，其餘5家勢力之輕微，至為明白。而且不看個別企業，就資本及資金的系統而言，昭和2年〔1927年〕昭和金融恐慌平息後不久，糖業界新的製糖能力如下〔確切數字及單位參頁287-8〕：三

井系統（臺灣、沙轆）約 1 萬 1,000 噸、三菱系統（明治、鹽水港）約 1 萬 2,000 噸、藤山系統（大日本、新高）〔經營者藤山雷太〕約 1 萬噸、臺灣銀行系統（昭和、臺東、新興）約 3,000 噸、松方系統（帝國）〔社長松方正熊為松方正義第九子〕3,000 噸，此外，屬於臺灣地區資本家系統的新竹製糖 560 噸[2]。亦即新式製糖會社獨占了臺灣實業界地位最為重要的糖業主要位置，結果就是三井、三菱、藤山、臺銀、松方的獨占。其中，三井、三菱及藤山等三大資本鼎立，占製糖界的四分之三。臺灣總企業資本金額的一半、總耕地面積的一半、總農家戶數的幾乎全部，大致納入此三大資本家的糖業資本獨占支配下。加上製糖會社於明治 43 年〔1910 年〕10 月以來組織以「臺灣糖業聯合會」為名的卡特爾，經由生產額的限制及各會社生產配額、提供給精糖業的原料配額、販賣價格的限制、義務出口的配額等協定，致力獨占市場、維持卡特爾價格、提高利潤率。各企業在此卡特爾內部的競爭，並不妨礙糖業資本對國家、消費者及農民勞工的獨占，反而經由競爭在內部引起生產及資本往有力會社集中，結果使得卡特爾的獨占地位更為強大。

　　獨占是由資本的積累及集中所構成，也就是說新式製糖會社或增設自有工廠、蔗園，或合併收購改良糖廍或其他新式製糖會社，藉以擴張其事業。由於增設或收購這些工廠及事業需要短期內巨額的出資，因此資金雄厚的企業便可經常推行企業集中。資金提供者控制事業的趨勢，為企業集中的必然，而此金融資本的支配地位也可在臺灣糖業清楚看到。日本國內最大的金融資本家三井、三菱，便以此理由在臺灣糖業與大日本製糖並列為霸者。臺灣銀行之所以經營臺東製糖及昭和製糖（去年〔1927 年〕臺南製糖經重整所設立），亦基於資金的關係。要言之，獨占支配臺灣糖業的是日本金融資本家。目前臺灣糖業為我國金融資本主義的一部份，因此也已

發展到金融資本的階段。

　　企業集中不只是同一生產階段（例如工廠或農場）的單純企業擴張，更多是透過各生產階段，以混合企業型態進行。由於糖業是農業部門與工業部門結合最為顯著的產業，因此均衡發展的混合企業型態，成為企業擴大安全利潤的絕對必要條件，近年有力製糖會社積極擴張所屬蔗園，至為理所當然。臺灣糖業的混合企業型態最為典型，在農業方面，原料甘蔗的生產，即土地自有、蔗園自營、肥料製造，以及開墾土地以擴大蔗園面積。關於原料甘蔗、材料、製品及從業人員等的運送，則鋪設會社專用的鐵路及鐵軌，兼營一般運輸（臺灣的鐵路主幹線為公營，地方的鐵路及軌道則幾乎皆為製糖會社的公司路線）。又，世界大戰後，船舶運費暴漲之際，帝國、鹽水港及臺灣製糖三社購買汽船，除公司自己運送用外，亦兼營一般的海運業。其次，製糖部門除了營業中心的分蜜糖製造外，經由臺灣的耕地白糖〔參頁276〕及爪哇糖再製的設備，以及自營日本國內的精糖工廠，有利從粗糖到精糖在技術及經濟上的連結，並且以副產品廢糖蜜為原料設置酒精工廠。在產品的國內外販賣上，則由同一系統或有資金關係的商事會社所掌握（例如臺灣製糖為三井物產。明治製糖的海外銷售由三菱商事，日本國內的銷售則由自己的直系企業明治商店。破產前的鈴木商店支配著鹽水港製糖及東洋製糖，並掌握兩者的販賣權。大日本製糖則自營販賣）。另外就砂糖製品而言，鹽水港製糖有冰糖工廠，臺灣製糖則是森永製菓株式會社大股東，明治製糖為明治製菓株式會社的母公司，支配著該製菓業。今後如果臺灣的鳳梨罐頭事業發達的話，為了製糖的生產性消費，製糖會社應會投資此事業。如同上述，從種植原料甘蔗的土地開墾事業起，到蔗作、製糖、運送、販賣及生產性消費（製菓）為止，製糖資

本廣泛橫跨全部技術及經濟過程，支配著混合企業型態。各會社的事業當然不會介入每個過程，但是就糖業資本整體來看，則是完整的混合企業型態式支配。所謂有力會社之類，實際上即以此為基礎，企業集中及獨占所獲得的範圍既廣，基礎亦穩固。從在開墾地撿石塊的老幼生蕃，到蔗園及工廠的本島人農民及勞工、精糖工廠的日本人職工、森永喫茶店衣著華麗的女服務人員，皆為臺灣製糖從而三井物產一手包辦支配的連結，其他會社情形也類似。獨占資本在社會上的勢力實在既廣泛又強大。

因此，三井、三菱及日糖等三者成為臺灣糖業的獨占者，然而日本國內大資本家在臺灣的活動並不止於糖業。三井是在臺灣歷史既久、事業範圍又廣的企業，吾人已在前面看到日本領臺後不久三井物產即以糖商身份，率先與外國商會角逐勢力並壓倒之，又成為臺灣新式製糖會社嚆矢的臺灣製糖會社最大股東。另外，自明治40年〔1907年〕左右起與外商為伍，亦開始經營臺灣茶出口，近年烏龍茶出口數量的二成六已為三井物產所經手。而三井合名會社自大正6、7年〔1917-8年〕左右，從臺灣總督府取得預約開墾、放領和租賃的新竹州蕃地，近年更建設2,434甲的現代農園式大茶園及其中心的大工廠，並已開始製茶。雖說預定在昭和12年〔1937年〕才完成，不過其建設必然是茶生產的資本家企業化，而且是合理的混合企業型態。由於其製品的規格統一，並可大量供應，應能恢復近年被立頓〔Lipton〕紅茶所壓制的臺灣烏龍茶銷路，同時增進同一資本系統的三井物產在茶貿易的勢力。如此一來，三井系統的資本可說逐漸取得獨占支配的地位。又，就稻米貿易而言，近年三井物產的勢力顯著增進。即使在專賣局相關方面，鴉片原料及外國菸草的進口也幾乎是三井物產的獨占。樟腦販賣從明治41年起到大正7年〔1908-18年〕日本樟腦株式會社設立為止的期間，也是由三

井物產獨占。關於礦業，煤炭總產量的四成五為三井系統經營的基隆炭礦及臺陽鑛業兩社所生產，煤炭總產量六成的販賣權又為三井物產掌握。目前仍在營運生產的臺灣兩座金礦，其中之一瑞芳金山自大正9年〔1920年〕歸臺陽鑛業株式會社手中，由於臺陽鑛業從大正14年〔1925年〕起將所有經營委託給三井系統的基隆炭礦株式會社，瑞芳金山也就從此歸屬三井系統。其他如三井合名為臺灣電力株式會社大股東等，可知三井的資本橫跨臺灣主要產業的各方面，並廣泛掌握生產及貿易上的獨占地位。

三菱在臺灣的活動相對比較晚近，其範圍終究無法與三井相比。明治製糖株式會社於明治39年〔1906年〕11月主要以三菱合資會社的資本設立，除此之外，可視為三菱系統的事業並不多見。有名的竹林事件即以明治41年〔1908年〕三菱製紙株式會社事業計畫為發端，林內製紙所雖於明治44年開工，但是以生竹為原料製造竹紙的技術未能成功，很快地於大正3年〔1914年〕被迫結束。不過其竹林造林地1萬5,000甲取得臺灣總督府預約放領的許可，該土地所有權於大正14年〔1925年〕確切地歸為三菱。近年三菱著眼於鳳梨的種植，在臺南州斗六郡收購300甲的土地，計畫建設罐頭工廠。臺灣適合鳳梨種植的土地尚有6萬7,000甲，眼下臺灣總督府所計畫的蕃界開放如果實現的話，應可獲得更多適合種植鳳梨的土地，只是我國製罐技術不如美國。臺灣鳳梨產業的前景看好，如果有臺灣總督府的保護獎勵及大資本家的投資，今後發展的空間可說不小。假如三菱能設立鳳梨農場工廠兼營式的資本家企業，則北部有三井的茶園，南部就有三菱的鳳梨園。近年三菱在臺灣的活躍，值得吾人注意其未來發展。

三井、三菱以其在日本國內蓄積的資本對臺灣投資，鈴木商店則相反，是以臺灣為基礎出發，獲致巨大的資本積累與事業擴張。合名會社鈴

木商店以資本金50萬圓於明治35年〔1902年〕創立，並以臺灣為根據地，從砂糖及樟腦出發，昭和2年〔1927年〕破產當時有直系企業及投資企業60餘家，資本總額達5億圓3。東洋製糖為其直系企業，鹽水港製糖亦以鈴木為大股東，此二會社及林本源製糖的產品販賣權，幾乎全部由鈴木獨占。樟腦方面，與專賣局工廠共同獨占再製樟腦製造的再製樟腦株式會社，以及獨占精製樟腦製造、粗精製樟腦委託販賣的日本樟腦株式會社，都是鈴木的直系企業。樟腦製造過程中的副產品赤油、白油及芳油的委託販賣，也由鈴木商店獨占代理。

根據以上所述結果，我想說什麼呢？第一，臺灣代表性產業糖業，由三井、三菱、藤山及鈴木等大資本家所獨占。第二，這些大資本家的獨占不止於糖業，更擴及臺灣所有產業。第三，這些大資本家不止於臺灣，也可看到其在日本全國性的獨占勢力，亦即臺灣的獨占資本實為帝國性質獨占資本的一部份。上述情形不只是與臺灣有關的地方性獨占，也是帝國性質獨占的一環，不問其資本家活動的出發點是三井、三菱之類的日本，或是鈴木在臺灣。日本資本獨占臺灣的資本家企業，並且以此推進自己的帝國性質獨占。日前鈴木商店的沒落，使得臺灣企業界的獨占狀態更進一步，同時也使帝國性質的獨占資本地位更進一步。

獨占是由大資本所構成，然而不少是憑藉國家權力直接及間接的援助。資本與權力結合的時候，才真正能成為獨占。而在臺灣這類的殖民地，資本家獨占由政府的權力及政策創始，有其特別顯著的事例。姑且不論原料採取區域制及其他一般資本家企業獎勵政策，於此僅記述與政府權力有直接關係的獨占企業。

（一）依據特別法而創立獨占企業，即臺灣銀行及臺灣電力株式會

社。臺灣銀行設立的由來已在前面論述，為政府賦予發行銀行兌換券特權的獨占性殖民地銀行。目前本島銀行臺灣商工、華南、彰化、臺灣貯蓄四家銀行，無論在資本或資金方面皆受其支配。在臺灣開設分行的日本國內銀行僅日本勸業銀行及三十四銀行而已。臺灣各銀行（包括勸業銀行及三十四銀行）資本總額9,940萬圓中，臺灣銀行為4,500萬圓、勸業銀行分行為3,300萬圓。又總存款金額49億2,500萬圓中，臺灣銀行占38億9,400萬圓。總貸款金額44億2,500萬圓中，臺灣銀行占39億1,900萬圓（昭和元年〔1926年〕底）。臺灣銀行在島內金融界所居獨占地位至為明白。

臺灣電力株式會社是依據大正8年〔1919年〕4月的《臺灣電力株式會社令》所成立，資本金額3,000萬圓的企業。政府之出資是將估計價值1,200萬圓的既有公營電力事業（臺北、基隆、高雄、彰化等）交給臺灣電力株式會社，剩餘的1,800萬圓則由民間出資。企業設立目的是興建日月潭10萬千瓦的水力發電站，以使全臺灣電氣化。然而日月潭工程未見成功，在已投下工程費3,600萬圓的情況下，昭和2年〔1927年〕第五十二回帝國議會議決中止工程。雖說此獨占計畫失敗，新企業不過是從臺灣總督府繼承原有公營電力事業而成，但是僅就如此，發電量尚有1萬7,000千瓦。臺灣的電力會社有8家，發電量合計2萬7,000千瓦，資本金額總計4,387萬圓（昭和2年12月），臺灣電力占其中發電量的六成三、資本金額的六成八[4]。

（二）公營事業及專賣。臺灣的林業及鐵路，純由國家資本所興辦的公營事業獨占。專賣制度則相反，不只成立公營企業獨占，亦以指定委託的方法給予民間資本家獨占的地位。專賣事業為國家資本獨占，民間資本的獨占則寄生其上。專賣制度為利權的泉源，以臺灣的專賣而言，鴉片的製造雖為公營，然而其原料進口則大部份掌握在三井的手中。關於鹽方

面，日曬製鹽雖由一般製鹽業者（大正14年〔1925年〕，2,241人）經營，但是煎煮鹽的製造，由大正8年〔1919年〕臺灣總督府斡旋成立的臺灣製鹽株式會社獨占，粉碎洗滌鹽＊的製造為專賣局製鹽所自營獨占，而臺灣鹽對日本的出口則由大日本製鹽株式會社一手包辦。關於樟腦，僅部份再製樟腦的製造由專賣局工廠自營，山製樟腦的製造於大正7年由整合既有採腦業所設立的臺灣製腦株式會社獨占，再製樟腦的大部份由大正8年設立的再製樟腦株式會社獨占，山製及再製之粗製樟腦的委託販賣、精製樟腦的製造及販賣由大正7年設立的日本樟腦株式會社獨占。樟腦最大的用途為賽璐珞原料的製造，由大正8年設立的大日本セルロイド〔賽璐珞〕株式會社獨占。這些橫跨樟腦業各階段的臺灣及日本獨占企業，都是在大正7、8年興辦事業熱潮的利權時代，基於臺灣總督府的「力說」、「慫恿」，整併既有的同業者所設立⁵。其次，關於菸草，則由專賣局工廠製造。外國菸草的進口主要由三井物產、對日本的菸草供給則由專賣局分別負責。最後，酒類的專賣自大正11年〔1922年〕創始，既有的民營酒廠約200所全數勒令停業，取而代之的是建設了15座專賣局工廠，亦即確立了專賣局自營的獨占。如上所述，國家及日本人資本的獨占企業因專賣制度而肇始並成長，同時專賣製品的島內販賣由臺灣總督府指定之商人獨占，成為對臺灣人之利權。

（三）臺灣總督府特別監督的特殊企業。我將臺灣青果株式會社及嘉南大圳列入這類企業。臺灣青果株式會社是近年香蕉生產出口急增的結

＊　當時食鹽分為三種：日曬鹽（天日鹽）引海水日照結晶而成。煎煮鹽（煎熬鹽）同樣引海水，但以火力煎煮。粉碎洗滌鹽則是將日曬鹽粉碎後，再用飽和鹽水洗滌製成──編按

果，為大正14年〔1925年〕所創立，資本金額150萬圓的企業，經營內容為青果的委託販賣與仲介，並對青果業者提供金融與青果運輸。臺灣香蕉的生產及出口為大正12、3年以來的事，其生產以臺中州為主，高雄、臺南兩州次之。此三州的生產者分別組織青果同業組合，進行青果的檢查、包裝的改善統一及出貨的調節，而且組合成員就各自所屬品牌，共同計算成本，集體出貨。同業組合幹部雖然原則上由成員選舉決定，不過目前是由各州知事指名推薦。各州同業組合長皆為各州內務部長，同業組合聯合會長則經臺灣總督指名由臺中州知事擔任。同業組合在與青果會社簽訂的契約中，一手包辦生產物的販賣及運送，因此青果會社完全獨占出口金額達1,000萬圓的香蕉委託販賣與運送。不經青果會社不得販賣與運送為臺灣總督府的政策，此事在大正14年夏天的香蕉自由出口問題發生時已廣為人知[6]。青果會社的獨占是取得臺灣總督府諒解後，計畫設立的。從其章程規定董監事選任和利益處分皆須經總督府許可，就能推想而知。其實青果會社的創立本身，應該就是出於臺灣總督府的政策。當時的殖產局長退休之後，便成為會社的社長。既然如此，從同業組合、同業組合聯合會及青果會社整個系列的計畫，到幹部及經營上的聯絡，以及青果會社獨占香蕉出口，都是脫胎自臺灣總督府的政策[7]。

嘉南大圳灌溉面積15萬甲，相當於臺灣耕地總面積的五分之一，利害關係人（接受灌溉的土地所有人、典權人〔指將土地典與大圳使用之人〕、佃農及埤圳主）40萬人，為占臺灣農家總數十分之一的大水利工程，亦獨占了其區域內的供排水事業。雖然大正6年〔1917年〕開始規劃此事業時，臺灣總督府擬以公營為之，但由於工程極大，基於預算考量，大正9年〔1920年〕設立公共埤圳組合使之負責此事業，臺灣總督府終止所有公設埤圳，並將

其預算所剩1,200萬圓全部補助此組合（爾後因工程費增加，政府的補助亦加倍）。公共埤圳若欲變更規約、預算及埤圳，皆必須經臺灣總督許可。又，其管理者在州知事或廳長認為有必要時，得指定或自身取代管理之，亦即服從臺灣總督府特別的監督。嘉南大圳原本是臺灣總督府規劃的事業，改設為公共埤圳組合時的管理者為臺灣總督府土木局長〔山形要助〕，副管理者為臺南州知事。大正10年〔1921年〕設置專任管理者，由原來的副管理者臺南州知事退休後充任之，其他組合幹部由臺灣總督府土木局轉來者亦多。無論是此計劃也好、監督也好、幹部也好，以及補助鉅額的總工程費預算4,800萬圓一半也好，嘉南大圳都是臺灣總督府「直系」、「子公司」性質的獨占事業[8]。臺灣總督府發行的《臺灣事情》「官設埤圳」項中，寫道「嘉南大圳雖為民營，便宜上爰概說之」[9]，應可說至當無誤。

　　以上所見為與政府直接有關的獨占企業成立過程。相對於日本人大資本家投資所形成的帝國性質獨占，臺灣本地的地方性獨占企業與政府的關係尤其顯著。權力於資本躊躇不前的地方創造獨占。如同使殖民地資本主義化者乃資本主義政府的殖民政策，殖民地進入資本主義階段後再使其獨占化，也是獨占資本主義政府的殖民政策。殖民地的經濟從非資本主義階段飛躍急進到獨占階段，為資本家經濟胎生性的發展[10]，提出相關要求並使之得以實現的是殖民國的獨占資本與政治權力，我就臺灣所記述至此各種事實的意義也正在於此。

　　臺灣的資本家企業在帝國和地方性的獨占現象，若分析其中日、臺資本家之間的關係，可知屬於日本資本家的獨占。因此討論類似臺灣這種殖民地中企業獨占的建立時，必須顧及民族獨占的層面，此點於本章第五節〈階級關係〉處論述。

1　臺灣總督府，《臺灣事情》（昭和3年〔1928年〕版），頁384。

2　參照本書第二篇〈臺灣糖業帝國主義〉。

3　根據《銀行論叢》第9卷臨時增刊《昭和金融恐慌史》（昭和2年〔1927年〕7月）。

4　臺灣電力株式會社是日本沉醉於世界大戰後的好景氣，出於將臺灣全島電氣化以成為大企業百花齊放之母的設想而規畫的事業。然而在日月潭工程遭遇挫敗，未如預定進展時，企業界態度丕變。最後工程費3,600萬圓成為「預算雖然成立，但是無法實現」的資本，任憑在山中腐朽，僅搬運工程材料所鋪設的鐵路19哩〔30.6公里〕，由國家收購（380萬圓）救濟之，其他所有工程全部終止。該企業之所以不至於淪為泡沫，全因政府於創設之際，以公營電力事業為由，予以實物出資的緣故。今日會社經營的股息為6%，其股份則政府持股24萬股、普通股36萬股（其中，臺灣銀行5,000股、小池厚之助3,500股、三井合名3,000股），章程規定在配給普通股股息達8%以前，不對政府持股配息（《東洋經濟新報》臨時增刊《續會社かゞみ》）。亦即政府無報酬提供設施使其操作運行，一般股東因此獲得六分的股息。「利潤的根源來自生產手段的自然生產力，從而生產手段的提供者成為利潤正當獲得者」，此理論上之學說不適用於此情形，利潤的根源應可說來自政府的恩惠！以英國的South Sea Company〔南海公司〕或約翰‧羅〔John Law〕的Compagnie d'Occident〔西方公司〕為始，殖民地企業向來存在許多投機份子。國家保障在經濟上具有投機風險的事業，削除其投機性，則為現代帝國主義殖民政策的特徵，亦即以政治作法解決經濟投資。然而國家的保障，結果保障了誰？又，事業的失敗，誰又該負責呢？（臺灣電力株式會社在臺灣總督府的保障之下，再度著手募集外債。日月潭工程的預算案於昭和3年冬至4年〔1928-9年〕春的帝國議會提出並獲通過）。

5　臺灣總督府專賣局，《專賣事業》，頁51-4。

6　臺中州青果同業組合為了廢除香蕉交易的仲介人制度，招集平地1甲及山地3甲以上的生產者為組合員，於大正13年〔1924年〕設立，香蕉的販賣及運送則委託青果會社。然而沒有上述組合員資格的小農民（蕉農），於大正14年夏企圖不經青果會社共同出貨、運送2,000籠〔約90公噸（1籠75斤）〕的香蕉到基隆。大阪商船會社為此詢問臺灣總督府意見後拒絕載貨，最後這些香蕉在毫無後繼作為下，在碼頭

上任憑腐爛。同年秋上述會員資格限制取消，所有的生產者才皆能加入此組合。

7　蕉農經同業組合委託青果會社販賣及運送，青果會社再將臺灣香蕉運送到日本批發商組合，銷售金額的7%為批發商的手續費，3%為青果會社的手續費（其中，1%作為出貨獎勵金分予同業組合），扣除上述手續費後，剩餘金額在出貨半個月到一個月之間，分發到各生產者手中。香蕉出貨的風險並不由同業組合或青果會社承擔，全部歸生產者。由於香蕉是具投機性質的商品，近年蕉價下跌使得生產者遭受甚大打擊。青果會社的收入以前述獨占性的手續費最為確實。會社總股數3萬股，由日本批發商、香蕉當地生產者及會社的董事幹部瓜分。雖然規定日本國內6,000股、董事2,000股、生產者臺中州1萬5,000股、高雄州、臺南州各3,500股，但是與人數相比，分配給生產者（蕉農全部，約3萬4,000戶？）的股份過少，至為明顯，因此在比率上，會社利潤主要歸屬於何處亦甚清楚。或許就是因為如此，生產者對青果會社抱持著疑慮與不信任。惟上述有關香蕉的規定屬於新創，不免帶有實驗的性質，將來同業組合或許會以生產者協同組合直接轉換為產銷的經營主體，也或許青果會社將如同英屬西印度群島 United Fruit Company〔聯合水果公司〕一般，從香蕉的種植、製造、販賣，發展到大企業經營而未可知。無論是哪一種情形，目前所見的制度應該會被視為無用。

8　嘉南大圳原本預定大正9年〔1920年〕開工，大正14年〔1925年〕竣工，由於技術困難，因而需要變更設計，加上經濟不景氣所遭遇的資金困難等情事，致使施工期延長。目前正以昭和4年〔1929年〕度竣工為目標，銳意進行工程。

　　總工程費4,816萬圓，其中一半為臺灣總督府的補助金，其他尚有臺灣總督府貸款1,446萬圓、日本勸業銀行貸款437萬圓、一般商業銀行貸款452萬圓。每位組合員必須負責工程費負擔及貸款償還的部份為5,000萬圓，此係根據工程完竣所帶來巨大的土地收益計算而來。總之，無論在工程設計、灌溉面積或利害關係者人數，本工程都是規模極大的計畫，而且即使工程完成，卻已預知沒有足夠灌溉全區域的水！或許也就是因為如此，同時考量給水、排水的技術需求，全區域15萬甲地被強制施行三年輪作的集體耕作。對製糖會社而言，這是相當有利的制度，此點將於本書第二篇論述。甘蔗原本就是需要三年輪作的植物，相對之下，稻米是連年耕作，在臺灣更是有可能一年二作，由此應可看出嘉南大圳的水利計

畫不是以稻作而是以蔗作為中心。而且由於供水及排水的水路是遍及整個區域的設施，因此即使本年輪到蔗作或雜作的土地，實際上部份或全部無法獲得供水，但是仍必須負擔水路鋪設及維持的費用。於是水量不足「由於自計畫的規劃階段以來……即為判明之事，將來日月潭水力發電完成之時，雖然可引用的水量將增加，但由於該工程完成的期程不確定，因此只能在左表所列水量的範圍內供水」，當局作了如上的聲明（《嘉南大圳事業概要》，頁13）。日月潭工程因失敗而中止的今日，嘉南大圳的水量確定不足。嘉南大圳在同種類的水利事業（以稻作為目的）中，號稱全世界絕無僅有的大工程（田川大吉郎，《臺灣訪問の記》，頁68），其本身即為過大的計劃，淪為以日月潭工程為基礎的「水上樓閣」，目前不得不以三年輪作之供水計畫進行工程。烏山頭貯水池的堤堰是個大工程，預定在昭和4年〔1929年〕度完工。即使假如被迫必須再延幾年，其竣工也還是吾人殷切企望之事。工程完成後，此地區的生產力增加，生產關係應當也會為之一變（參照本章第二項註2）。總之，這種大工程能夠冒險為之，與日月潭工程並列，可說是臺灣之所以為臺灣之處。

9 《臺灣事情》（昭和3年〔1928年〕版），頁305。
10 拙著《植民及植民政策》，頁236〔全集第1卷，頁194〕。

◆ 第四項　往外部的發展

　　進入臺灣使之資本主義化，並育成、發展、積累到巨大獨占階段的我國資本，再以臺灣為基礎，將事業跨到臺灣以外的地區，以擴張其資本家的支配力，其中顯著的例子為製糖會社及臺灣銀行。

　　臺灣各製糖會社既如所言，為處理產糖，發展出對自身有利的精粗糖業兼營之混合企業。特別自大正4、5年〔1915、6年〕以來，日本盛行精糖工廠的併購及新設。沖繩的製糖業自大正5年至大正8年〔1916-9年〕之間，

全部被東洋製糖及臺南製糖併購。另外，北海道的甜菜糖業方面，帝國製糖於大正8年創設北海道製糖會社，明治製糖於大正12年〔1923年〕收購日本甜菜糖株式會社。朝鮮方面，大日本製糖於大正6年〔1917年〕創立朝鮮製糖會社，之後兩家會社合併。滿洲的南滿洲製糖會社則是鹽水港製糖系統的新設企業，上海的明華糖廠則為明治製糖的精糖工廠。此外，在南洋方面，大日本製糖及南國產業株式會社（臺灣製糖的直系企業）在爪哇分別設有製糖工廠，明治製糖則創立スマトラ〔蘇門答臘〕興業株式會社，作為自身直系企業，開始種植橡膠。亦即臺灣的糖業會社橫跨日本的精糖業（大正製糖除外）、沖繩的粗糖業、北海道及朝鮮的甜菜糖業，不僅獨占日本帝國整個糖業，更將事業擴張到滿洲、上海及南洋。

其次，臺灣銀行如同設立理由書上的宣言，「其目的是開發臺灣的富源以謀求臺灣經濟上的發達，此外還要更進一步將營業範圍擴張至清國南方及南洋諸島，以成為這些國家的貿易機關，調和金融」，以臺灣為根據地對外發展，是臺灣銀行設立的使命之一。臺灣銀行一方面於開業之初，即在日本各地增設分行網，同時另一方面於明治33年〔1900年〕在廈門、36年在香港設立分行，其後又分別在華中、華南、南洋各地、倫敦、紐約及孟買開設分行或辦事處，援助國人對外貿易及企業發展。臺灣銀行在臺灣內部如何援助政府及事業，今暫且不表，就其對外關係方面的事蹟，略述如下[1]：

（一）促進貿易。第一是調控、改善日本與本島間的匯兌，隨著日臺關稅統一及臺灣總督府開設海運補助航線，增進兩地之間的貿易。第二是臺灣與華南、南洋的海運航線，也因臺灣總督府的補助命令政策，發展到直航的程度。臺灣銀行自大正3年〔1914年〕起，為獎勵日本經臺灣到華南、

南洋的轉口貿易，提供匯兌上相關的便利。第三是臺灣與各國的貿易。例如明治43年〔1910年〕臺灣產糖增加，必須將過剩糖出口到中國，雖然已有糖業聯合會協定製糖會社的義務出口，但是臺灣總督府為支援此出口，命令大阪商船會社新設從高雄經福州、上海、青島、大連到天津的補助命令航線。臺灣銀行更於翌年（明治44年）於上海開設分行，針對臺灣出口的砂糖，給予比出口到日本還要低的利率（不過，這其中也有政府補助），以對抗上海當地的外國砂糖。又，大正7年〔1918年〕，因應爪哇政府當局禁止進口外國茶，臺灣銀行在當地的分行鼓吹組織進口茶商組合，使得爪哇政府當局放緩臺灣包種茶進口的禁令。除了獎勵臺灣出口貿易，臺灣銀行亦援助日本國內的外國貿易，此為第四。臺灣銀行於大正3年遊說日本國內的出口業者設立輸出組合，而為了獎勵貿易，本身自同年11月起也從日本政府及日本銀行獲得外匯及資金援助。以上，要言之，臺灣銀行也踏出臺灣，作為帝國的外貿銀行，「除了金融上的關係，亦經常援助業者謀求我國出口品在進口地區擴張銷路，積極清除障礙。[2]」

　　（二）投資中國及南洋。（1）在一般商業銀行的業務方面，致力於臺灣銀行兌換券在華南地區的發行及銀圓的流通。臺灣銀行兌換券的發行「不僅使我國商店交易更為方便，國內外也因此免除日常硬幣收付的不便，進而提高日本在財貨上的勢力及信用。[3]」即協助日本商品及貨幣進入華南地區，扶植日本資本勢力。（2）臺灣銀行更於明治38年〔1905年〕應福建布政使〔周蓮〕要求，以單獨出資方式提供借款，以此為嚆矢，到大正7年〔1918年〕12月為止，共借款金1,200餘萬圓、銀300萬美元及70餘萬兩。此外，臺灣銀行也參加日本對中國的共同投資，在總額金1億8,200餘萬圓中，臺灣銀行分擔金4,900餘萬圓。此共同投資的大部份，即1億3,000餘

萬圓，由臺灣銀行、日本興業銀行及朝鮮銀行所組織對華經濟借款的共同借款團投資，臺灣銀行於其中分擔金4,300餘萬圓[4]（大正7年12月底）。也就是說臺灣銀行與日本興業銀行、朝鮮銀行並列，或單獨、或加入海外投資銀行團，成為對華投資的一大勢力。（3）臺灣銀行又在中國設立子公司中日實業株式會社、中日銀行、中華匯業銀行等日中合辦事業，作為對中國投資的仲介機關。前述對中國的借款，大部份就是經由這些企業仲介。又，臺灣銀行為勸誘臺灣及南洋華僑資本家，與前者於大正8年〔1919年〕共同設立子銀行華南銀行，總行設於臺北，使命是成為南洋貿易及投資的機關銀行[5]。（4）南洋方面，援助國人的事業。除在南洋地區開設分店、汽船會社及貿易公司外，亦對橡膠、砂糖等產業的企業家提供金融援助[6]。

　　如以上所述的各種事實，可見臺灣銀行不僅涉及臺灣內部的產業開發，更進一步成為對外貿易及投資的機關。其活動範圍以臺灣為主，並延伸至日本國內，對外則以華南、南洋為主，擴及其他國家。臺灣銀行主要支援臺灣生產的商品出口及在臺灣積累資本的輸出，除了金融上的援助，本身亦積極策劃、獎勵、擔任及實行。臺灣銀行雖然是殖民地銀行，同時也是以臺灣為基礎，我國資本帝國主義發展的機關。如同朝鮮銀行是日本北方的帝國主義銀行，臺灣銀行則是日本南方的帝國主義銀行。

　　商品生產及資本蓄積為銀行活動的基礎，因此臺灣的商品生產及資本蓄積，也是臺灣銀行活動的基礎。臺灣的資本家企業如何發展，我已在前面論述。隨此發展而來的是龐大的商品生產，而生產過剩必然促使商品出口。伴隨臺灣糖業的發展，為了處理過剩糖，明治43、4年〔1910、1年〕左右，出口至中國乃勢在必行，大阪商船會社因而開設上海天津航線，臺灣銀行也在上海開設分行，臺灣總督府則對航線發放補助金、對銀行發放外

匯資金。受到世界大戰影響，臺灣糖業獲得發展的大好機會，糖業家開始涉足爪哇糖的收購、爪哇粗糖業的經營、橡膠園經營等事業。此貿易及投資的發展促成大正5年〔1916年〕臺灣總督府補助大阪商船會社開設南洋命令航線，臺灣銀行也於泗水（大正4年）、三寶壟（大正6年）、巴達維亞（大正7年）開設分行，並獲得臺灣總督府援助。臺灣銀行對中國借款、投資，亦不難推知是以所蓄積的資本進行。因此臺灣產業資本家企業化後所生產的商品及所蓄積的資本，藉由大阪商船的海運能力、臺灣銀行的金融負載，而且在政府援助政策的保護下，以華南、南洋地區為主對外發展。世界大戰提供了良機與刺激，日本的帝國主義又採行適當的應對，臺灣便完全成為日本資本的「南進跳板」。曾經在日本領有之初，被期許他日可以舉拓殖之功而成為日本伸展鵬翼之地的臺灣，已然充分完成其使命。作為此使命的擔任者，臺灣銀行在意識上如次所述，「本行與普通銀行不同，由於負有特別的重任，因此在營業上，也有不純就損益考量的情形，經常以伸張日本國運，發揚國威為念。如不得已，縱有若干犧牲，亦在所不惜 [7]」。鈴木商店破產時，臺灣銀行幾乎隨之演出二人三腳式的共同傾倒，不過好不容易才斷然切斷紐帶，鈴木商店因而倒閉。銀行本身踉蹌的步伐及不安的眼神在政府強力手腕的支持下，以國民負擔的3億圓「甦醒藥」才終於保住生存。鈴木是以臺灣為出發點、以臺灣為基礎的資本家，也試圖進軍全世界，臺灣銀行的援助乃歷史性的必然，鈴木沒落時負債4億5,000萬圓，其中3億5,000萬圓是臺灣銀行的貸款。在大正9年〔1920年〕的「財界反動時代」，臺灣銀行對鈴木的放款不過數千萬圓，其後會如此激增，在當時有人批評是被臺灣銀行一流的「大肆花錢」所禍害 [8]。然而在臺灣銀行的意識裡，說不定是在實現援助我國對外發展的使命。可惜的是「以

日本國運伸張、國威發揚為念」的歸結之處，為援助鈴木商店的投機，「如不得已，縱有若干犧牲，亦在所不惜」，最後走到以納稅者巨億負擔來清算的地步。然而臺灣銀行的損失是經營上的問題，其存在的歷史意義依然絲毫不減。臺灣銀行是以臺灣為基礎的帝國主義實行機關，只是太過於帝國主義才出現問題而已。去年〔1928年——譯按〕7月，日本政府的臺灣銀行調查會所決定的整理案第一條指出「臺灣銀行之所以會走到持有巨額壞帳、基礎動搖的地步，原因終究不外於該行逾越原本的使命，敢於草率不公的放款，因此我們認為該行的營業方針，應以其原本使命——對臺灣的產業提供資金為中心，行有餘力，再從事華南、南洋外匯放款業務，方為恰當作法」。也就是說臺灣銀行暫時避開世界商業的投機，待風平浪靜，目前先專心於溫暖的臺灣島內蓄積資本，培養「其餘力」，以鞏固華南、南洋地區的事業。如果一陽來復，以臺灣為基礎，日本資本對外的發展應會有更進一步的躍進。

　　日本的資本隨著日本的國旗來到臺灣，驅逐外國資本，建立起自己的勢力，經由日本的資本及動員臺灣人所得的資本，使資本家企業得以發展，形成帝國及地方的獨占。臺灣實業界全由日本國內大資本家掌控，然後再以臺灣為基礎對外發展。日本國內的資本就在臺灣豐富的天然資源與低廉的勞動力，以及在臺灣總督府強力的保護之下積累。如此積累的資本成為日本資本積累的一部份，也是帝國主義性質的積累，而且進一步成為實行帝國主義的力量。

1　臺灣銀行在臺灣島內的事蹟包括整理幣制、經辦國庫事務、對政府貸款及承購公債、疏通與降低利率、投資重要物產，也在資本和資金及經營各方面援助島內金融機關、事業會社及組合，並投資不動產。要言之，除了作為發券銀行及中央銀行，支援政府財政且擔任金融管理之任務外，本身亦投資商業金融、拓殖金融及事業會社，對資本家企業的發展有直接貢獻（臺灣銀行，《臺灣銀行二十年誌》，頁408-11）。

2　臺灣銀行，《臺灣銀行二十年誌》，頁419。

3　同上，頁384。

4　同上，頁405-6〔此「對華經濟借款」即所謂的「西原借款」，參本篇第二章第六節第五項——編按〕。

5　同上，頁401-4。

6　同上，頁430-2。

7　同上，頁407。

8　《銀行論叢》臨時增刊，《昭和金融恐慌史》。

▌第四節　財政及資本主義化

　　甲午戰後日本獲得臺灣之時，臺灣的財政有待我國國庫的補助。明治29年〔1896年〕度臺灣總督府歲入965萬圓中，日本政府補助694萬圓；明治30年度歲入1,128萬圓，其中補助金占596萬圓，領有臺灣卻使國家被迫增加財政負擔，令人大皺眉頭。兒玉、後藤施政的一大著眼即在期許臺灣的財政獨立，同時發表其財政二十年計畫與明治32年〔1899年〕度預算要求[1]，其中預定將逐漸減少日本政府的補助金，自明治42年〔1909年〕度起，臺灣財政需獨立自給。另外為了振興生產事業而發行公債，並預計從明治37年〔1904年〕度起，扣除公債本息支出後需尚有結餘。日俄戰爭爆發之後，縮短臺灣財政獨立的期程變得迫切，臺灣總督府遂辭退明治37年來自日本政府一般會計的補助金。因此相對原先從明治29年度到明治42年度接受總額3,748萬8,759圓補助金的計畫，最終實際接受3,048萬8,691圓的補助，臺灣財政因而提前獨立。「自領有臺灣以來，年年憂慮母國不知要負擔多少的國民，見到自此可免除負擔，如何不相互慶賀。法國經營印度支那二十餘年，從1887年到95年的八年間，國庫補助為7億5,000萬法郎（3億圓），此外尚募集8,000萬法郎的公債，到了近年才逐漸不需國庫補助，達成自給，法國舉國歡騰，新殖民政策露出曙光，《泰晤士報》甚至評為法國殖民政策進步的徵兆。目前，我國領有臺灣以來，僅九年半，國庫花費3,000萬圓，便成為自給的殖民地。以此與法國的印度支那殖民地相比，又是如何呢？」[2]。當然，由於法屬印度支那的人口、面積大小與臺灣並不相同，無法相比，但是臺灣財政獨立可以這麼早達成，不得不說是日本殖民政策上的成功。

　　兒玉、後藤的臺灣財政獨立計畫，也即是增加臺灣歲入，其策略為施行土地調查、專賣、事業公債及地方稅，臺灣財政爾後的發展，全以這些內容為基礎。臺灣財政的獨立與發展主要來自於產業的資本主義振興，同時財政在不少方面也促進了臺灣的資本主義發展。以下，考察上述兩者相互的影響。

　　（一）土地調查使得土地甲數增加，結果是土地稅增收，對臺灣財政的助益甚大。土地所有權及其移轉因此得以建立在確切的事實及法律的根據上，土地稅賦的課徵標準得以土地生產力收益的等級為基礎，使得土地稅賦成為土地收益稅。整理大租權所發行交付之公債為臺灣銀行所收購，以此為基礎，彰化銀行、嘉義銀行、基隆及宜蘭的信用組合得以設立，並將豪族的封建性土地財產資本化等，皆有助於臺灣的資本主義化。

　　（二）土地調查之外，縱貫鐵路及其他鐵路的鋪設、基隆及高雄的建港、政府廳舍的興築、水利事業及專賣事業等，都是以明治32年〔1899年〕3月所制定的《臺灣事業公債法》及其後的修訂為依歸。以上項目成為現代產業得以發達的基礎性、準備性事業，同時本身也是資本主義大事業。根據《事業公債法》而來的公債收入及短期借款，由於幾乎為臺灣銀行及國庫儲蓄部承接及借貸給臺灣銀行，使得臺灣財政可受帶有日本資本家企業性質的臺灣銀行援助，同時也反過來援助了臺灣銀行的發展[3]。

　　（三）專賣指的是鴉片、食鹽、樟腦、菸草及酒類等五種。鴉片於明治29年〔1896年〕、食鹽及樟腦於明治32年〔1899年〕、菸草於明治38年〔1905年〕、酒類於大正11年〔1922年〕，分別開始實行專賣。非資本主義社會除土地之外欠缺財源，資本主義政府因而依賴專賣以獲得主要財源，此乃殖民地的通例，臺灣財政獨立歸諸專賣制度之處亦極大。專賣不只著眼於收

入，鴉片及酒類專賣兼有人民保健衛生上的理由，其他三種則以產業振興
為目的，亦即防止樟樹濫伐、鹽田荒廢，及限制菸草原料自中國輸入，以
期島內達到自給自足。

　　對於對資本家企業的發展及獨占化，尤其是日本人資本家勢力的建
立，專賣制度有何直接貢獻，本章前節已有論述。此處僅就前文未觸之面
向簡單說明酒類專賣。酒類專賣禁止民間的酒類製造業，全島既有200所
釀造廠因而關閉，生產則集中到專賣局15座工廠。又，禁止酒類自由販
賣，由臺灣總督府指定的商人獨占等，已如前述。「酒精及含酒精飲料的
販賣，收入全歸臺灣總督府。清酒、米酒等日用酒類的販賣，固不待言，
在藥材店、向來冠上藥用之名販售的藥用葡萄酒、醫院使用之醫藥用酒
精、家庭使用的吸入用酒精，以及用於製造漆、賽璐珞、香水等的酒精，
乃至車輛燃料用酒精，皆必須經由臺灣總督府之手」4。然而如此廣泛的酒
類產銷專賣獨占，卻有兩項重大例外獲政府認可，一是製糖會社酒精工廠
的酒精製造及島外販賣，另一是啤酒的製造及販賣。昭和元年〔1926年〕底，
臺灣的民營酒精工廠為製糖會社所屬10廠及其他2廠，每日製造533石，
專賣局工廠2座日產70石。同年度臺灣酒精總產量14萬6,000石中，專賣
局的產量不過936石，亦即酒精主要屬於製糖會社的副業產品。同年度臺
灣酒精出口13萬6,000石，金額高達608萬圓，為約略可與樟腦匹敵的重
要出口品，可說產量大多出口海外。酒精製造及島外販賣被列為專賣制度
的例外，政府說明其理由在於「島內酒精的消費數量極小，其製造遂以島
外出口為主要目的」5。酒精雖與樟腦相同，皆屬出口為主的商品，卻不列
入專賣之列，實際上就是因為尊重製糖會社酒精工廠的利益所致。

　　其次，臺灣的啤酒生產，昭和元年〔1926年〕度是6,000石、51萬圓，

全部為高砂麥酒株式會社（大正8年〔1919年〕1月設立，資本金額200萬圓）所製。啤酒的製造及販賣之所以不在專賣制度之內，官方說明是此事業仍屬草創試驗階段的緣故[6]，結果就是高砂麥酒株式會社繼續存在。如此一來，酒類專賣制度就是將一般製酒業及販賣集中獨占於國家資本，既有的日本人資本家大企業所成立的酒精及啤酒產業則允許為專賣制度之例外。此制度至為明顯的特徵，係以保護資本家企業，促使國家資本及獨占資本將臺灣酒類生產獨占資本主義化。

　　（四）地方稅的制度從明治31年〔1898年〕度開始施行，除了土地附加稅（今日再加所得附加稅），對於臺灣總督府特別會計未稅的物件所課徵的收入及從政府特別會計撥出的補助金，亦皆成為臺灣總督府的歲入。該制度係以輔助特別會計，臺灣總督府藉此得以經營臺灣為目的而設立。地方稅收支預算的編成及款項的使用等，皆歸臺灣總督自由裁量。特別會計雖說是來自國庫的補助金，然而一旦併入地方稅收入，帝國議會便無權監督其用途，而且巨額的地方稅補助金在地方稅預算未編成、用途不明之前，便已預先從國庫預算匡列。「如此伸縮自如、融通萬能的會計預算法，在法治國家未見其例，臺灣地方稅會計甚至可說成為臺灣的特別國庫會計安全閥。[7]」地方稅支出的範圍廣泛，橫跨地方廳費、警察費、理蕃費、衛生費、教育費、勸業費、土木費及社會事業費等。而國庫對地方稅會計的補助金，除明治43年度到大正3年〔1910-4年〕度外，到大正9年〔1920年〕度為止，高達歲入的三分之一以上，約一半左右[8]。臺灣總督以此地方稅會計的制度，得不經帝國議會的審議就課稅徵收，同時又可不經帝國議會的監督，完全專制地自由使用數百萬圓的國家經費，實行各種政策以統治及開發臺灣。大正9年10月臺灣地方制度修訂的結果，州、廳地方費[*]、

市街庄成為財政的主體，其歲入主要來自地方稅，國庫補助則減少。另外，市街庄預算必須向協議會諮詢。然而地方財政的協議會議，當然不過是諮詢而已，事實上仍為臺灣總督府專制之處，即使到了今日依舊如此。在此制度修訂之前，地方稅會計制度能夠更靈活的作為臺灣總督專制政治的武器，因此對於臺灣的財政獨立（廢除來自日本政府一般會計的補助金）及實行殖民政策的貢獻極大。

（五）除土地稅增收、專賣制度實施外，製糖業發達使得砂糖消費稅收入激增。明治38年〔1905年〕度砂糖消費稅僅186萬圓，明治43年〔1910年〕度達1,200萬圓，占當年度總歲入五分之一以上，「其結果帶來臺灣財政的榮景，出現收入的洪水，為眩惑臺灣總督府當局的黃金時代。2」如此良好的財政狀況，加上前述地方稅會計制度，使臺灣總督府有豐沛財源可以運用，因而得以進行土木、勸業、理蕃等巨額投資。也就是說自明治38年以後，原本預定以公債支應的多年期事業，轉為由經常歲入支應，其總額從明治38年度到明治43年度達900萬圓，主要項目是基隆到高雄之間的縱貫鐵路。又，基隆港第二期計畫及第三期計畫自明治39年以降到大正9年〔1906-20年〕為止，以政府一般歲入推行（約1,100萬圓），高雄建港也自大正2年〔1913年〕起成為一般歲入的支出項目。其他如從前為地方稅事業的電力公營自明治42年〔1909年〕度、高雄自來水自明治43年〔1910年〕度起連續三年事業計畫總額130萬圓、嘉義自來水自明治44年度起三年連續總額40萬圓（另外23萬圓為地方稅負擔）、臺南自來水自大正元年〔1912年〕

---

* 此處「廳地方費」為專有名詞，非指「廳的地方費」。「廳」原本只是國家的行政規畫區，不像「州」一樣有公法人地方自治團體的性質。制度修訂後設置「廳地方費」這種公家團體，讓「廳」就此能夠有法律依據收取固定的財產，執行固定的事務──編按

度起連續6年總額283萬圓、阿緱自來水自大正3年〔1914年〕度起3年連續總額約30萬圓，皆以普通歲入支應。藤田組經營的阿里山森林，臺灣總督府於明治42年以補償金120萬圓收購，公營經費自明治43年度至大正3年度共支出490萬圓、林野調查事業自明治43年度至大正3年度總額58萬圓、九曲堂阿緱間縱貫鐵路延長線工程自明治44年度至大正2年度230萬圓、臺灣總督府廳舍建築自明治44年度起連續五年總金額275萬圓、臺北醫院〔今臺大醫院舊館〕建築自大正元年度起九年連續總金額267萬圓，也以普通歲入支應。而理蕃事業財源自明治43年度起由地方稅改為國庫支出後開始的五年討伐計畫，到大正3年度為止共計1,600餘萬圓（此外上述五年計畫討蕃事業「以臺灣特有的地方稅補充，或以某種徵用性質的方法」的經費，總額高達2,000萬圓），以上都是以普通歲入支應的事業[10]。要言之，自明治38年財政獨立以後到大正5年〔1905-16年〕度為止，政府停止募集公債，以普通歲入及臺灣銀行的短期借款充抵公債支援事業的財源，由此足以得知當時臺灣歲入是何等豐裕。

以上所述不只是兒玉、後藤治下的財政政策及糖業獎勵如何使臺灣財政獨立，如何充盈歲收，也包括臺灣總督佐久間左馬太如何使用此歲入興建各種土木事業，甚至大膽實行規模極大的五年生蕃討伐計畫。當時臺灣總督府除積極勸導興辦產業（例如林本源製糖、三菱製紙等），同時自己也持續以巨額支出推行大事業。臺灣總督府興辦事業的積極程度，甚至引起當時有識者的憂慮而批評。如持地六三郎在《臺灣殖民政策》（明治45年〔1912年〕刊）所說「假如對今日財政表面上的盛況感到樂觀，而不顧念經費的使用是否合乎經濟，是否策畫過大或非緊急的事業，或許未來令人擔心的臺灣殖民政策弱點，反而在於財政，致使陷入不測之禍，以致埋沒

過去財政上的成功」（頁140-1）。又，東鄉實、佐藤四郎兩人合著的《臺灣植民發達史》（大正5年〔1916年〕刊）則說「以明治40年〔1907年〕後臺灣總督府的歲出預算而言，臺灣財政始終存在著收入必須大於支出的傾向。即眩惑於黃金時代，無暇顧及事務之輕重緩急，只解決眼前問題，而未有十年中程計畫的念頭，令人遺憾」（頁368）。又，在「此黃金時代，當局者看來並未區別輕重緩急而著手各種事業，結果顯示政府預算的臨時支出幾乎達總預算一半之情勢。而且多年連續的事業多達十幾項，顯現出預算追加再追加的盛況」（頁377）。這些著者都曾經是臺灣總督府的官吏，持地於明治43年〔1910年〕12月休職後立刻執筆，東鄉及佐藤則是於在職期間著述。此人有此語，應足以推知明治40年代政府事業的濫興狀況。

姑且不論對財政運用不健全的非難，以上狀況對臺灣資本家企業的興起，實有極大貢獻。

第一是糖業補助金的發給，特別是撤除改良糖廍的補助，於明治41、42、43三年〔1908、9、10年〕度共補助20萬圓，原料糖補助於明治43、44二年度共311萬圓，原料使用補助於明治43年度補助135萬圓。臺灣總督府即以這些補助，保護新式製糖會社[11]。

第二是頻繁的公營土木建築工程，最初是由臺灣總督府一般歲入項下支出，鐵路、建港及自來水如上所述。明治41年〔1908年〕修訂《臺灣事業公債法》，新起水利事業、高雄建港及臺東鐵路建設等三項，其預算3,899萬圓的財源自始即不依賴公債，而來自臺灣銀行的短期借款。自明治41年度至大正元年〔1912年〕，先後開工的七項公設水利工程，總工程經費700餘萬圓，除二層行溪電力工程（工程費320萬圓）於大正7年〔1918年〕度完工外，其他工程於大正2年皆先後竣工。而次於嘉南大圳的大水利工

程桃園大圳（八塊厝、中壢附近的埤圳水利工程，灌溉面積2萬3,000甲），也屬於上述公設埤圳計畫的一部份，並於大正5年〔1916年〕開工，大正14年〔1925年〕竣工，工程費700萬圓。

第三是電力事業（明治42年〔1909年〕）及阿里山林業（明治43年）的公營。

第四是林野調查（自明治43年〔1910年〕度起，連續五年計畫），以及以巨額支出、損傷人命並中斷臺灣總督府日常性統治為代價，討伐若干居住高山的生蕃部落，臺灣總督並且親自擔任兵力達1萬2,000人的軍隊總指揮官，這項在殖民政策上招致社會疑惑與非難的連續五年理蕃事業（自明治43年度起），都可視為將林野及蕃界資本主義化的基礎事業，此點已於本章第一節論述。

以上的財政支出不難看出對臺灣資本主義的興起影響極大。財政補助對資本的保護，使得製糖會社等民間資本家企業在短時間內興起，加上政府多年連續的大事業，皆使得土木建材等日本國內商品的進口變得興盛。即使明治41年至44年〔1908-11年〕，日本經濟正苦於日俄戰爭後的「反動不景氣」，臺灣的實業界依舊異常活絡，提供投資及商品進口的絕佳市場。「島內各種產業的發達，特別是製糖業的振興與製茶業的榮景，加上公私土木建設事業的興隆，使得住民生活水準變高，同時造就熱絡市況，相對日本國內的不景氣，幾乎呈現不同世界的景象」[12]。這種情勢明顯主要來自臺灣歲入激增，政府財政因而頗為寬裕。明治38年〔1905年〕財政獨立後，臺灣的歲入年年激增，尤其如明治43年〔1910年〕度較上年度一躍1,500萬圓，即增加三成，每年的結餘款也相當多[13]。上述臺灣總督府各種事業，正好在此時期著手施行，可說其來有自，臺灣總督府似乎也努力使用此一

巨額收入。

　　臺灣歲入的豐裕雖如上所述，但由於明治44年到大正元年〔1911-2年〕颱風來襲的影響，從明治44年度到大正2年度，被迫支出870萬圓的風災重建費。而且為應對日俄戰爭後政府財政困難，帝國議會要求臺灣移交砂糖消費稅，結果到了大正3年，出口到日本的砂糖消費稅收便歸屬日本政府一般會計的收入項。因此，大正2年度臺灣特別會計中的砂糖消費稅收入尚有630萬圓，大正3年〔1914年〕度便減至80萬圓、4年度96萬圓、11年〔1922年〕度150萬圓，即使到了昭和元年〔1926年〕（現計）也不過240萬圓。臺灣總督府為了填補此項歲入的不足，自大正4年起，將土地稅課徵對象擴大到建築用地，同年並開始著手調查土地稅，自大正8年〔1919年〕起增徵土地稅，大正11年起開徵第二種及第三種所得稅*，大正11年度創設酒類專賣。又，自明治38年〔1905年〕臺灣財政獨立以來，到大正5年度期滿的公債，再度推出成為大正6年度以降鐵路鋪設和大正9年起基隆、高雄建港擴張工程財源的公債。另外，嘉南大圳增加的補助金及酒類專賣施行的費用，全部由公債提供。

　　即使明治40年代所謂臺灣特別會計的黃金時代結束，臺灣總督府的歲入卻未顯得窘迫，不僅不仰賴日本政府一般會計的補助，反而更積極支出土木、勸業的費用。現在就昭和2年〔1927年〕度的預算來看，一般會計（日本政府）的歲出17億5,900萬圓中，「臨時部」5億7,400萬圓，相當於前者的三成二，而臨時部中對內務省所管的補助費用及治水、港灣、道路的維修費用，和北海道拓殖費及農林商工兩省所管的產業獎勵費，即可視為

* 第一種：法人所得。第二種：公債、存款、公司利息盈餘分配。第三種：個人所得
　　——編按

積極且直接振興產業的土木及產業獎勵方面的支出，合計7,800萬圓，占臨時部歲出的一成四，而臨時部歲出大部份是各種震災復興的費用及軍事費用。然而在臺灣總督府特別會計中，相對歲出預算總額1億1,200萬圓，臨時部3,200萬圓，即相當前者的二成九。臨時部歲出中的公營事業費、勸業費、酒類專賣創業費，以及對民間土木、鐵路、海運的補助費與貸款約3,000萬圓，幾乎全部是對企業及產業積極的支出。其中的1,960萬圓，包含事業費與酒類專賣創業費（建築及設備費），以及臺灣總督府公營土木建築、鐵路、港灣、治水工程，還有森林治水水利及東部地方開發計畫費及各種調查費、華南與南洋設施費，皆屬於臺灣總督府直接的事業費。636萬圓為嘉南大圳的補助金及貸款，140萬圓則是海運航線的補助金。其中，森林計畫費自大正14年〔1925年〕度起、東部地方及蕃界開發相關的事業費及計畫費自昭和元年〔1926年〕度起、縱貫鐵路複線工程及治水事業費自昭和2年度起開始支出[14]。由此可以看出臺灣總督府自身是如何積極地施行或援助大工程，以及近年向華南、南洋的島外發展（每年支出額約8、90萬圓），最近更實施東部及蕃界開發計畫。因此可了解臺灣總督府的作為對臺灣產業的開發、資本家企業的發展與臺灣的資本主義化，有何等積極的貢獻。而這些施政得以推行，則拜臺灣豐裕的歲入所賜。明治40年代接連推出公營事業，被批評為歲入豐裕所眩惑，已如上述，然而其後臺灣總督府以財政所支持的不少事業，與當時人口及社會發展程度比較，仍不免被質疑為過大設施，嘉南大圳便是其中一例。臺灣總督府剛開始是以明治41年度到昭和6年〔1908-31年〕度連續24年的計畫和3,000萬圓的預算，著手進行公設埤圳工程，同時也完成了上述各項工程。然而預算不足以完成灌溉面積15萬甲的嘉南大圳大工程計畫，因此才改以公共埤圳組

合的方式，促成嘉南大圳組合的成立，並使之繼續進行建設工程。臺灣總督府中途停止上述公設埤圳事業，將預算所剩的1,200萬圓作為對該組合的補助金支出。然而大圳工程費增加的結果也使得臺灣總督府的補助金加倍，即補助了總工程費4,800萬圓的一半2,400萬圓，而且臺灣總督府另外又提供了1,446萬圓的低利貸款。嘉南大圳的灌溉面積相當於臺灣總耕地面積的六分之一強，其利害關係者達40萬人，占臺灣農家總戶數約十分之一。一舉著手此大工程的建設，雖經歷了技術上及財政上的困難，目前正積極完工中，如此雄偉與大膽的計畫，令人驚嘆[15]。又，臺灣總督府近年每年交付140萬圓作為航海費補助金，要求船運公司經營命令航線。受命經營日臺航線的日本郵船及大阪商船各以3艘汽船航行此線，每艘皆為1萬噸級的善美快速船。日本郵船的2艘船到昭和3年〔1928年〕雖然仍是6,000噸級的老船，不過最近也以1萬噸級的船取代。臺灣總督府以提高補助標準的作法，改善日臺間的聯繫，而且要求1萬噸級船行駛。因此目前有6艘不輸日本與歐洲、美國航線的高級客船，航行於神戶與基隆之間。對日臺間的旅客，尤其是住在臺灣的人而言，能夠成為一等船客當然最為愉快，然而相對於臺灣人口、社會發展程度及旅客數，仍不免予人規模不相應之感。在殖民地，或是基於殖民官吏、資本家的要求，或是為了誇示殖民國威勢，或在「高級」的殖民政策上，往往有用巨額財政支出推動對原居民經濟而言過大的施設之虞[16]。

要言之，以上臺灣歲入的豐裕，結合地方財政制度的運用，必須說對促進臺灣資本家企業急速勃興有極大貢獻。

（六）為了實現臺灣財政的獨立及豐裕，居民的財政負擔不得不加重。既如新渡戶博士的《糖業改良意見書》所舉出，日本領臺後糖業一時衰退

的原因為「日本的課稅較以前稍見苛重」（頁2），竹越與三郎的《臺灣統治志》（明治38年〔1905年〕刊）比較明治37年平均每人負擔歲入（中央及地方）的金額，日本是3圓34錢3厘、法屬印度支那是2圓18錢，然而臺灣高達4圓55錢4厘，臺灣無論與法屬印度支那或日本相比，負擔均較高。竹越論說「現今日本國內若稍微增加負擔，便會引起人民不滿，加稅並不容易。每思此事，不是不能諒察當局在財政上想將臺灣從母國獨立出來之各種苦心」（頁220-1）。持地六三郎所著《臺灣殖民政策》（明治45年〔1912年〕刊），雖說於多處加以說明與辯護，依舊指出「臺灣人民的負擔，在今日絕對不能說是輕的，與其他殖民地比較當可察知」。縱使與清國領有時代比較，或可以平定土匪與文明德澤為由加重臺灣人民財政負擔，但是如與日本國內相較，每人平均負擔絕對額仍偏高，就只能在政治層面求諸原因。臺灣財政正當實現獨立之際，當時的臺灣總督府民政長官後藤新平伯爵，在就任南滿鐵道株式會社總裁說明情由的意見書中，敘述其尚難以離開臺灣之情事，即「世人大都只取財政獨立來描述臺灣的成功，其餘則囫圇吞棗。臺灣財政獨立，其實是當初興論批判帝國的殖民地統治後，政府所作的應急處置，然而弊害伴隨財政獨立的結果必然來到，不僅不可傳揚到外國，也不可讓臺灣新附之民聽聞，恐怕也不是有識者所能察覺。今日的臺灣不以正道應變其急，將來要順守正道以至大成之務，恐需更多有識人士諸多盡力」，舉凡教育、產業等百般行政，應謀求「臺地永久安固基礎之規劃」，「今後應切忌貪圖財政偏安而誅求新附民力，藉此緩和母國負擔之舉措。[17]」

　　以上所見的臺灣財政獨立，係因甲午戰後不久日本政府苦於殖民統治臺灣的財政負擔，甚至出現出售臺灣的聲音，即出於我國要求使然。因此

可推知所採行的是連日本國內人民都覺得不公平、不易施行，以及不可讓外國及臺灣新附之民知道的手段。如此過重的財政負擔對臺灣資本主義化的影響，如次所述[18]：

一、貨幣經濟的普及，特別是日本通貨的普及。這是因為政府強制人民對公家所有的繳付都必須使用日本貨幣。

二、削弱臺灣資產家的資本競爭力，使得日本資本家容易進入臺灣。

三、一般本島庶民的無產階級化。

（七）臺灣財政獨立政策的重心之一，係從專賣取得財源。對於前資本主義社會而言，直接稅很難成為良好財源，因此以間接稅為主，尤其專賣收入是最為隱蔽的財政負擔，因而成為主要財源，此為殖民地財政之必然。於此，就明治29年（日本領臺之初）、明治38年（臺灣財政獨立之年）、明治43年（特別會計的黃金時代）、大正5年（臺灣總督府將出口日本國內的砂糖消費稅移交給日本政府之後），調查臺灣總督府特別會計經常歲入的內容，可得如次之結果：

	明治29年〔1895年〕	明治38年〔1905年〕	明治43年〔1910年〕	大正5年〔1916年〕	昭和2年（預算）〔1927年〕
	千圓	千圓	千圓	千圓	千圓
總計	2,624〔2,613〕*	21,700〔21,716〕	41,364〔41,366〕	46,221〔46,220〕	92,572

* 原書作2,624，但表中數字總和應為2,613。本處引用多筆原始資料，難以確認數字出入屬單純計算錯誤，或者因細項採約數導致總和不符。註出有誤差諸處供參——編按

租稅	2,029 〔2,018〕	7,384 〔7,385〕	17,535 〔17,537〕	10,207 〔10,206〕	16,847
土地稅（a）	753	2,976	3,109	3,634	5,464
礦區稅（b）	—	52	53	103	217
契稅（c）	—	41	—	—	—
所得稅（d）	—	—	404	1,331	2,098
臺灣銀行券 發行稅（e）	—	—	16	8	288
製茶稅（f）	—	473	442	491	392
製糖稅（g）	201	—	—	—	—
樟腦稅（h）	399	—	—	—	—
酒稅（i）	—	—	785	2,755	—
酒精稅（j）	—	—	—	—	2,671
砂糖消費稅（k）	—	1,867	12,118	928	2,046
紡織品及石油 消費稅（l）	—	238	271	159	97
出港稅（m）	—	5	60	—	—
輸出稅（n）	280	340	254	—	—
噸稅（o）	—	15	25	21	55
輸入稅（p）	385	1,378	—	776	3,519
公營事業及 公有財產收入	534	13,929	21,914	32,562	72,522
食鹽收入（q）	—	667	821	957	2,489
樟腦收入（r）	—	4,236	5,530	6,741	9,719
鴉片收入（s）	—	4,206	4,674	7,133	4,957
菸草收入（t）	—	1,496	4,009	5,316	12,118

酒類收入（u）	—	—	—	—	13,114
其他	534	3,324	6,880	12,415	30,125
其他	61	402	1,915	3,452	3,203

上表（a）到（e）都是人民直接負擔，（f）到（u）則可視為間接負擔。由於茶、樟腦、酒精大部份出口到島外，因此相關的收入與出港稅、出口稅，可視為由島外消費者負擔，砂糖及食鹽則區分成島內消費及島外出口，於是（f）（h）（j）（m）（n）（r）及（g）（k）（q）中，島外出口的部份由島外消費者間接負擔，而（i）（l）（o）（p）（s）（t）（u）及（g）（k）（q）中，島內消費的部份則為島民的間接負擔。此時經常歲入的各種負擔及其百分比，則可比較如次[19]：

經常歲入的內容	明治29年〔1895年〕千圓	明治38年〔1905年〕千圓	明治43年〔1910年〕千圓	大正5年〔1916年〕千圓	昭和2年〔1927年〕千圓
（A） 租稅	2,029	7,384	17,535	10,207	16,847
公營事業及公有財產收入	534	13,929	21,914	32,562	72,522
（上項中的專賣部份）	（—）	（10,605）	（15,034）	（20,147）	（42,397）
其他	61	402	1,915	3,452	3,203
經常歲入總計	2,624	21,700	41,364	46,221	92,572
（B） 直接稅	753	3,069	3,582	5,076	8,067
間接負擔 島外	679	6,838	17,949	7,589	14,171
島內	586	8,083	11,080	17,688	37,006
其他	595	3,726	8,795	15,867	33,328
百分比	明治29年〔1895年〕	明治38年〔1905年〕	明治43年〔1910年〕	大正5年〔1916年〕	昭和2年〔1927年〕

(A)	租稅	77	34	42	22	18
	公營事業及公有財產收入	20	64	53	70	78
	（上項中的專賣部份）	（一）	（49）	（36）	（44）	（46）
	其他	3	2	5	8	4
	經常歲入總計	100	100	100	100	100
(B)	直接稅	33	14	9	11	9
	間接負擔　島外	26	32	43	17	15
	島內	22	37	26	38	40
	其他	19	17	22	34	36

　　亦即臺灣總督府的歲入大部份來自公營事業及公有財產，特別是專賣收入（A表）。另可見消費者的間接負擔（間接稅及專賣收入）占歲入最大比例，直接稅負擔則占極小比例（B表）。豐裕的臺灣歲入，大部份是由島內外消費者間接負擔，島內負擔近年尤其增大。大致而言，直接稅來自財產及所得的負擔，間接稅及專賣收入則為一般庶民的負擔。因此如上所述，臺灣財政制度招來的結果是保護資本家，也就是一般庶民無產化，對資本家企業的興起與臺灣資本主義化的貢獻至為明白。

　　（八）臺灣歲入在明治40年代頗為豐裕，如前所述，這與日本國內財政的窘迫形成對照，帝國議會因而要求政府將部份臺灣特別會計財源移轉到一般會計項下。其結果是進口稅在日、臺關稅統一的名義下，自明治42年〔1909年〕度起，撥入一般會計歲入，其中約一半再劃歸臺灣特別會計。砂糖消費稅則約定自明治44年度以降分配給臺灣特別會計與日本政府一般會計。不過，到了大正3年〔1914年〕，進口稅全部劃入臺灣特別會計的同時，砂糖消費稅中與日本國內相關的部份全部編入日本政府一般會計。而臺灣總督府的糖業保護、獎勵、監督經費及施行砂糖消費稅所需經費，

則協定依據砂糖消費稅的比例，從日本政府一般會計撥入臺灣特別會計，不過大正5年起日本政府便無需分擔此項經費。上述各項調整的獲利者自然是日本政府一般會計。根據財政學原理，消費稅應為該商品消費地的收入，對出口到日本國內的砂糖所課徵之消費稅也納入臺灣財政收入，實質上就等於臺灣接受日本的財政補助。而後將此移轉為日本政府一般會計的收入，便可視為臺灣財政獨立的成果。將關稅列為臺灣歲入雖然也合乎相同的原則，不過臺灣這方面所獲得的金額，畢竟不如日本政府一般會計因砂糖消費稅移轉而獲得的金額。臺灣特別會計歲入因此產生的缺口，便由開徵住宅用土地稅（大正4年〔1915年〕）、調高土地稅（大正8年）、開徵第二及第三種所得稅（大正10年〔1921年〕）及酒類專賣（大正11年）填補。我國其他殖民地尚未開徵第二種、第三種所得稅，而在臺灣率先施行，顯示臺灣島民富裕程度相對較高，資本主義發達。又，在臺灣施行日本或日本其他殖民地並不實施的酒類專賣制度，雖使得政府歲入激增，卻加重一般人民的間接負擔，促使其無產化。製糖會社的酒精工廠及高砂麥酒株式會社未納入專賣制度，則出於對資本家企業的保護，更加深了專賣制度對臺灣資本主義化的影響。

　　以上說明臺灣的財政，無論是歲入或歲出，皆對臺灣資本主義化有所貢獻，以及臺灣資本主義的發達是如何反映在政府財政上。臺灣財政獨立的意義，要言之，在於日本國內納稅者不再需要保護臺灣的資本家企業，也無需再負擔其他產業、教育等現代施設，而主要以臺灣的納稅人，特別是中等以下庶民的財政負擔取代之。而這有助於臺灣人之間資產階級與無產階級的分解作用，而且也有利於提高日本人資本家的地位，使其高於臺灣人資本家，並增加日本人資本家的競爭力。結果就不得不說，臺灣的財

政適合且有助於在臺日本資本家發展獨占勢力，以及以日本人資本家獨占企業為中心的臺灣資本主義化。

....

1　竹越與三郎，《臺灣統治志》，頁225-8。

2　同上，頁219。

3　臺灣銀行，《臺灣銀行二十年誌》，頁113-20。

　　自明治32年度至昭和3年〔1899-1928年〕度經由公債發行及《臺灣事業公債法》所借入的金額如次表所示（《臺灣事情》，昭和3年版，頁475-7）：

	發行金額（圓）	償還金額（圓）	未償還金額（圓）
公債	118,562,007	10,087,050	108,474,957
借款	43,959,514	40,759,514	3,200,000
合計	162,521,521	50,846,564	111,674,957

4　臺灣總督府專賣局，《專賣事業》，頁89-90。

5　同上，頁88。

6　同上，頁88。

7　東鄉實、佐藤四郎共著，《臺灣植民發達史》，頁382。

8　地方收入中，屬於國庫（特別會計）的補助金，如次所示（《臺灣事情》，昭和2年版，頁476-8）：

	地方稅收入總額（圓）	其中，國庫補助金（圓）
明治33年〔1900年〕度	3,309,983	1,300,744
明治38年〔1905年〕度	5,526,924	2,453,341
明治43年〔1910年〕度	6,656,330	1,567,434
大正4年〔1915年〕度	9,222,514	3,020,504
大正9年〔1920年〕度	22,777,721	9,215,926
昭和2年〔1927年〕度（預算）	15,320,487	1,748,935

9　東鄉實、佐藤四郎共著，《臺灣植民發達史》，頁361。

10　持地六三郎，《臺灣殖民政策》，頁129-30、東鄉實、佐藤四郎共著，《臺灣植民發達史》，頁373-6、阿部財務局長〔阿部澇〕，〈臺灣財政の現狀〉(《臺灣時報》大正11年〔1922年〕10月號)。

11　參照本書第二篇。

12　杉野嘉助，《臺灣商工十年史》，頁11。

13　臺灣總督府，《臺灣事情》(昭和3年〔1928年〕版)，頁466-8。

14　《臺灣總督府第三十統計書》(昭和3年刊行)。

15　關於嘉南大圳參照本章第三節第三項及本書第二篇。

16　拙著《植民及植民政策》頁231、578〔全集第1卷，頁191、463〕、持地六三郎，《臺灣殖民政策》，頁141-2。

17　後藤新平述，《日本植民政策一斑》，頁50。

18　雖然在數字上要比較臺灣住民與日本國內住民的財政負擔並不容易，不過比較明治43年度（「臺灣特別會計黃金時代」）、大正3年度（日本國內消費的砂糖消費稅移轉到日本政府一般會計後不久）及大正10年度（第二種及第三種所得稅開徵之年）每人國稅負擔額，則如次所示：

	日本國內（圓）	臺灣（圓）	朝鮮（圓）
明治43年〔1910年〕度	6.220	5.214	0.682
大正3年〔1914年〕度	6.350	3.172	1.048
大正10年〔1921年〕度	13.447	5.662	2.113

對於上列數字，應將砂糖消費稅移轉納入考量，並加上專賣收入的負擔，更必須併入地方稅的負擔。即使出口到日本的砂糖所課消費稅，不應算作臺灣住民的負擔，若考慮專賣收入占了臺灣財政主要部份，以及地方稅帶有重要的使命，還是可看出臺灣住民實際的財政負擔相當重。又，平均每人負擔額，如不對照該社會的富裕程度，則無法比較人民負擔的輕重，此點固不待言（拙著《植民及植民政策》，頁576-7〔全集第1卷，頁462-3〕）。臺灣住民負擔稅賦的能力，雖然很難以確切數字與日本國內住民比較，但是仍可想見臺灣住民普遍較低。若考慮上述各點，

則直至今日，依舊無法計算臺灣住民的財政負擔比對日本國內，相對有多重，特別是明治時期。殖民地住民在財政面的負擔，仍待財政學者的研究（臺灣大正14年〔1925年〕度的租稅負擔，平均每人是國稅4.528圓、州稅或廳地方稅2.327圓、市街庄稅1.511圓，合計8.367圓。臺灣總督府財務局，《臺灣租稅一覽》）。

19 根據《臺灣統治綜覽》、東鄉實、佐藤四郎共著《臺灣植民發達史》、《臺灣總督府統計書》、《臺灣糖業統計》、臺灣總督府《專賣事業》等計算所得，雖然很難說是完全精密的分類，但是至少還是可顯示大致趨勢。（B）表中「其他」的增加，主要是因為鐵路收入與郵政、電信、電話收入增加所致。

▋ 第五節　階級關係

　　臺灣資本主義的問題，正是臺灣人口資本主義階級化的問題，而且是自非資本主義社會被迫移轉到新資本主義社會的臺灣人，其內部的階級關係分解變質，以及日本殖民臺灣時，附隨已經資本主義化的日本人而來的資本主義階級關係移植，兩者同時進行，臺灣的階級對立又與民族對立相互競合與交錯。此臺灣人的資本主義階級分化，與其說是臺灣社會內部的發展所致，還不如說是日本殖民臺灣所產生的外來要求所致，而此也同時顯示出殖民地社會發展的特徵[1]。以下就殖民者與原住者的對立，即各階層的構成進行調查。

　　（一）即使是資本家階級，也包含日本人與臺灣人。現在以資本金50萬圓以上的銀行、企業，且在臺灣設有總公司的公司行號，區分其代表人是日本人還是臺灣人，結果如下表所示（大正15年〔1926年〕底）[2]：

		企業數	資本金（千圓）	實繳資本金（千圓）
銀行業	日本人	3	56,000	44,804
	臺灣人	2	9,800	6,572
有價證券商	日本人	1	1,000	500
	臺灣人	1	500	125
無盡業*	日本人	1	500	150
信託業	臺灣人	6	4,000	1,000

*　類似臺灣的標會——譯按

倉儲業	日本人	1	1,000	1,000
	臺灣人	1	5,000	1,250
鐵路業	日本人	1	1,000	500
輕便鐵道業	日本人	2	4,225	1,362
	臺灣人	3	2,500	875
運送業	日本人	3	1,800	450
旅館業	日本人	1	1,000	250
保險業	日本人	1	5,000	1,250
製糖業	日本人	11	159,234	150,607
	臺灣人	2	42,000	1,950
製腦業	日本人	1	10,000	6,000
茶業	臺灣人	3	1,700	725
麵粉業	日本人	1	2,000	843
造紙業	日本人	1	1,000	350
	臺灣人	1	700	175
纖維業	日本人	4	8,500	3,825
	臺灣人	1	2,000	1,000
一般商業	日本人	8	6,700	3,625
	臺灣人	22	37,900	14,159
煤炭業	日本人	11	27,500	14,535
	臺灣人	2	2,000	780
製鹽業	日本人	1	2,500	1,000
	臺灣人	1	500	125
漁撈水產業	日本人	3	1,727	613
開墾物產業	日本人	6	17,000	7,070
	臺灣人	11	6,600	2,035

畜牧業	{ 日本人	1	1,000	250
肥料業	{ 日本人	2	1,500	750
釀造飲料業	{ 日本人	4	5,000	2,600
	臺灣人	1	500	125
土地建物業	{ 日本人	3	3,500	2,025
土木營造業	{ 日本人	1	1,000	250
材料業	{ 日本人	6	5,700	3,265
磚瓦石料業	{ 日本人	2	4,000	1,605
造船鐵工業	{ 日本人	3	3,500	2,700
電力電燈業	{ 日本人	6	43,740	35,257
報紙及印刷業	{ 日本人	2	1,600	750
製藥業	{ 日本人	1	500	375
青果業	{ 日本人	1	1,500	375
合計	{ 日本人	93	380,226	288,936
	臺灣人	57	115,700	30,896

　　也就是說，總公司設在臺灣的企業中，代表人為日本人的家數占壓倒性的優勢，特別是銀行資本及產業資本，臺灣人占優勢的部份僅一般商業而已。何況在臺灣設有分店、辦事處的日本企業，橫跨日本勸業銀行、三十四銀行，和明治、帝國、千代田、日本、共保、共濟、第一、大同、日清、太平、日華、常盤、大正、東洋等各人壽保險公司，以及三井物產、三井合名、鈴木商店、大日本鹽業、日本樟腦、大日本製糖、淺野セメント〔水泥〕、大倉土木、大倉商事、日東製冰、日本石油、星製藥、三共、大阪商船、近海郵船、其他金融產業、商事海運，在臺灣勢力強大，不言

自明，這些都掌握在日本人資本家的手中。再者，上述島內企業中，代表人為臺灣人的企業，有許多是由日本人經營或為日本人所支配。例如華南銀行、彰化銀行、新興製糖等臺灣人系統的重要企業，皆是由日本人掌控經營實權。如此一來，可說臺灣的資本家階級大部份是日本人的勢力。

在臺灣擁有勢力的日本人資本家，可區分成住在臺灣及住在日本兩種，其中大部份屬後者，即不在地資本家。關於帝國製糖株式會社，田川大吉郎就其所聽聞，指出該公司股份的90%屬於住在日本國內的日本人，住在臺灣的日本人不過3%，臺灣人7%而已[3]。依據臺灣人股東相對較多的臺東製糖株式會社股東名冊計算，臺灣人的股份占18%，居住在臺灣的日本人占2%，其他全部是不在地資本家（日本人）所持有。其他日本人系統的大製糖會社、臺灣銀行等一定也可獲得相同的結果[4]。不在地資本家對臺灣經濟的負面影響至為明顯。第一，對土地及企業的改良有漠視之虞。昭和2年〔1927年〕砂糖業界混亂後，鹽水港製糖株式會社社長槙哲〔姓槙名哲〕在報導中表示會改變以往投機性的經營，將主力專注於臺灣糖業的堅實經營，今後每年三分之一的時間會在臺灣督勵事業[5]，此事應可從反面印證上述的漠視。不在地資本家第二個負面影響，是財富從臺灣流失。例如臺灣的製糖會社在臺灣生產、在日本國內實現的一部份財富，就不會再輸送回臺灣，投入具生產性或生活性的消費，以支持臺灣其他企業及勞動者的財富再生產，反而是以股息及獎金的方式，經由日本的銀行直接支付給居住在日本的股東與董事，可說是在日本支持日本的企業及勞工。

如上所述，雖然臺灣的投資人大部份是居住在日本國內的不在地資本家，不過住在臺灣的日本人資本家階級，則由根據地位於日本且帶帝國主義性質的資本家駐臺代表，以及以臺灣為據點的地方資本家有力地構成。

這些人與臺灣總督府在政治上保有直接緊密的利害關係，其中最有力者更俗稱「民間總督」〔三好德三郎〕。他們是延續且固定的利益主體，勢力之大，甚至號稱足以掣肘頻繁更迭的臺灣總督。

其次，臺灣人資本家是如何產生，已在第三節第二項說明。他們多數是經由大租權公債或應政府、有力人士的勸說，或受資本家企業的刺激，從封建性質的土地資產家，轉換為資本家階級6，也有人是依附專賣制度等政府利權，而成為新資本家7。其中大多數是由於股份制度動員遊資的作用，而將資本提供給資本家企業經營，藉此賺取利息的資本家，本身沒有企業經營的實權，只是從屬於日本資本家而已8。不言自明，賺取政府利權的資本家，對於總督施政亦只有從屬的地位。不過，並非所有的臺灣人資本家都對日本人採取從屬的態度，也有人與日本人對抗競爭。確實有人在一定程度內，成為臺灣人民族運動的後援。日本人資本家不樂見臺灣人設立擁有經營實權的企業，因此直到大正12年〔1923年〕，臺灣總督府都下令禁止設立純臺灣人的企業9。最近設立的大東信託株式會社（資本金250萬圓）是唯一純粹由臺灣人經營的金融企業，但是銀行業者（即由日本人支配的金融勢力）以及政府都出面干涉，以阻止該會社的設立及經營10。資本家沿著民族界線彼此競爭，此即為一例。

要言之，臺灣的資本家階級構成如次所示：

$$
臺灣資本家
\begin{cases}
日本人
\begin{cases}
住在日本國內者（a）\\
住在臺灣者（b）
\end{cases}\\
臺灣人
\begin{cases}
從屬於日本人經營者（c）\\
與日本人資本家對立者（d）
\end{cases}
\end{cases}
$$

（a）（b）（c）的利害幾乎一致，與政府結合，（d）與臺灣人中產階級和無

產階級合作，為站在民族運動共同戰線之力量。然而作為資本家，（a）（b）的勢力最為強大，面對其獨占勢力，臺灣人資本家只能寄生性的從屬或是局部的抗衡而已。

（二）農民。農業人口占臺灣總人口的五成八，大部份是半自耕農及佃農。這些農民隨著臺灣的資本主義化，從封建性的關係轉入資本主義的土地關係，特別由於土地為製糖會社所有，蔗園也由會社自營，他們便成為徹底的農業勞工。即使是公司土地或贌耕地的佃耕農，由於有義務服從會社指揮耕種甘蔗，因此這些佃農在經濟層面的本質，反而更接近會社的勞動者。甚至會社向自耕農收購甘蔗時，以預先支借耕作資金的制度，使得農民有義務種植所負責的甘蔗數量，再以原料採取區域制度，限制農民只能將甘蔗賣給其所在的製糖工廠，禁止製糖以外的其他用途。而且由於甘蔗收購價格是由會社片面決定，因此蔗農與會社是處於特別的從屬關係。也就是說會社對農民而言，是獨占的甘蔗收購者。蔗農往往在預支資金的拘束 Credit bondage 下，幾近持續性的受會社僱用，因此可說蔗作農家 12 萬戶（約農家戶數的三分之一）大致直接或間接的受人僱用。尤其近來製糖會社需要對抗稻作的威脅，因此頻繁擴充自有及自營蔗園，結果就是農民的地位淪為會社的單純農業勞動者。有關耕作資金預支制度、甘蔗收購制度、租佃制度等，農民對會社的生產關係，其性質及內容，以及會社利潤來源的「秘密」及農民組織性運動的發生，將於本書第二篇〈臺灣糖業帝國主義〉詳述，請讀者參照。

製糖會社以外，也有以拓殖為目的之企業、農場等，農民因而與資本家企業發生了關聯。要言之，以製糖會社為始，與純粹地主不同的資本家企業也經營農業，因此臺灣農民置身於資本主義關係中，帶有農業勞動者

性質之情形，較日本更為明顯。隨著作物種類擴及甘蔗、茶、麻、鳳梨等工業原料，這些農民在獨占資本主義之下，或成為、或類似前述以作物為原料的資本家企業之工資勞動者。

臺灣農民大多數是臺灣人。明治42年〔1909年〕，西部臺灣開設了源成農場及其他三四座農場，雖然是以日本人農民移入進行開拓耕作事業為目的，然而移民計畫最終徹底失敗。東部臺灣同年代以降也有推行日本人農民移入的計畫。花蓮港廳的吉野、豐田、林田三村以公營移民村的方式建設，臺東廳則有臺灣製糖株式會社所建設之民營移民村（旭村、鹿野村、鹿寮等村），都是以替製糖會社耕作甘蔗為生，這些日本人移民村的人口目前約3,800人。東臺灣從事稻作、蔗作的生蕃不多[11]。臺灣東部情況特殊，農民除臺灣漢人之外，尚有日本人與生蕃，人種關係稍微複雜，不過在臺灣產業中心的西部，農民幾乎皆為臺灣漢人。

（三）漁民以日本人移民相對較多，特別可見漁業移民村以東海岸的蘇澳為中心建設。昭和元年〔1926年〕底從事漁業及採藻業者，日本人4,230人，臺灣人12萬2,885人，近年日本人漁民的移居尤其增加[12]。

（四）礦工。日本人462人，臺灣人1萬8,729人，幾乎全部是臺灣人（昭和元年末）。另外，因礦坑與煤礦的規模不大，礦工人數亦無顯著增加。

（五）工業勞動者。大正14年〔1925年〕底，工廠職工中（不包含公營工廠及礦坑），日本人2,430人，臺灣人4萬6,083人，外國人（中國人）1,310人[13]。臺灣的工業以製糖業為主，其中包含蔗作及工廠，跟會社的資本相比，工廠的規模並不大，技術所需僱用的勞動者亦不太多，其中最大的一所製糖工廠僱用職工亦未達500人。高雄的淺野セメント雖然是臺灣數一數二的工廠，職工也不過370人[14]（鐵路、專賣局等公營事業的情形不詳）。

要言之，臺灣的產業大部份是農業。如製糖、製茶之類雖然是主要工業，但是與之連結的農業生產部門卻比較重要。鐵工、水泥及肥料等工業的規模，則止於製糖業及其土木營造的修繕或附帶而已，因此工業勞動者的社會重要性不及農民。然而工廠數與職工數與大正初年比較明顯增加，工業勞動者問題所具社會意義，亦逐漸明顯[15]。

根據上述數字，大部份勞動者明顯是臺灣人。因為資本家企業在臺灣設立，日本人職工、礦工才有可能以及有必要隨著資本財而移居臺灣。隨著臺灣資本主義化的進展與臺灣人技術熟練，日本人勞工留在臺灣的理由減少，而且在工資方面，日本人與臺灣人比較，約需要多上一倍[16]，因此勞動者逐漸由臺灣人獨占。向來被認為是日本人專屬的職業，臺灣人也逐漸熟習。目前臺灣人無法從事的工作，只有梳理日式婦人髮型而已。日本人職工因為逐漸僅以高級職工的身份繼續存在，占有勞動貴族的地位，所以在勞資雙方發生糾紛之際，反而站在資本家一邊。況且在民族關係上，這些日本人勞動者也是與資本家（日本人）結合。

隨著資本主義化的進展，農民與勞動者的階級結合並發展出組織運動，為社會發展的必然。從大正14年〔1925年〕以降，在臺灣也可見這類運動萌芽。亦即臺中州二林的蔗農組合就甘蔗收購方法及價格，與林本源製糖株式會社發生衝突；新興製糖株式會社的土地收購，引發高雄州鳳山的農民組合成立；臺中州大肚及其他地區農民，對臺灣總督府將無許可開墾土地放領給退職官吏發起組合運動；及其他各地相繼設立農民組合。又，在前述的二林事件中，工運運動家先後來臺，如在第一審法庭辯護的麻生久、控訴審開庭時的布施辰治等。以此為契機，工業勞動者組成的工友會在臺灣各地大量成立，昭和2年〔1927年〕更於高雄的臺灣鐵工所發起

罷工，昭和3年高雄的淺野セメント會社同樣發生罷工。雖說受到對岸華南及日本國內社會運動情勢刺激甚大，不過也是因為臺灣的資本主義化已經到達一定高度，其社會關係的內部矛盾升高，已經到達上述運動必然發生的狀態。其根本性質亦有別於日本領有臺灣後不久發生土匪之類社會失序的匪賊暴動，已到達可以組織現代農民及勞工組合運動的程度，其本身既為臺灣資本主義化的證據，亦為其必然的產物。為改善不良租佃規定，大正11年〔1922年〕臺南州新營郡組成了地主佃農協調會，此後相同的團體亦在各地普及。此類團體的方向雖與農民組合運動不同，卻同樣是資本主義社會問題已成為臺灣切身問題的佐證（參照本篇第五章）。

（六）中產階級。臺灣的土地集中程度略低於日本國內，亦即存在著有力的中產地主階級。這些甘蔗種植者不同於製糖會社，往往與農民階級有著共同的利益。農民組合主要成員裡之所以也包含地主，不僅是民族關係，更有其經濟基礎。

他們作為中小資本家性質的企業家，構成一個有力的階級，由於生活費及經營費用等關係，在競爭上，有可能壓倒獨立存在的日本人中小工商業者。臺灣總督府在對臺灣人民的統治和行政上，很難如同優待獨占大資本家一樣地特別保護日本中小工商業者。要言之，日本人大資本家幾乎具有獨占支配臺灣經濟及政治的力量，臺灣人中小地主及工商業者則有可能壓迫日本人，而且這些臺灣人中產階級又是民族運動的中堅份子。

（七）與上述相反，大資本家企業的雇員，即公司職員階級，幾乎由日本人獨占。日本資本系統的企業固不待言，甚至如華南銀行之類臺灣人資本系統的企業，100名行員中也只有6名是臺灣人，其他職位也大致相同，從常務董事到基層職員，負責實際經營者幾乎都是日本人。臺灣人的

知識階層（學校畢業者）不是不存在，只是這些企業不採用而已，以企業薪資謀生者為日本人所獨占。

（八）官吏及公務員也是日本人獨占。直到最近才有臺灣人被任命為高等官，但也僅有5人；判任官＊有級者30餘人而已，這種日本人獨占官吏的情形未見於朝鮮[17]。在臺灣的日本人官吏有加給（高等官加本俸的50％，判任官加60％），給予恩給金＊＊的年限縮短（10年）〔本國為15年〕，生活容易、權力大、利益豐富，加上今日臺灣衛生狀態已改善，正是官吏的樂園。而且退休後留在島內的人不少，企業、農會、農業倉庫、同業組合、公共埤圳組合、水利組合及市街庄機關，皆成為退休官吏的收容所。大正14年〔1925年〕，臺灣總督府對行政重整之際的退職官吏，特別放領無許可開墾地合計4,700甲，這些人因而成為地主。因此臺灣的官吏及退職官吏處於有利地位，而且是由日本人所獨占。J. A. 霍布生〔John Atkinson Hobson〕所著《帝國主義論》〔Imperialism: a Study〕，便指出官吏與資本家兩階級皆因有利可圖而主張應奪取、領有殖民地。在臺灣誠然如此，令人感嘆。

（九）所謂的自由業，即教師、醫師、律師等，也是以日本人較多，臺灣人從事自由業者，則以醫師較多。這是因為醫學專門學校的前身，也就是臺灣總督府醫學校早在明治32年〔1899年〕3月即創設，專供臺灣人子弟就讀，到大正8年〔1919年〕為止，為臺灣唯一的專門學校。臺灣人中有相當多資產家具有醫師開業所需的財力，而且醫師全然為自由業，不需仰仗政府機關或資本家僱用。尤其因為官界及實業界的進路為日本人獨占而完全受阻，臺灣人知識階級因而主要從醫。今日甚多醫師成為臺灣民眾運

＊　高等官相當於今日臺灣的簡任官，判任官則為委任官──譯按
＊＊相當於今日臺灣的公務員退休金──譯按

動、政治及農民勞動運動的先驅和領袖，也是基於上述理由。臺灣總督府到大正8年為止，並不普遍設置高等專門教育，只是認為領臺之初改良衛生狀態為當務之急，所以才由民政長官後藤新平創設醫學校。受醫學教育者成為今日臺灣民族運動的領袖，正是臺灣統治政策自身所產生的結果。

要言以上各點，臺灣的資本主義化，將住民的階級關係由封建性非資本主義式轉變為現代資本主義式。而且由於殖民者（日本人）與原住者（臺灣漢人、生蕃）混居，階級關係遂與民族對立相互交錯或競合，呈現殖民地特有的複雜狀態。大致而言，官吏公務員、資本家及其雇員（企業職員及銀行行員）為日本人所獨占，背後的強權則為日本國內政府及大資本家。農民、勞動者階級大部份為臺灣人，中產工商階級為日本人與臺灣人相互競爭，自由職業則兩者並立，臺灣人亦形成可觀的勢力[18]。亦即日本人獨占臺灣總督府及大資本家企業，因此在政治及經濟方面支配臺灣。農民及勞動者階級為臺灣人的勢力範圍，日本人的地位微弱。中產工商階級及自由職業階級雖然是日本人、臺灣人並立競爭，但是特別在競爭方面，這些日本人依附屬於日本人勢力範圍的政府及大資本家，而臺灣人則與農民勞動者階級合流並成為後者的領袖。大體而言，日本人與臺灣人的民族對立，同時也是政治支配者與被支配者的對立，並和資本家與農民勞動者的階級對立一致且互相競合，此點與後述民族運動有重要的關係。

1　拙著《植民及植民政策》，頁225-6、408、439〔全集第1卷，頁186、330、354〕。
2　由《臺灣年鑑》昭和2年〔1927年〕版算出。

3　田川大吉郎，《臺灣訪問の記》，頁58。

4　參照東京興信所，《銀行會社要錄》、東洋經濟新報社，《株式會社年鑑》、《銀行年鑑》等處所揭露之大股東名冊。

5　《東京朝日新聞》，昭和2年〔1927年〕12月14日。

6　臺灣總督府及臺灣銀行斡旋而來的臺灣人資產家之資本家化，即臺灣人出資的資本家企業之事例，引用〈彰化銀行沿革概況〉如次所述：「本行是以明治38年〔1905年〕，臺灣總督府對彰化廳發放大租權補償公債，面額27萬5,000圓換算成22萬圓，作為資本金，於同年6月5日所設立。回顧當時臺灣經濟界甚為幼稚，島民幾乎不了解公債的性質，於是奸譎之徒打算趁隙以不當的低價收購。祖先遺留的大租權的補償代價，瀕臨一夕化為烏有的災厄。當時彰化廳長加藤尚志深感其憂，數度與臺灣總督府交涉商議後，決定不如以此公債為資金，運用在確實且對地方有利的事業。鑑於地理關係與商業交易的實際狀況，認為在彰化街創設金融機關最為得宜，於是向公債持有者百般力說勸導，本行才得以設立。其間奔走協調的主要是上述加藤廳長及奧山臺灣銀行臺中出張所長〔奧山章次郎〕、芝山彰化廳總務課長〔芝山豐平〕、齋藤庶務課長〔齋藤愛二〕則支援之，致力達成銀行的創立。故兒玉總督、後藤前民政長官、故祝前財務局長〔祝辰巳〕、故柳生臺灣銀行頭取〔柳生一義〕等人，公開或非公開皆給予相當大的援助。同年10月，以故柳生臺灣銀行頭取的推薦，當時任臺灣銀行淡水出張所所長的坂本素魯哉（現任彰化銀行常務董事）前來本行擔任經理人，本行即借用彰化廳舍一角開始銀行業務云云」，於是彰化銀行便因此由具封建性質的大租權所創設。臺灣銀行對彰化銀行的支配，亦自後者尚未創設時即已開始。

7　例如臺灣總督府指定辜顯榮為官鹽總賣捌人〔經銷人──譯按〕。

8　林本源製糖及新興製糖係由臺灣銀行系統的董事掌握經營實權。臺灣製鹽株式會社股份5萬股，其中臺灣人占31.7%、在臺日本人占35.7%、日本國內日本人占32.6%。此會社主要是以最大的股東大永興業株式會社社長林熊徵（8,310股）持有的鹽田為基礎所創設，然而其經營卻完全由日本人掌握。臺灣商工銀行股份總數20萬股，其中臺灣人占52.5%、在臺日本人占42.8%、本籍為日本國內的日本人4.7%，其最大股東為臺北的京和合資會社（代表人曾我純太郎）3萬9,624股及建昌

興業株式會社（常務董事李延彬）1萬514股，其經營全為臺灣銀行所支配。臺灣
貯蓄銀行雖為臺灣商工銀行的子公司，然而其股份僅18.9%屬於一般臺灣人。彰
化銀行股份總數9萬6,000股，其中臺灣人占49.4%、在臺日本人占47.9%、日本國
內日本人占2.7%，其最大股東為大豐拓殖株式會社（辜顯榮）、坂本素魯哉等人，
其經營亦由臺灣銀行掌握。華南銀行股份總數10萬股，日本人雖不過28.2%，然
而其經營亦受臺灣銀行支配，其大股東為大永興業株式會社（林熊徵）2萬2,100
股及臺灣銀行9,500股（兩者持股數皆依據昭和元年〔1926年〕底之股東名簿算出）。
上述以臺灣人出資為基礎所創設的有力銀行，皆顯示出受日本人支配的情形。

9　明治41年〔1908年〕律令〔具法律效力的行政命令，參頁217——譯按〕第11號《臺灣民
　　事令》第一條規定「有關民事之事項，依據《民法》、《商法》、《民事訴訟法》及
　　其附屬法律」訂定之。不過明治45年〔1912年〕臺灣總督府令第16號，對禁止商號
　　使用「會社」之文字表現，作了如次規定：「僅臺灣人、清國人或臺灣人清國人之
　　間所設立的團體，其商號不得使用會社之文字。違反前項規定者，處200圓以下
　　之罰金。本令自發布日起施行。本令於施行之際，已使用會社者亦適用之。但在
　　本令施行後三個月內取消會社之文字者，不處罰之。」

　　　　此府令是否牴觸前述律令、此令是否使會社的設立即刻失效或僅需受罰，必須
　　徵詢法律學者的意見。但是有鑑於臺灣總督的權限極大，亦可監督法院，以及臺
　　灣牢不可破的警察政治，上述臺灣總督府令禁止臺灣人或清國人單獨，或僅兩者
　　共同設立會社之效果，至為明顯。其用意與愛爾蘭歷史有名的「刑罰規定」（Penal
　　Laws）相同，係以刑罰拘束殖民地人民的經濟活動自由（拙稿〈アイルランド問
　　題の發展〉，《經濟學論集》第6卷第3號〔全集第3卷，頁651-706〕）。然而發布此項總
　　督府令的原因為何？這是因為臺灣自明治40年〔1907年〕左右起，由於投資活絡、
　　企業濫設情形嚴重，「投資熱潮的結果，即使規模微小，不需以會社組織經營的
　　小事業，也不少採行會社的組織」（杉野嘉助，《臺灣商工十年史》，頁30-1）。是
　　否是為了矯正此弊害，才發布前述府令？果係如此，應無理由阻止臺灣人大資本
　　家設立會社，卻放任日本人濫設會社。事實上，會社濫設的弊害在於「對事業之
　　未來並無把握，僅只致力吸收臺灣人股東，會社設立之後，不顧其未來，幾乎是
　　放置不管。」到了大正8年〔1919年〕左右，為了防止此弊害，遂有仿傚《朝鮮會社

令》，規定設立會社須經總督許可之議，對此，本島許多實業家群起反對。所以頒布前述總督府令之理由在於防範弊害，亦即會社濫設使得經濟知識不足的臺灣人「無法推辭情面上的請託，又無法免除對會社前途的不安，不得已而成為股東」之弊害（杉野前引書，頁19-34）。因此，前述總督府令或可說以謀求企業健全為名義，阻止缺乏企業經營知識和經驗的臺灣人組織會社，要求一定要有日本人參與。然而有誰知道臺灣人沒有經營企業的才幹？難道沒有人批評日本人濫設會社、經營散漫？前述府令直接的效果就是臺灣人的會社與企業不是已全由日本人經營支配，不然就是即將如此。

　　大正12年〔1923年〕《臺灣民事令》廢止，日本《民法》、《商法》開始在臺灣施行，前述總督府令也同時廢除，爾後僅臺灣人出資亦得自由組織會社，然而日本人資本家對此投以白眼。最近發生足以推察前述總督府令用意究竟為何的事件，就是大東信託株式會社的問題。

10 大東信託株式會社雖然從大正15年〔1926年〕春開始募集股資，但由於臺灣總督府及銀行系統干涉，直到昭和元年〔1926年〕12月30日才總算設立，並於昭和2年2月21日開業，為登記資本金250萬圓、實繳四分之一的企業。其發起人及經營者全是臺灣人，由接受現代教育的新進少壯之人士組成，屬於舊文化協會系統〔文化協會分裂為新舊等情，見頁236〕。也因此對臺灣總督府而言，此會社的設立或許有種民族運動的感覺。又，從銀行系統的角度來看，此會社之設立獲得臺灣民眾好評，可能成為有力的競爭者，並威脅現存金融機關的獨占勢力，於是兩者皆想盡辦法試圖阻止，發起人及認股人屢屢接到臺灣總督府、州、郡、街庄等官廳的警告。另外，臺銀、商工、彰化等銀行也強迫有意認股的人償還貸款。這些妨礙手段使得大批人士解除認購股份，而日本人則無一人認股。會社既已創立，營業成績也算良好，但於開業一年後，臺中州知事（大東信託總公司設於臺中市）對其轄區內的信用組合下達「信託業經營困難，業務容易流於散漫，況且本島尚未施行《信託法》，因此產業組合的剩餘金、準備金等，不得存入信託會社」之告示。大東信託為此向臺中知事提出陳情書（昭和3年〔1928年〕1月），其中一節言「當許多組合大會獲得成員全場一致、滿腔熱忱的議決，決定與敝社業務往來時，現場監督官立即以高壓手段干涉，致使敝社動輒遭受世人懷疑，或是立即猜疑敝社內部有問

題，或是認為政府是為了保護銀行業才敢推行如此露骨、如此壓迫臺灣人金融業者的先進政策。對於理應一視同仁的臺灣島內治理而言，此歪曲指控的影響確實不小，令人憂心」（蔡培火，《日本々國民に與ふ》，頁69-70〔中譯頁134〕）。上述事實至為明白。臺灣人的信用組合想將錢存在純臺灣人會社的大東信託，對此，同樣在臺中市設置總行的彰化銀行及其母公司商工銀行、更大的母公司臺灣銀行及保護者臺灣總督府，當然心生不喜！

11 東部臺灣的勞動力供給，有待蕃人的強制勞動，此為警察官廳統制之處。未得警察許可不得僱用蕃人的同時，若警察下令，蕃人即有義務提供勞動力。蕃人因此受保護而不受資本家榨取，同時在一定的條件下，又可提供政府土木工程或資本家企業必要的勞動力。資本家要求自由僱用蕃人勞動力，視之為發展企業及開發東部臺灣的必要事項，然而蕃人卻因強制提供勞動力，自己的田園往往有荒廢之虞。由於蕃人尚未脫離自給自足的經濟，如果不必提供強制勞動力，當可從事自營農業安生。問題就在於，當資本家大企業在蕃人居住地興起、政府事業要開鑿大公路時，蕃人強制勞動制的正當性為何？而這正是殖民政策的根本問題，即文明進展及文明的受害者！開發東部臺灣雖然相對屬於未來的問題，但是由於是日本人農民與生蕃人居住的區域，因此問題特殊，與西部不同。在施行上，需有慎重的計畫；在研究上，則需要不同的學術關懷。另外，蕃人提供勞動力的人次，花蓮港廳是40萬3,571人次，臺東廳是54萬4,813人次（大正11年〔1922年〕）。

12 漁業及採藻從業員人數（《臺灣總督府統計書》）：

	明治33年 〔1900年〕	明治43年 〔1910年〕	大正10年 〔1921年〕	昭和元年 〔1926年〕
日本人	146	754	2,497	4,230
臺灣人	55,797	116,123	116,349	122,885

13 根據《臺灣商工統計》（大正14年〔1925年〕）第82表。

14 根據《臺灣工場通覽》（大正14年底）。

15 工廠及職工數如下，不過未包含礦業及公營事業（《臺灣商工統計》第78表）：

		大正3年 〔1914年〕	大正14年 〔1925年〕
工廠數	實數	1,309	3,983
	指數	100	304
職工數	實數	21,895	48,464
	指數	100	222

16 昭和2年〔1927年〕上半期，臺北市工資比較（《臺灣總督府第三十統計書》）：

	木匠	泥水匠	石匠	屋瓦匠	鐵匠	搬運工	雜役（圓）
日本人	3.50	4.00	4.00	4.50	2.50	2.50	2.00
臺灣人	1.80	2.00	2.00	1.80	1.60	1.50	0.80

17 關於日本人獨占官僚任用對臺灣人的影響，最為雄辯的說明首推蔡培火的近著：
「官僚方面，我們當中能理解國語〔日語——譯按〕者，據聞有二十幾萬，而且在日
本國內各地接受高等教育者亦不在少數，近來每年尚有百名以上的畢業生，另外
留學中、英、美等國回國者亦有數十名。若問臺灣官僚如何處理這些新進之人，
切勿驚訝，全臺灣從中央到地方，熱騰騰的高等官五等以下僅五名，判任官有等
級者三十餘名，其他則為長年徒食之輩。雖說無等級判任官或其下之吏員，是採
用島內中等、初等學校畢業生……吾人無論在哪方面，皆被徹底地支配。最近新
竹州有一臺灣人巡查升任為警部補〔即李阿昌。臺灣當時警察階級高至低為：警視、警
部、警部補、巡查部長、甲種巡查、乙種巡查（臺灣特別設置），以及隘勇改稱的警手〕，此一
空前的破格升任，已經聳動臺灣社會聽聞。前述熱騰騰五名高等官中的一人，由
於被任命為郡守（即郡長）〔即李讚生，1926年出任海山郡守（約今板橋、土城、中和、三
峽、鶯歌）〕，日本人經營的雜誌報紙便披露該郡日本人官民感到顏面無光的嘆息。
然而知識階層皆長吁短嘆、苦於失業，也無一人為我們聲訴。一方面捨棄我們成
為徒食之輩，一方面不僅給予渡臺日本人相應的地位、配發氣派的官舍，更在普
通的薪俸上再給予五成、六成的加給」（蔡培火，《日本々國民に與ふ》，頁58-60〔蔡
培火全集卷三，頁130-1〕）。

18 比較臺灣日本人與本地人口職業別，則如次所示（拓殖局，《殖民地便覽》，頁5，

時間為大正12年〔1923年〕底）：

	公務員及 自由業者	農牧林 水產業者	工礦業者	商業及 交通業者	其他 有業者	無業及 無申告者	合計
日本人	57,677人	10,091人	44,823人	47,864人	672人	3,139人	164,266人
本地人	64,114人	2,458,717人	299,042人	366,769人	204,293人	73,572人	3,466,507人

也就是說日本人在公務員及自由業者方面，明顯占有優勢。另外，雖說不是光彩的事，但是在娼妓方面，也是日本人占壓倒性多數。昭和元年〔1926年〕底，臺灣娼妓人數1,047人，其中日本人901人、臺灣人88人、朝鮮人58人（臺灣總督府，《臺灣事情》（昭和3年〔1928年〕版），頁183）。

第六節　臺灣在日本帝國主義的地位

自我國領有以來，臺灣資本主義化的過程與事實，如以上所論說之內容。然而臺灣對日本資本主義具有何等意義？臺灣對日本有何價值？此研究為本節的主題。

殖民地對殖民國的經濟價值，通常是殖民國對殖民地輸出資本、商品及原料、糧食的取得與移民。然而殖民地對殖民國的資本與勞動供給也須合併考慮，此在理論上及實際上至為明顯。因此，殖民地對殖民國經濟價值的問題，應考察兩者間的資本、商品及人口移動。

◆ 第一項　資本的移動（投資及吸引資本）

（一）日本領有臺灣的前後，臺灣在英美及中國商人的商業資本壓榨下，僅少數大地主均霑其利益，農民則處於貧窮的生活狀態。在純粹資本主義社會內部，由於生產力位於同一發展階段，剩餘價值全從商品生產的過程中產生。然而在生產力發展階段相異的兩個資本主義社會間，尤其是資本主義社會與非資本主義社會間，可從交換的過程獲得剩餘利潤，此為殖民地貿易具有掠奪性的原因[1]，而日本領有當時，臺灣的貿易即商業資本榨取非資本主義社會之典型。當時臺灣島內交通、通信機關不完備，僅有地區性市場，各地物價差異甚大，即「臺北5圓36錢3厘的糙米，到了嘉義變成3圓20錢。臺北37錢4厘的煤炭，到了嘉義變成1圓」的狀態。「在如此狀態下，地方商人成為經濟社會的專制君主。在中央地區向顧客低頭的商人，在地方對農民便昂然抬頭，反而要農民向他低頭。物價便如此不受制於自然的供需法則，而是由商人操縱」。「商人與農家的交易極為

殘酷。即商人要求農家以年內出售的茶、樟腦或米作抵押，對農家貸放農業資金。此借貸關係只需發生一次，農家便終生無法擺脫其桎梏」[2]。這是因為臺灣農民的經濟尚未充分商品生產化，依舊處於自用、自給性生產的階段。所以生產物的交換，即價格的決定，是由以交換為專業之人，也就是外來商人獨斷，單方規制的情形甚為顯著，而且價格被壓到甚低。加上前述市場屬地區性且狹隘，農民不單貧困，接受商人的預支金後也因所謂放帳制度而負有義務，只能將生產物賣給對方，使得這些商人在議價時處於更為有利的地位。於是以香港、廈門、上海等地為根據地的英美及中國商人成為臺灣經濟的支配者，其商業資本獲得帶榨取性質的特別利潤。這些商人的資本家活動雖以商業資本為中心，然而也以預借金制度間接支配生產，又由於收取預借金的利息，因此同時包含了產業資本及高利貸資本的活動，商業資本的利潤因而更具榨取性質[3]。

（二）日本領有後的臺灣資本主義化過程中，產業資本、商業資本及銀行資本各以獨立的企業分化發展，此情形已在本章第三節論述。現在就此三種資本型態，考察我國資本對臺灣的投入，即日本對臺灣的資本投入。

首先，「借貸資本」的運動以利息為目的，因此臺灣利率的趨勢，決定了日本資本作為「借貸資本」對臺灣的投入。日本領有之前，臺灣沒有金融機關，利率紊亂，沒有一定的標準。當時製糖業者向糖商借得的預支資金利率，位於年1成到2成之間（日息2錢7厘到5錢5厘間）。茶商對匯兌商支付的利息，據說是日息5錢乃至8錢3厘，不得不說是非常高的利率，但這些資金如前所述，是商業資本家為獨占收購商品而預借，目的並非賺取利息。而且島內一般的利率水準遠高於前述利率，到日本領臺後數年為止，不少臺灣人之間的借貸利率最高至日息26錢6厘。不過隨著

臺灣改隸、日本人渡臺，臺灣的利率產生二種樣貌。日本人間及臺灣人間的利率水準各不相同，前者的利率水準又比後者高，月息最高18%（日息60錢），最低3或4%（日息10錢乃至13錢），平均不會低於35錢〔月息10.5%〕。臺灣資本主義化的進行，使得如此高昂的利率逐漸下降，到了大正6、7年〔1917、8年〕左右，與日本國內利率的差距已明顯縮小，而且日本人與臺灣人間的利率幾無不同。現在根據《臺灣銀行二十年誌》比較銀行放貸的日息，則如次所示（頁320-3、328-9）：

	最高（單位：錢）			最低（單位：錢）		
	全國平均	島內其他銀行	臺灣銀行	全國平均	島內其他銀行	臺灣銀行
明治33年〔1900年〕	3.86	—	4.50	2.68	—	3.70
明治34年	3.95	—	5.00	3.18	—	4.00
明治35年	3.81	—	5.50	2.74	—	3.50
明治36年	3.45	6.00	5.00	2.47	2.80	3.00
明治37年	3.37	5.50	4.50	2.47	4.12	1.60
大正4年〔1915年〕	3.15	4.40	2.80	2.16	2.50	1.80
大正5年	2.99	3.60	2.50	1.95	2.47	1.80
大正6年	2.85	3.32	2.70	1.89	2.19	1.50
大正7年	2.96	3.09	2.50	1.77	2.23	1.50

即臺灣與日本國內的銀行利率，越是溯及既往，差距越大。臺灣銀行以前的利率與日本國內相較，高出1錢左右，不過到了大正6、7年，利率就大致與日本國內相同。其他銀行利率雖然稍高，但臺灣的銀行放款總額

約八成屬於臺灣銀行，因此從上述年份起，臺灣的企業家大致可以用與日本國內相同的利率，獲得事業資金。不過，與日本國內利率比較，還是高了若干，此情形也可從臺灣銀行各地分行放款日息的比較看出[4]：

（放款日息，單位：厘）	最高				最低			
	臺北分行	臺南分行	大阪分行	東京分行	臺北分行	臺南分行	大阪分行	東京分行
明治43年〔1910年〕下半期	27	28	14	20	22	16	11	15
大正7年〔1918年〕下半期	23	23	19	20	15	15	16	14

再以昭和元年〔1926年〕度臺灣各銀行放款日息與日本國內的利率比較，則如次所示（單位：厘）[5]：

	臺灣銀行	臺灣商工銀行	華南銀行	彰化銀行	三十四銀行臺灣分行	東京市場	大阪市場
最高	28	35	28	34	24	36	26
最低	22	26	28	27	22	14	22

另外，郵政儲金利率為5.04%，比日本國內的4.8%，不過高了0.24%。要言之，日本領臺之初，臺灣的利率水準與日本相較顯得頗高，而後漸次下降，至今兩者已相差不大。此現象對資本移動的影響，如次所述：

（1）領臺開始時，以「借貸資本」的方式投資臺灣是有利可圖的，因此造成日本全國利率上升。不過到了近年，應資金的需求，「借貸資本」反而是從臺灣流向日本國內，即後述的臺灣存款被日本國內吸收。

（2）由於利率下降，使得企業家獲得利益，進而促進產業資本投入。

（三）領臺之初，日本國內資本不易投資臺灣，一如前述。如臺灣銀行、臺灣製糖株式會社等企業，是因政府熱心的勸導與保護才漸次設立，而臺灣鐵道株式會社雖有臺灣總督府豐厚的保護，卻因股金募集失敗而中止。這是因為當時日本的資本積累尚不充分，臺灣又因土匪猖獗、幣制紊亂，以及其他對投資而言並不安全的狀態所致。不過，臺灣總督府統治的進展，形成鼓勵資本投入的基礎。另一方面，隨著日俄戰後日本資本的發展，以製糖業為始，臺灣的事業勃興，可以見到產業資本盛大的投入。一般而言，殖民地的資本家企業特別帶有掠奪性格，利潤率亦高，進而提高全國的資本平均利潤率，不然至少有阻止下降的作用[6]。固不待言，其實現程度端賴各殖民地的生產條件。臺灣以如次條件，具備優良投資地的資格：

（1）氣候屬於熱帶及亞熱帶，土地肥沃，即土地生產力大。

（2）住民勤勉且生活水準低，工資亦比日本低廉，如次表所示[7]：

（工資）	臺北市 （昭和元年〔1926年〕下半期）		東京市 （大正15年〔1926年〕平均）
	臺灣人 圓	日本人 圓	圓
木匠	1.80	3.50	3.50
泥水匠	2.00	4.00	3.62
磚瓦匠	1.80	4.00	3.62
鐵匠	1.60	2.50	3.80
鑄造匠	1.60	2.50	3.91
搬運工	1.50	2.50	2.72

其餘工資如臺南市的農夫男性70錢、女性35錢，基隆市的礦工1圓

50錢、臺北市採茶女工20錢、生蕃義務勞動每日津貼50錢。這些工資雖然與臺灣人、中國人及生蕃的生活程度相符，而且在日本領臺後都有所上漲[8]，但是以此勞動力所生產的商品，與其說是供島內消費，毋寧是以日本國內及外國市場為導向。這些商品的價格是由勞動力價格水準遠比臺灣高的資本主義社會所決定，因此對資本家企業而言，島內與日本國內工資水準的差距，便直接成為特別利潤的泉源。臺灣人工資上漲，只不過意味著此項特別利潤減少而已。因此隨著臺灣工資水準接近日本國內，臺灣對日本產業資本的特殊吸引力當然也會降低。

（3）資本家獨占力頗大，相對之下，勞工及農民的階級團結甚為微弱，資本的榨取率因而也頗大。

（4）政府的保護。對製糖會社的獎勵金、對臺灣銀行及臺灣電力株式會社的創設及股息的保護[9]，以及昭和2年〔1927年〕的恐慌之際，為了救濟臺灣的金融機關而推出約2億圓的特別融通，且全由國庫負擔等。

由於以上的理由，臺灣的資本家企業能夠獲得特別利潤，至少普通利潤受到保障，因此不能不說臺灣是日本國內資本良好的投資地。臺灣的平均利潤率高，進而提高日本資本的平均利潤率，至少具有阻止其下降的作用。特別在日本國內經濟不景氣之際，資本大舉逃往臺灣，不正好說明臺灣作為資本輸出地的價值？即使在日俄戰後日本國內經濟不景氣的時代，臺灣因製糖業興起以及推動公私土木工程，經濟仍甚為熱絡，促進了從日本進口商品的資本投入，充分發揮殖民地作為殖民國商品市場及資本輸出地的效用[10]。又，最近由於世界大戰後的經濟衰退致使日本國內的製糖業極為不景氣，主要製糖會社遂爭相投入資本以擴大在臺灣的事業，正是因為臺灣分蜜糖業利潤特別高的緣故。日本國內製糖業虧損或利潤減少時，

則以臺灣粗糖業的利潤率填補，以維持製糖資本整體利潤率[11]。鈴木商店及臺灣銀行經營失敗，與臺灣內部的事業無關，而是臺灣以外的事業失敗所致[12]。基於同樣理由，去年〔1928年〕7月，臺灣銀行調查會就整頓該行的根本方針，決議應回歸到「原本的使命，即以提供臺灣產業資金為中心」。基於此方針，為改善經營，認定臺灣銀行不可在日本國內放款，也不可在同業短期拆放市場吸收資金。

（四）日本對臺灣的投資金額並不容易推估。雖然可以算出總公司設在臺灣的銀行和企業的資本額，但是總公司設在日本國內的企業，就難以得知其臺灣分公司的資本額。即使總公司設於臺灣的企業資本，也必須區分日本人出資及臺灣人出資，然而清楚區分也非易事。況且總公司設於臺灣的銀行和企業，由於也在臺灣以外地區經營事業，致使甚難推估純粹投入臺灣的資本額。不過，如果嘗試推估，則昭和元年〔1926年〕底，日本人對臺灣投資額大約13億圓（此數字的根據於註說明）[13]。

臺灣與朝鮮比較，前者面積僅後者的15%，人口僅31%，但是企業資本總額絕對高於朝鮮，工礦業尤然，即使在工廠發動力方面也大於朝鮮，也就是臺灣的工廠資本家企業化的程度較朝鮮更高，見次表（昭和元年〔1926年〕底）[14]：

	企業合計			其中，工礦業			工廠		
	企業家數	資本金（千圓）	實繳資本金（千圓）	企業家數	資本金（千圓）	實繳資本金（千圓）	工廠數	發動機台數	發動機馬力
朝鮮	1,276	447,282	216,361	315	72,451	43,344	4,293	2,576	128,730
臺灣	647	537,230	336,607	211	351,132	226,772	4,459	3,745	137,884

另外，臺灣的企業如與日本比較，可見投資額急速增加。明治42年底到大正14年〔1909-25年〕底期間，企業實繳資本額及出資額，日本全國增加為8倍弱，臺灣則為11倍強，如次表所示：

	企業總數		實繳資本或出資額（千圓）	
	明治42年底	大正14年底	明治42年底	大正14年底
日本全國	11,543	34,345	1,367,164	10,890,000
臺灣	63	751	31,093	350,531

由以上可知作為日本資本輸出地，臺灣的價值巨大。

（五）臺灣不僅作為投資地，也是吸引投資之地。日本人所支配的會社設立時，得到臺灣人投資的經過和情形，已如前述（第二章第三節第二項，第五節註6、註8、註9）。另外，在臺灣的國債募集，以明治37年〔1904年〕12月發行的第一回國庫債券為嚆矢，臺灣銀行「對於以國庫債券為擔保的貸款，施以特別的融通方法，且在可能範圍給予方便。另一方面，委託地方廳長及其下各支廳長傾全力勸導，臺灣人資產家才逐漸認購。」爾後到了大正7年〔1918年〕底，國債認購金額高達1,017萬6,000圓[15]。郵政儲金亦為此引資作用之一部份，而且早在明治29年〔1896年〕即已開始。對於原本處於非資本主義階段，不習慣信用經濟，加上政府信用亦薄弱的臺灣人而言，於股票及公債方面，最初同樣是先從政府熱心的勸說開始，才使得他們窖藏的貨幣變成存款，得以資本化[16]。明治43年〔1910年〕郵政轉帳儲蓄帳戶開辦，郵政儲金及轉帳儲金如次表所示多所增加，兩者皆屬於日本政府一般會計中的國庫「預金部」收入：

	郵政儲金 （千圓）	其中，臺灣人部 份（千圓）	郵政轉帳 儲金帳戶
明治41年 〔1908年〕度末	1,852	362	—
大正2年 〔1913年〕度末	2,380	554	162
昭和元年 〔1926年〕度末	9,145	2,713	707

　　而從國庫預金部經由日本勸業銀行成為臺灣的產業獎勵資金，自大正6年〔1917年〕以來合計550萬圓，以年利率6分5厘的低利貸放。主要貸放對象為公共團體、產業組合、其他法人，或是個人的產業資金、住屋資金等。上述金額若與前述郵政儲金額比較，則日本與臺灣之間類似都市與鄉村的關係，由此可見郵政儲金將資金集中到中央的情形，在臺灣尚未施行低利資金融通的時期更是如此。在此點上，資本主義社會的農村與殖民地有著類似的地位。國庫預金部除對臺灣銀行提供5,000萬圓的低利貸款外，大正14年〔1925年〕臺灣銀行業務整頓之際，再將年利降低二分。不過對臺灣銀行的救濟，不能單純視為對臺灣的救濟，主要是為了救濟島外事業的失敗。因此就與預金部的關係而言，臺灣的角色應可說是對日本及日本帝國主義提供資金，而後者更從臺灣獲得汲引資金的利益。

　　其次，即使就銀行關係而言，如次表所示，可明顯看出在臺灣吸收的儲金在日本及國外貸放。日本帝國主義從臺灣吸收資本，以臺灣的資金經營日本與海外的事業。

昭和元年〔1926年〕底	總計 （千圓）	臺灣 （千圓）	日本國內 （千圓）	國外 （千圓）
銀行貸款金額	737,681	249,194	419,364	69,123
百分比	100.00	33.8	56.8	9.4
銀行存款	155,965	96,205	29,411	30,348
百分比	100.0	61.7	18.9	19.4
其中，臺灣銀行貸款金額	619,286	140,789	416,868	61,628
百分比	100.0	22.7	67.3	10.0
臺灣銀行存款	92,807	36,282	28,173	28,352
百分比	100.0	39.1	30.4	30.5

　　由此可知臺灣銀行不僅是殖民地銀行，也是日本帝國主義的銀行[17]。

　　近年臺灣有更多資金輸送到日本國內，可說是臺灣資本家企業發達，致使實業界稍呈飽和狀態、日本資金需求增加，以及臺灣的銀行利率與日本相差不大等因素所致。然而臺灣銀行主要因臺灣島外的事業招致失敗，如前所述，臺灣銀行整理委員會因而以臺灣銀行應將主力投注於島內事業為重整理該行業務的根本方針。臺灣銀行的總行雖設於臺北，然而其頭取卻常駐東京，股東大會也在東京舉辦。擁有及經營臺灣銀行的人，多是不在地的資本家[18]，臺灣銀行不是「臺灣」的銀行實為悲慘之事。假如不貪圖投機的高利息，臺灣尚有應該興辦的事業、應該開發的資源，也有應該支持的住民。臺灣的庶民金融仍掌握在土壟間（碾米業者）等組織手中，榨取高額利息，信用組合亦尚未充分普及[19]。臺灣銀行既然已經與華南、南洋的企業建立深厚關係，因此不可能，也不可將之轉化為單純的臺灣殖產銀行。但是作為臺灣的金融機構，臺銀若更加著力於島內的殖產，以謀

求土地的開發與庶民金融的健全，則銀行經營不只因此安全，更是臺灣的幸福。然而，帝國主義追求獨占利潤，既對殖民地投資，亦從殖民地吸收資本。總之，對殖民地而言，帝國主義就是站在不在地地主及資本家的立場、以殖民地為跳板，支持殖民國以利息為生的人並支持發展海外投資。這就是帝國主義下殖民地在資本移動方面的地位[20]。

....

1　拙著《植民及植民政策》，頁209-11〔全集第1卷，頁174-5〕。

2　竹越與三郎，《臺灣統治志》，頁439-42。

3　從前的砂糖交易分成「現買賣」、「緩糖交關」、「放帳交關」、「貨辦（樣品）」等四種，其中以「緩糖」及「放帳」的制度為主。所謂「緩糖交關」，是指糖商先與製糖業者簽訂契約，以購買未來所製造的砂糖。其中買方的糖商先預付一半或全部的價金，賣方的製糖業者則有義務提供契約所訂的砂糖，無利息、無退費。「放帳交關」則是買方以交易砂糖的契約先預付價金給賣方，此預付金附帶利息，賣方再以時價計算，將所製造之砂糖交給買方，用以償還前述的預付價金（假使雙方就時價無法達成協議，糖主〔賣方〕得出售給他人，再以現金償還原先的買方）。另外，雙方會指定砂糖的交付期限，同時不以一般的市場價格，而是以較為低廉的價格算定（有利息、有退費），應交付的砂糖數量，則由契約斤量再加量若干而成。放帳的系統為洋行（出口商）—買辦及其他糖行（糖商）—「辦仲」〔中介人〕及其他仲介商—糖廍（製糖業者），外商銀行再對洋行融資。緩糖及放帳的制度對出口商而言，為收購砂糖最確實且廉價的方法（臨時臺灣舊慣調查會，《臺灣糖業舊慣一斑》）。

4　根據臺灣銀行，《第十三次臺灣金融事項參考書》（大正8年〔1919年〕）。

5　根據《臺灣總督府第三十統計書》及東洋經濟新報社，《經濟年鑑》（昭和2年〔1927年〕度）。

6　拙著《植民及植民政策》，頁66-7、79、213、228〔全集第1卷，頁64、74、176-7、188〕。

7　同註5。

8　新渡戶博士所著的《糖業改良意見書》也認為日本領臺後，因土匪討伐所造成的

死傷、鐵路及其他土木工程開辦帶來勞動力需求增加、各地交通便利化使得農民離村者不少等原因，致使勞動力欠缺及工資快速上漲，成為產業衰頹的一個主因（《糖業改良意見書》，頁1）。日本領有臺灣前的苦力工資，一日13錢到20錢，明治37、8年〔1904、5年〕左右，上漲到25錢到45錢，竹越與三郎的《臺灣統治志》就臺灣工業與農作的振興，便論說應講究「防制今日通病的工資上漲」之勞動力供給策略（《臺灣統治志》，頁334-8）。其後，政府各種工程、民間企業發展及理蕃事業，皆使勞動力需求增加，使得工資越來越騰貴（東鄉實、佐藤四郎共著，《臺灣植民發達史》，頁235）。

9　參照本篇第一章及第二章第三節第三項。

10　杉野嘉助，《臺灣商工十年史》，頁8-11。

11　本書第二篇〈臺灣糖業資本主義〉。

12　鈴木商店系統的事業於日本全國有60餘家，資本總額達4億圓，債務總額4億5,000萬圓（其中與臺灣銀行有關部份共3億5,000萬圓）。這些事業橫跨日本、臺灣及海外，特別在外國貿易及外國間貿易方面，居我國數一數二的地位。然而遭逢世界大戰後的經濟界衰退，加上大正9年〔1920年〕經濟恐慌及大正12年〔1923年〕關東大地震的打擊，接連出現需要重整的關係企業。特別是「大正15年11月日清、日本兩製粉會社合併失敗，與日本製粉會社有密切關係的鈴木商店逐漸受到拖累。同年底資金融通更加困難，到了今年春天震災票據法案付議會討論，本行（臺灣銀行）與鈴木商店的關係，便徹底暴露在世人面前，致使該商店信用掃地。一般債權人的態度原本就已經嚴厲，苦於資金周轉的該商店，再如何也無能為力，每次都向本行告急」（昭和2年〔1927年〕9月1日頭取島田茂於臺灣銀行股東大會演說要旨）（《朝日經濟年史》昭和3年版，頁31、76）。

13　總公司設在臺灣的株式會社實繳資本金總額為3億2,198萬6,000圓，其中製糖會社1億4,715萬3000圓、臺灣銀行3,937萬5000圓、日本拓殖株式會社300萬圓、臺灣電力株式會社2,820萬圓，合計2億1,72萬8,000圓，估計日本人出資9成，臺灣人1成（參照本章第五節）。至於其他企業，估計日本人出資55.5%，臺灣人44.5%（參照本章第五節註8，為臺灣製鹽、臺灣商工銀行及彰化銀行的臺灣人持股比例平均值）。以此計算，在實繳資本金3億2,198萬6,000圓中，屬於日本人（居住在日

本及臺灣）部份為2億5,381萬8,390圓，臺灣人6,816萬7,610圓，可說日本人（居住在日本及臺灣）占8成，臺灣人占2成（如根據本章第五節所製企業代表人的表格，日本人為代表人占實繳資本總額的9成，臺灣人占1成）。以此比例，股份有限公司的公積金、合資會社及合名會社的出資額，也可區分成日本人與臺灣人。除實繳資本及公積金外，就股東資金及上期滾入金而言，僅舉大日本、臺灣、明治、鹽水港、東洋、新高、帝國等七大製糖會社，其他會社由於無法看到所有資金情形，全部可當作日本人。公司債及借款方面，借款實際上可視為全部由日本人出資（公司債除製糖會社外，再加臺灣電力。借款除製糖會社及銀行外，只加入日本拓殖、臺灣製紙、臺陽鑛業大股份的數字）。總公司設在日本的企業當中，將日本勸業銀行及三十四銀行的臺灣分行帳項，及大日本製糖的實繳資本金、公積金，全部視為日本人出資（此點就大日本製糖而言，顯然不正確，然而由於無法得知其他在臺灣設有分公司或辦事處的日本企業對臺灣的投資，因此暫時如此推定）。臺灣的企業、銀行對島外的投資金額不詳，銀行貸款部份僅揭島內部份，股份同樣8成可視為日本人出資。根據《臺灣事業公債法》而來的公債及臺灣總督府借入金，其金額全部可算作日本人（公債由國庫預金部承接，借入金由臺灣銀行承接）。政府低利貸款（「產業獎勵金」）全額算作日本人，公營事業投資則無由推算。根據上述材料，所計算日本資本對臺灣投下的金額（自昭和元年底至昭和2年〔1926-7年〕3月），情形如以下所記（數字係根據《臺灣總督府第三十統計書》、東洋經濟新報社《經濟年鑑》、同《株式會社年鑑》、同《銀行年鑑》、東京興信所《銀行會社要錄》）：

	總額（千圓）	日本人出資（千圓）
總公司設在臺灣之股份有限公司 實繳資本金	321,986	252,092
同 公積金	69,853	55,882
同 其他股東資金	5,834	5,834
同 上期滾入金	7,720	7,720
公司債	69,500	69,500
借款	563,772	563,772

大日本製糖株式會社實繳資本金	20,062	20,062
同　公積金	13,048	13,048
日本勸業銀行分行	33,018	33,018
三十四銀行分行	600	600
合資會社及合名會社出資額	24,340	19,472
銀行放款	249,194	199,355
公債	103,428	103,428
臺灣總督府借入金	3,200	3,200
產業獎勵金	5,500	5,500
合計	1,491,055	1,352,483

　　以上僅止於推算。另外，於昭和2年恐慌之際，臺灣銀行在股東結算部份減資2,625萬圓，挪用各種準備金及特別公積金190萬6,404圓、充抵滾入金4萬9,459圓，合計削減2,820萬5,863圓。

14 拓殖局，《殖民地便覽》（昭和3年〔1928年〕），頁37、38。

15 臺灣銀行，《臺灣銀行二十年誌》，頁160-5。

16 臺灣總督府，《臺灣統治綜覽》，頁411。

17 關於朝鮮銀行，也是同樣的狀態（拙著《植民及植民政策》，頁493-4）〔全集第1卷，頁395-6〕。

18 在昭和2年〔1927年〕9月1日為整理臺灣銀行所召開的臨時股東大會上，由臺銀擁護會代表對頭取提出的四項質問中，有「希望臺銀能加強努力對臺灣及華南、南洋的產業資金之融通，不知對此點，有如何想法」及「股東大會每年一次在臺灣舉行如何」之項目。頭取島田茂回答：第一，將一如從前充分給予方便。第二，如果日本國內的股東應允的話，也沒問題。另外補充說明今後理事的配置，將改為臺灣3名、日本國內2名（《朝日經濟年史》，昭和3年版，頁75-6）。由此可見以往臺灣銀行的經營中心放在東京，在銀行重整之際，則希望能將臺灣當作主要事業地的用意。

19 臺灣總督府財務局金融課，〈臺灣に於ける庶民金融の現狀〉（《臺灣時報》第64號）。

20 拙著《植民及植民政策》，頁504〔全集第1卷，頁404〕。

◆ 第二項　商品的移動（貿易）

（一）臺灣的貿易以往主要與中國及香港進行，日本領臺的結果就是徹底改變臺灣的貿易路線，與日本的貿易明確大於國外貿易。而且，即使是國外貿易，與以往最大的交易對象中國的貿易額顯著減少，反之與美國的貿易額則激增。不過隨著臺灣商品生產的發展，與日本的貿易並不能滿足臺灣自身的供需。到了近年，與外國，特別是與中國的貿易雖再度急速增加，但是就大勢而言，日本商品獨占臺灣的進口，日本國內市場獨占臺灣的出口，此兩者均相當明確。

臺灣貿易轉向日本，雖多賴日本的投資、金融、海運、臺灣總督府的鞏固與日本人往來臺灣，但是決定性的影響來自關稅制度。日本領臺後到明治29年〔1896年〕2月為止，臺灣採用清國時期的關稅率，之後依據日本的關稅制度。當時日本的關稅尚因不平等條約而採協定關稅率，被強制只能收從價5%的低稅額，修訂關稅則是自明治初年以來，日本外交著力最深之處。以甲午戰勝為契機，日本終於在明治32年〔1899年〕成功調高稅率平均三倍，同時廢除出口稅。臺灣適用修訂後的日本新《關稅定率法》，同時繼續徵收出口稅，並且對輸往日本的商品課徵出港稅。課徵出港稅的商品有茶葉、魚乾及鹹魚、魚翅、龍眼、苧麻、麻紗及籐等商品，皆為專門銷售到外國市場的特產品。其稅率與出口稅率相同，僅茶葉的出港稅率較出口稅率為低[1]。以上制度，有如次的效果：

（1）由於外國商品被課以進口稅，日本及臺灣的商品因而在彼此的市場受到保護。向來經由香港再進口到臺灣的日本商品，也在明治32年關稅率調高之後，直接從日本國內進口。

（2）有出口稅而無出港稅的臺灣商品，為日本國內市場吸收，其中包括稻米、砂糖及某程度的茶葉等重要商品，因此影響甚大。

（3）於明治32年關稅率調升之際，日本雖與歐美各國訂有特別的低關稅率，但是中國因無法享有最惠國條款的待遇，因此從中國進口的商品特別受打擊。

此後，由於糖業發展，產量激增，必須擴張市場，因而於明治43年〔1910年〕廢除出口稅及出港稅，日本與臺灣的關稅自此完全相同。其次，明治44年日本與外國的協定關稅率完全廢止，進口稅率提高，日本與臺灣因更高的關稅壁壘而得以保護彼此的商品市場。日本領臺後，臺灣貿易轉向日本的情形，如次表所示：

	對外國 出口 千圓	對日本 出口 千圓	從外國 進口 千圓	從日本 進口 千圓	從外國 進出口合計 千圓	從日本 進出口合計 千圓
明治30年 〔1897年〕	12,752	2,105	12,659	3,724	25,411	5,828
昭和元年 〔1926年〕	49,315	202,110	62,008	121,405	111,323	323,514

最初臺灣的對日貿易為對外貿易的四分之一，日本領臺30年後，反而增為三倍。如此變化的社會意義，在於臺灣與中國的紐帶被切斷，而與日本成為新的結合。第一，外國商業資本家的勢力衰退，特別是中國人，使得日本人資本家容易進入臺灣，而這對在中國設有據點的臺灣人資產家頗為不利。第二，臺灣人日常生活上的影響。臺灣漢人原為來自福建廣東的移民，生活方式純為中國式，因此會從中國進口金銀紙、爆竹、食品等特殊商品。進口稅調高，使得這些日常生活品的價格上升，增加臺灣漢人

的生活負擔。對此，日本商品進口的便利，不僅能以日本商品供給臺灣漢人生活所需，也有使其生活型態趨向日本化的作用。在生產條件、生活型態及市場關係各方面，原本互不相同的殖民國與殖民地，由於關稅同化制度而完全統一，往往對殖民地原居民的生產及消費有不利影響。這是因為關稅法及關稅率都是以殖民國的利益為基礎制定，法國的殖民地就是最受打擊的例子[2]。但是到了明治40年〔1907年〕，對於習俗上為臺灣漢人日常生活所需的14種中國產品，政府制定了稍低的特別輸入稅率，即使是明治44年〔1911年〕新訂的國定稅率，也斟酌臺灣漢人的特殊情形，將這些特殊商品列為輕稅或免稅[3]。

（二）資本主義殖民國會使非資本主義殖民地原本自用的生產轉為商品生產，並且進一步推動資本家企業發展，使之再轉化為資本家商品生產。至於是何種生產物被商品化、何種商品被資本家商品生產化，與其說是取決於殖民地社會內部的需求，不如說是外部——主要是取決於殖民國市場及資本的需求。正因如此，殖民地生產的特徵是以出口為導向的商品生產，尤其是為了出口到殖民國而生產的商品，而且往往呈現單一耕作（Mono-culture）的狀況。西印度群島轉為甘蔗的單一耕作後，因19世紀歐洲甜菜糖業興起，導致世界糖價下跌，而遭受重大打擊，當地住民陷入極度的貧困。為了解決此問題，當地政府不得不獎勵各種耕作，特別是糧食作物的種植[4]。又如同愛爾蘭的產業種類因英國的要求而受到限制，成為愛爾蘭人貧窮的原因，我曾經對此有所論述[5]。

現在，就臺灣來看，其主要產品砂糖——大正14年〔1925年〕度，臺灣工業產品總生產額2億7,650萬圓中，砂糖即占1億6,230萬圓，製糖的副產品酒精占600萬圓——在日本領有前即已商品化，領有後則急速資本家

商品生產化。其他如樟腦、茶葉固不待言，稻米、香蕉及番薯簽的商品化
傾向亦甚明顯。臺灣的產業雖然由糖業支撐一半，但並非單一耕作，而是
帶有一般生產出口導向商品的殖民地特徵。現比較臺灣的生產物總金額與
出口總金額，則如次所示[6]：

	生產		對外國出口		對日本出口		出口合計	
	金額 （千圓）	指數	金額 （千圓）	指數	金額 （千圓）	指數	金額 （千圓）	指數
明治35年 〔1902年〕	78,924	100	14,675	100	9,445	100	24,120	100
大正元年 〔1912年〕	164,121	208	14,960	102	47,831	506	62,791	260
大正14年 〔1925年〕	659,337	835	47,965	327	215,248	2,279	263,214	1,091

即與其說是生產增加，還不如說是出口方面成長更為顯著，而且出口
到日本的部份增加得比出口到外國的部份更加急遽。再就臺灣五大農作物
生產的增加情形，如次表所示[7]：

	收穫量			指數		
	明治35年	大正元年	大正14年	明治35年	大正元年	大正14年
稻米（千石）	1,693	4,047	6,443	100	239	380
甘蔗（千斤）	683,158	3,159,599	8,839,833	100	462	1,294
甘藷（千斤）	501,160	1,121,767	1,908,915	100	224	381
香蕉（千斤）	—	12,027	267,642	—	100	2,225
茶葉（千斤）	12,764	22,379	20,904	100	175	164

　　純為出口商品且主要以日本市場為對象的甘蔗（砂糖）及香蕉的增產率最高，供島內消費及在日本有市場需求的稻米及甘藷則其次，出口到外國的茶葉最低。以上事實，顯示臺灣的生產是如何依賴日本國內市場。而臺灣人常吃的稻米及甘藷出口增加額如次表所示。與前引生產指數比較，可看到出口的成長速度比生產還快：

	對外國及日本出口			指數		
	明治35年	大正元年	大正14年	明治35年	大正元年	大正14年
稻米（千石）	441	666	2,408	100	151	546
甘藷（千斤）	21	1,708	50,292	100	813	2,395

　　上列數據，未必是扣除臺灣人自己先充分消費後再將剩餘數量出口的結果。稻米的供應是因應日本人口增加，甘藷則是作為日本國內製作澱粉及燒酎的原料，導致需求急速增加。臺灣人既然已經受到商品生產的洗禮，為求更高的價格，當然將產品出口到日本國內。臺灣從外國進口更多稻米，則是近年無法隱藏的趨勢[8]，見次表：

	從外國及日本進口			指數		
	明治35年	大正元年	大正14年	明治35年	大正元年	大正14年
稻米（千石）	77	126	730	100	164	948

　　比較明治44年以降到大正12年〔1911-23年〕的人均稻米消費量，可知日本漸增，朝鮮漸減，臺灣大致不變[9]。臺灣可說是將自己生產的稻米賣到日本，自用的糧食則購買外國米來補足，因而維持了人均稻米消費量。

明治34年〔1901年〕11月5日，臺灣總督兒玉源太郎在有關殖產興業的演說中說道「稻作的改善……假若水圳開通，耕作嚴謹，其收成敢說不難達成現今所產的三倍，不僅貧民可因此三餐飽足，尚有剩餘可輸出海外，不失貿易品之大宗」。爾後，臺灣的稻作果然增加五倍，成為貿易品的大宗，但是並非「三餐飽足，尚有剩餘」，此點違反生產商品的社會法則。在市場販售自己的生產物，以求取高價，因而產生消費的不足，再以廉價進口品補充，這才是生產商品的社會真實生活法則。商品—貨幣—商品，臺灣米—貨幣—外國米，在此交易過程可看到各當事人的利益關係。外國米生產者因臺灣市場擴大而獲利，日本消費者因品質與日本米相近且價格低廉的臺灣米進口而獲利。日本產業資本家同樣可經由縮小可變資本的價值，增大其剩餘價值率，而商業資本家以稻米的雙重移轉（臺灣米及外國米），銀行以貨幣的雙重移轉，同蒙其利。最後是臺灣米的生產者，因日本市場的擴張而獲利。臺灣人從生產日常食用的在來種米，轉變為生產日本種米，將之出售並購買外國米，以充抵自己的消費。如果臺灣在來種米的品質及口味與外國米相同，則在使用價值上並無損得。然而在商品價值上，由於日本種米決定性地高過在來種米或外國米，農民理應可以從上述交易獲得更多的貨幣，並用於購買其他生活用品，進而提升生活水準。不過上述的價差，應無法全部如此使用。第一會作為利潤，被資本家拿走一部份，而且資本家既不在臺灣，利潤自然不會再流回臺灣。第二是具資本主義性格的政府由於諸多支出，財政負擔加重，臺灣人的收益即因政府轉嫁而被收取部份。因此臺灣人即使因前述的商品運動而增加收益，生活水準因而提升，卻無法獲得與商品價差相應的利益。至少從人均稻米消費量看不到如前所說的生活水準提升。因此，以出口增加直接斷言臺灣人更為富裕，

甚為危險，不在地資本家居多的殖民地尤其如此。在臺灣砂糖此一純粹資本家商品上，此點最為明顯。

（三）一般認為殖民地的價值是作為殖民國工業產品的市場，以及供應殖民國糧食與原料，殖民地貿易即農業國對工業國的貿易、粗製品對精製品的貿易。這是因為受制於雙方自然及社會生產條件的不同，因而在國際分工上最為有利。以重商主義的觀點，在「殖民地因殖民國而存在」的標語之下，基於殖民國的商品需求，殖民地產業的種類因此受到限制。日本過去曾有言論認為臺灣必須成為日本商品的需求地及農產物的供給地，因此不用考慮臺灣的工業發展，也不用期待其工業的未來[10]，這是從商品貿易所看到的臺灣使命論。然而對殖民地的投資，未必要站在商品貿易的觀點，而是要考慮殖民地產業的利潤率。更適切地說，帝國的獨占資本考慮的是如何利用殖民地在帝國內部獲得最大利潤率，以此決定本國及殖民地的產業。因此，如果殖民地工業與精製工業的發展對資本有利的話，他們便會毫不猶豫投入此生產。資本只追求利潤，不問此工業是設在自己國家還是殖民地。帶商品性格的重商主義與帶資本性格的帝國主義，在與殖民地使命有關的認知上與政策上之所以有所不同，原因即在此。近年，臺灣的製糖廠從以往的分蜜糖（粗糖）跨出一步，新增耕地白糖及再製糖的製造設備，爪哇原料糖對臺灣的進口因此增加，或是水泥工廠的設立，皆為其例。不過，大體而言，臺灣的地位仍是日本工業產品的市場及日本熱帶特殊農產品的提供者。

現在，依照貿易金額順序，將臺灣的重要貿易品（大正14年〔1925年〕貿易金額100萬圓以上的商品），列舉如次：

對外國出口：茶葉、煤炭、砂糖、棉織物、樟腦、錫、酒精、水泥。

　　對日本出口：砂糖、香蕉、稻米、酒精、樟腦、檜木料、樟腦油、番
　　薯簽、鳳梨罐頭、煤炭、藺草帽、柴魚片、食鹽。
　　從外國進口：油渣、肥料、砂糖、大豆、鴉片、麻袋、木材、藥品、
　　稻米、石油、包裝用草蓆。
　　從日本進口：稻米、棉織品及絲織品、鐵及其他金屬類、肥料、機械
　　類、乾魚及鹹魚、麵粉、魷魚、紙張、藥品、麻袋、金屬製品、木
　　材、日本清酒、啤酒、捲菸、棉紗、針織品、火柴、罐頭、石油、
　　毛織品。

　　如再就統計表詳細研究其內容，大致可看到臺灣（1）對日本供應糧
食及原料，並且提供日本工業製品（紡織品及重工業製品、肥料、雜貨等）
市場。（2）就同種商品而言，對日本出口高級品，再從日本進口次級品（例
如出售蓬萊米，再進口外國米。出售檜木料，再進口松杉材）。（3）成為
日本商品（棉織物、海產品等）的轉口站。（4）臺灣本身工業化的發展，
帶來外國市場開拓（砂糖、酒精、水泥等）及（5）出口到外國的特產品（茶
葉、樟腦）。即對日本而言，臺灣提供農業產品與工業產品交換的市場，
因此具有通稱為「殖民地貿易關係」的特徵。同時，臺灣自身逐漸獲得工
業產地的地位，不僅作為轉口貿易地，也積極提高了進軍海外市場的地
位。自明治末期到大正初年，臺灣的貿易轉向日本，外國貿易大為減少。
不過由於世界大戰，日本及臺灣的資本飛躍性積累及企業大幅擴張，更進
一步邁向帝國主義。日本帝國的商品涵蓋日本及臺灣的廣大經濟領土，使
得臺灣既是轉運站，又為生產地，並進一步致力海外的發展。
　　（四）大正15年（昭和元年）〔1926年〕日本的外國及殖民地貿易（輸移

出入）總額為53億3,200萬圓，臺灣的出口貿易則為4億3,500萬圓，相當於日本的8.1%。又，日本對外國及殖民地出口的總額為24億1,400萬圓，其中對殖民地出口占15.1%，對臺灣出口占5.0%（1億2,000萬圓）。日本從外國及殖民地進口的總額為29億1,800萬圓，其中從殖民地進口占18.5%，從臺灣進口占6.9%（2億圓）[11]。即日本貿易總額的17%是與殖民地的貿易，與臺灣的貿易為6.1%，占日本殖民地貿易約三分之一。然而，由此一般性的數字，無法充分認識臺灣貿易的重要性。如果就個別的貿易品來看，砂糖、香蕉、米、酒精及其他商品等臺灣對日本的重要出口品在日本市場有何重要性，終究無法以前述比率算出。臺灣的砂糖產量於明治30-31年〔1897-8年〕度是68萬擔，向日本出口38萬擔，相當於日本同時期消費量的12%。大正13-14年〔1924-5年〕期的產糖量800萬擔，占日本帝國總產糖量的83.1%，其中對日本出口740萬擔，占日本消費量的67%。又，由於臺灣的產業向來以砂糖為主力，因此無法像朝鮮那麼集中獎勵稻作。然而隨著近年日本的糧食越來越依賴殖民地米，臺灣米以比朝鮮米更快的速度，對日本市場增加供給[12]。又，大正14年本土酒精產量為5萬2,000石，相對而言，從臺灣進口則有7萬2,000石，臺灣的酒精不僅支配了日本市場，更出口外國市場（中國）6萬4,000石。香蕉、樟腦等臺灣特產品在日本市場具有獨占地位，更無需贅言。

再就從日本進口的商品來看，稻米由於外國米的轉送，不予討論，日本的殖民地作為棉織品及絲織品市場，共購買了7,800萬圓，其中臺灣1,570萬圓。日本棉織品的出口額4億1,600萬圓（絲織品雖有1億3,300萬圓，但由於進口到殖民地的主要為棉織品，因此暫且不計），其中殖民地約占16%[*]，臺灣相當於3%強。殖民地作為日本棉織品市場的價值，相當於一

般出口品的平均，臺灣卻反而在平均以下。重工業製品（礦物及金屬、金屬製品、機械類）對殖民地出口5,820萬圓（其中臺灣1,900萬圓），由於對外國出口是5,770萬圓，因此相對之下，殖民地市場金額雖然不多，但是絕對比外國市場重要。調合肥料**更為顯著，日本對外國的出口僅11萬圓，對朝鮮則是105萬圓、臺灣670萬圓。因此應當可了解臺灣對我國重工業及肥料工業的重要程度。至於日本其他雜項工業，與外國市場比較，臺灣占絕對或相對重要地位的商品，想必不在少數[13]。

　　臺灣在外國貿易方面入超不多，但是對日本卻是巨額出超，整體而言，則是決定性的出超。與朝鮮相比，臺灣對外國的出口屬於絕對性的多。對日本的出口，若比對兩地區人口面積，則是相對性的多。朝鮮對日本雖然也是出超，然而程度不如臺灣。臺灣與朝鮮對於日本而言，與其說是作為日本商品的市場，更重要的是供給特產物（原料、食糧）。而臺灣的生產力及出口力，又比朝鮮來得大[14]，臺灣之所以為日本南方寶庫，原因即在此。

....

1　《臺灣稅關十年史》，頁618。
2　拙著《植民及植民政策》，頁524-5〔全集第1卷，頁420〕。
3　武內貞義，《臺灣》上，頁517-21。
4　本書第二篇〈臺灣糖業帝國主義〉。

*　矢內原此處意思似乎是可直接忽略絲織品的占比，若然，則7,800萬÷4億1,600萬＝18.75%，不符原文。1,570萬÷4億1,600萬約等於0.0377，符合「3%強」。如果矢內原計算時其實扣掉了兩數字中的絲織品，則上述計算結果就無法用來斷定原文是否正確。不清楚此處矢內原使用何年的資料，故無法求證於原始數據──編按
**依據適合土壤的氮與磷酸鉀比例，混合調配大豆油糟與過磷酸鈣等製成──編按

5 拙稿〈アイルランド問題の發展〉(《經濟學論集》第6卷第3號)〔全集第3卷,頁651〕。

6 根據臺灣農友會編,《臺灣の產業》。

7 同上引書。

8 大正15年〔1926年〕7月,《米穀法》第二條在臺灣施行,開啟外國米直接進口到臺灣的管道(從前根據《米穀法》規定,外國米必須先經過日本,再進口到臺灣)。另外,大正14年臺灣消費甘藷9,000萬斤,較上年增加(《臺灣年鑑》,昭和2年〔1927年〕版,頁268),皆顯示臺灣島內可供消費的稻米不足,必須用外國米或甘藷來補足之事實。

9 拙著《植民政策の新基調》,頁300〔全集第1卷,頁708〕。

10 東鄉實、佐藤四郎共著,《臺灣植民發達史》頁232、296-7。

11 與拙著《植民及植民政策》,頁257〔全集第1卷,頁212〕所錄大正12年〔1923年〕的數字比較,殖民地占日本貿易的比例變大,由此可見殖民地貿易重要性的增加。

12 拙著《人口問題》,頁146〔全集第1卷,頁114〕。

13 自由主義經濟學家指出與殖民地的貿易占殖民國貿易總額的比率不大,並論述為了殖民地貿易的利益,而招來其他一般外國貿易上的損失是不利的,與外國發生糾葛之虞的殖民地領有,更對資本家不利。即使英、法、美等國,其殖民地市場的價值一般也比外國市場小。但是在特殊的產業部門,特別是棉製品及重工業製品,殖民地市場的價值卻比一般商品更為重要。例如美國對殖民地的出口,雖僅占其出口總額的九分之一,但是棉製品卻占五分之一,鐵製品則占六分之一。而且棉及鐵皆為美國具代表性的資本家企業,由於也是各國市場競爭最激烈的產業,因此對於殖民國而言,殖民地市場的重要性比其在一般商品出口總額所占比率還要高。雖然在經濟層面上,所有的資本家都屬同一階級,但是在政治層面上,卻是由資本最集中的個別大資本家掌握政策的決定權,此即殖民地市場在帝國主義上的意義比表面一般的數字更為重要的原因。而且日本殖民地作為棉紡織品市場的價值與外國市場程度相等,然而日本製品卻具有獨占地位,對重工業、肥料工業而言,殖民地市場則具極大的重要性。要言之,帝國主義所認定的殖民地市場價值,可說取決於位於支配地位的產業部門資本家如何評價(參照拙著

《植民及植民政策》，頁256-8〔全集第1卷，頁209-11〕、Moon, P. T., *Imperialism and World Politics*, pp.528-534）。

14 大正15年〔1926年〕我國各殖民地貿易的比較，如次所示（拓殖局，《殖民地便覽》，昭和3年〔1928年〕版）：

	對外國出口 （千圓）	從外國進口 （千圓）	對日本出口 （千圓）	從日本進口 （千圓）
朝鮮	24,779	123,934	338,176	248,236
臺灣	49,315	62,008	202,110	121,405
樺太	3	987	47,608	51,099
關東州	100,715	66,540	88,825	66,595
南洋	87	211	6,580	4,094
合計*	174,899	253,680	683,298	491,428

整體而言，我國殖民地與外國的貿易是入超，與日本的貿易則是出超。對於殖民國而言，殖民地的經濟價值與其說作為殖民國商品市場，還不如說作為原料與糧食的供給者。因此對殖民地問題進行理論研究時，也有必要重視原料及糧食的問題。

◆ 第三項　人口的移動（移民）

日本的資本隨著國家進入臺灣，而對殖民地的商品貿易，也是隨著國家及資本的活動進行，人口也同樣跟隨國家及資本移居到臺灣。即官吏、資本家及其附隨者跟著移住臺灣，成為在臺日本人的基礎。在新附的殖民地，組織政府或建立資本家企業之際，不只是政治層面上，在經濟層面上

* 此列「對日本出口」和「從日本進口」的數字不符表格總和結果。查矢內原引用之《殖民地遍覽》（頁32），可知原因為矢內原於各項採約數，而合計之結果符合《殖民地遍覽》原始數字──編按

也可看到殖民國的官吏、企業員工及勞動者的移居，這是因為殖民地原居民並不熟習如何當現代政府及資本家企業的員工、勞動者。臺灣的警察因而也是從日本招募，伴隨警察來臺的是木匠、泥水匠1，以及日本資本家興辦煤礦企業招攬的日本礦工2、水產企業興起招攬的漁民3、製糖企業興起招攬的日本職工及農民等，相繼前來臺灣定居。不過，移民問題的核心是農業移民。

當土匪平定，治安就緒之後，臺灣總督府以接納日本農民的移居為條件，允許土地開墾成功後的放領。到大正元年〔1912年〕度為止，這類放領土地雖達38件，面積3萬8,000甲，然而其中實際招徠日本農民拓墾僅8件，而且皆歸於失敗，日本移民在窮困中被迫離散4。或許是因為如此，明治42年〔1909年〕度政府開始公營移民事業時，趁林野調查的機會，一併辦理東部臺灣的土地調查及區劃蕃人土地，以此取得適合殖民的大面積土地15片及不少零碎地，共計4萬5,690甲，並決定其中9片土地作為公營移民預定地，面積合計3萬3,000甲。殖民預定地改為日式地名，移民村採行折衷式集村制度*，每戶平均土地面積3甲。土地分割方法是以一甲或半甲為單位，考慮其土地肥瘠的條件，再公平分割給每戶2到3單位。移民住宅、移民指導所、小學、醫療所、神社、布教所〔佛教設施〕等建築，以及道路、輕便鐵軌、灌溉水路、飲用水供給、防禦野獸之柵欄等工程，皆由官方施行。自定居後第四年起，移民需向政府分10年償還473圓50錢。移民的招募，則委託日本各地方廳篩選，基本條件為純農民且有家眷，並攜帶250圓以上的資金。西部臺灣移民事業失敗的原因，在於係資本家私營，對移

* 混和集村和散村的形式，公共設施設置於中心地區，周圍安置聚落——編按

民的保護不周，經營亦無計畫，且移民是佃農。有鑑於此，作為臺灣東部國家層級的事業，便在科學調查及計畫之下建設自耕農移民的聚落。臺灣總督府《官營移民事業報告書》（大正8年〔1919年〕3月），堪稱移民村建設的寶貴參考資料。然而公營移民事業卻在大正6年〔1917年〕度終止，使用經費241萬圓，所建設的移民村僅花蓮港廳的吉野村、豐田村、林田村等三村，事業終止時戶口合計684戶、3,172人，大正14年〔1925年〕底也不過677戶、3,368人而已。臺東廳旭村移民指導所雖與吉野村同樣在明治43年〔1910年〕設置，但由於與蕃人的關係，難以徵集到土地，結果不見移民遷入，遂於大正15年廢止。要言之，公營移民計畫最後也無法取得所期成績。

東部臺灣民營移民事業的嚆矢，為花蓮港廳的賀田金三郎取得臺灣總督府許可的1萬甲預約開墾地，於明治39年〔1906年〕以甘蔗種植為目的，引進133戶（385人）日本移民。失敗後，臺東拓殖株式會社再以製糖為目的，招請日本國內農民百戶，最後還是以四散流浪告終。合併此會社的鹽水港製糖株式會社，目前有日本人農民60戶（149人）。大正6年〔1917年〕，臺灣總督府終止公營移民，同時制定《私營移民獎勵規則》，自大正6年度至9年度，以15萬1,000圓補助臺東製糖會社。大正9年底時，該會社雖建築家屋440戶，招請入居者207戶（793人），但是移民因難以維持生計無法定居，僅留下特殊的農民或體弱者，其他全數搬離四散，昭和元年〔1926年〕底僅剩日本人移民90戶（442人）。或許因為如此，臺灣總督府於大正11年〔1922年〕4月變更移民政策，改以臺灣人為本位，且與臺東製糖會社的拓殖事業切割，另設臺東開拓株式會社。也就是說，東部臺灣的私營移民失敗更甚於公營移民。

日本農民移民事業，無論是西部臺灣還是東部臺灣，主要都是由製糖

資本企劃，目的幾乎都是種植甘蔗，我認為移民事業失敗的根本原因也在於此。農村建設的基礎必定是糧食自給，然而自最初就以甘蔗種植為主業，農民的生計因而受制於製糖會社的經營計算。蔗作農民與製糖會社的關係在臺灣，尤其在東部臺灣，本質上反而接近農業勞動者的僱傭關係，甘蔗的收購價格往往被壓低到農民難以維持生計的程度。另一方面，移民又因衛生設備不足，為風土病所苦，加上開墾及其他創業需要許多的勞動與費用，以蔗作為中心的日本人移民計畫最後完全失敗，就不足為奇。如臺東製糖會社強制移民種植甘蔗，又不將水利列入考量，農家自家消費糧食全部經由公司的購買部以甘蔗價金購入。由於全為甘蔗本位，農家經營受限，使得移民不僅家計窘困且負債累累，終至搬出移居地，四處離散。

即使是公營移民村也可看見類似的失敗，僅程度不同。移民前往移居地建設農村時，臺灣總督府未能立即開鑿水利設備。吉野村雖於明治43年〔1910年〕開放移民遷入，但直到明治44年才開始興建水利工程，大正2年〔1913年〕方得以種植水稻。豐田村於大正2年、林田村於大正3年開放移民遷入，水路的開鑿要再6年才完成，而且所引之水汙濁，不適合種植水稻，需要建置沉澱池。公營移民事業終止時，只有吉野村達到食用米自給，但主要作物還是甘蔗，其他二村就不必說了。臺灣總督府開始積極獎勵稻作是在大正8年〔1919年〕以後，特別是自大正12年〔1923年〕以來，基於稻作需求，於吉野村展開埤圳擴張工程，目前水稻的種植面積已過半。豐田村自大正15年〔1926年〕起，也發展到可生產自給所需的食米，林田村則尚未到達這個程度。移民村經濟狀況隨著稻作發展程度改變，成績最好的吉野村在大正12年發展稻作以來，開始稍見起色，號稱已有定居的氛圍，而林田村則處於極為窮困的狀況。移民計畫經濟層面的缺點，在於以蔗作為中心，

雖以自耕農移民村的形式興建，實質上卻是使移民成為製糖會社所屬的原料耕作者5。

（二）臺灣總督府以臺灣的統治、日本民族對熱帶地區的發展、日本過剩人口的調節、國防及同化等四點，說明日本農民移民有其必要6，然而尚需附加勞動力供給的問題。以下就這幾點，論述日本農民移居政策的意義及效果。

（1）明治40年代，伴隨著資本家企業興起，在臺灣可見臺灣人的民族自覺與自營之念的提升，同時也是對資本家發起反抗運動的年代，林本源製糖的土地收購事件、三菱製紙的竹林事件等，都是其中的例子。政府完全有利於資本家的殖民政策，或許由於受到原居民民族自覺的威脅，才再添加移民的殖民政策，扶植日本人的民族勢力，以此作為遏止臺灣人民族自立的消極手段。另一方面對臺灣人示範日本人農村的建設，協調雙方利害關係，採取兩民族共住主義，彌補資本主義政策導致的殖民國人不在殖民地主義的缺陷，「在製造殖民國人統治階級的同時，也形成部份勞動階級，以擔負殖民地開發所需要的一切要素，此實為殖民地統治的要諦」。要言之，移民的政治意義被認定最為重要7。然而西部臺灣移民事業完全失敗，導致平撫臺灣人的民族對抗或增進民族融合的意圖，皆歸於畫餅。大正14年〔1925年〕臺灣總督府整頓行政之際，對退休職官吏放領全島各地民間擅自開墾之土地，政策上雖認為這些日本人定居於當地，因而獲得日本殖民臺灣的民族基礎，然而這些人多數傾向住在都市，成為不在地地主，因此上述目的應很難達成。在勤勉的臺灣農民人口稠密的西部臺灣，想要建設日本人農村，恐怕至為困難。東部臺灣與此相反，由於居民是蕃人，未墾地多，人口密度低，無論如何都可建設幾個日本人農村。東部臺灣人

口9萬人當中，平地蕃人4萬6,000人、漢人2萬7,000人、日本人1萬5,000人，即漢人的比率是30%，日本人是17%。相較臺灣全島的人口百分比，漢人占92.5%、日本人4.6%，東部臺灣的人口可說漢人色彩較淡，而更為日本化。日本人居住的農村，花蓮港廳有吉野、豐田、林田三村，臺東廳有旭村、鹿野村及鹿寮三村，人口合計約3,800人，而花蓮港街為純粹日本式的市街。事實上，東部臺灣有明顯的日本氣氛，相較於西部，給旅行者完全不同的印象，可說遠比西部更可以看出是日本人所建設的民族移居地。

（2）與資本及商品的發展相同，移民的發展也希望「臺灣對於母國不應只滿足於受栽培的殖民地角色，其使命實則為帝國向南方發展的靠岸港與中繼站」，此即臺灣總督府推行移民政策的第二個理由[8]。即以臺灣的風土推動「日本民族永住熱帶地區的各種研究」，作為「帝國南方發展的先驅」，使得日本人到移居臺灣。其意圖為帝國主義，宛如在閱讀臺灣銀行設立旨趣書一般。

（3）臺灣的日本人人口從大正2年〔1913年〕底的13萬3,937人，到昭和元年〔1926年〕底的19萬5,769人，其間增加了6萬1,832人，其中出生死亡方面增加4萬2,979人，因此遷入扣除遷出人數為1萬9,853人，平均每年不過1,527人*移入[9]。作為我國過剩人口的遷徙地區，臺灣所實現的價值不大，尤其遷入人口大部份是公務員、自由業者和工商業者，農民極少，不得不說在救濟日本經營規模過小農家之弊方面，幾乎沒有任何成果。

（4）就國防及同化的目標，如前所述，對日本人居住臺灣的人數，不能有多大的期待。東部臺灣雖然比較有可能，但是若與漢人對蕃人的強大

---

* 原文如此，但6萬1,832-4萬2,979＝1萬8,853，而1萬8,853÷13約等於1,450。不確定原始數據，故暫不判定為誤——編按

同化力比較，幾乎不見蕃人日本化。臺灣總督府雖將與日本人同化列入移民事業目的之一，但是負責此事業計畫的東鄉實也認為農業移民無法以同化為目的[10]。

（5）隨著資本主義企業設立，日本人作為勞工移居臺灣，如前所述。農業移民原本也是因製糖業的關係被招募而來，特別是東部臺灣在日本領臺之前並無糖業，住民大部份是蕃人，製糖業所需要的甘蔗種植者等同不存在。因此所有要在此地開始製糖事業的資本家，都必須招募日本人農民來種植甘蔗，而且也要與公營移民簽訂甘蔗買賣的協定，在此基礎上才得以建設新式的製糖工廠。然而由於西部習慣蔗作的漢人農民人口甚多，因此以上述目的而來的日本人移民完全失敗，也沒有必要。

要言之，日本人對臺灣的移居，就其沿革及性質、臺灣總督府獎勵移民政策的意識形態而言，雖然皆具備帝國主義的特徵，但是就實績而言，作為日本人口過剩對策的價值就不大了。東部臺灣看似地位特殊，如同愛爾蘭的阿爾斯特（Ulster）[11]，但兩者實不相同，原因如次。（1）東部臺灣的地形是高山直逼海岸，地區狹隘，河川氾濫嚴重，而且多為不適合灌溉的濁水。既無良港，陸路亦需經峻嶺或是斷崖，才得以與外部聯絡。居民大部份是蕃人，生產力低。如此自然及經濟條件不利的土地，顯然不會是阿爾斯特。（2）將東部當作日本人的民族據點，同化蕃人，以此天險環繞的另一個世界為根據地，防備日後臺灣人的民族對抗，以發揮臺灣國防上的效果，諸此類似兒戲的杞人之憂，為應予掃除的空想。除去繁榮的西部，臺灣便什麼都沒有。與其懷有這種惡夢，還不如致力研究與實行讓臺灣人沒有正當理由反抗的殖民政策。因此無論是從經濟上還是政治上，都不存在將東部臺灣當作「阿爾斯特」的可能及價值，東部開發的問題勢必要從

其他角度來解決。第一應考慮的是現存的日本人移民村改革，以及藉由組織及人口自然增加的擴張。第二是保護現住平地蕃人的利益。第三是使山地的蕃人下山定居。第四是招徠西部過剩的漢人人口。東部臺灣本來就極缺乏建立資本家企業的條件，如臺東製糖、臺東開拓會社皆經營不善，只是徒然坐擁龐大未墾地，以之當作權利地而已[12]。幸或不幸，資本鄙棄東部。因此，驅逐資本家企業，收回與企業有關的未墾地，使之成為日本人、漢人、平地蕃人、山地蕃人村町部落的自耕農或協同生產的基礎，以期各自逐漸發展，反而更加理想。如果所有族群經協同的經濟關係形成完整的社會，應該不會像西部那樣發展出巨大的資本積累及出口膨脹，取而代之的是由和平與自由支配此處[13]。不以資本家企業勃興為目的，而以人種複雜的殖民地社會和平協同的生活為目標，或許可使遙遠的東部臺灣獲得人類殖民史上最重要的地位。在地形上及經濟上均與資本主義勢力隔離的另一個天地——東部臺灣，因此可說最能發揮作為殖民地社會實驗場所的價值。如借用亞當斯密的話，或許這就是我的烏托邦，比從同化及國防觀點將東部臺灣視為日本民族根據地的烏托邦夢想，更為無害且切實，也應可大為提高心思的層次[14]。

（三）殖民地的勞動者移居到殖民國，與進口廉價糧食相同，都具有使殖民國可變資本量變小、提高平均利潤率的效果。然而臺灣並未輸出勞動者，這點與朝鮮非常不同。其原因是臺灣比朝鮮更富土地生產力，而且工業發達，因此居民比朝鮮更容易維持生計，農民離村的現象並不顯著。居住在日本的臺灣人，大致為學生及有產階級，約1,500人左右。

....

1　「最初的巡查招募是怎樣的情形？志願者從日本出發時，拿著木匠或泥水匠工具來臺，抱持進入巡查教習所後犯規被驅逐出去的打算。目的自始便是領取政府支給的旅費，被驅逐出巡查教習所後，即變成木匠或泥水匠，實在是不像話」（後藤新平述，《日本植民政策一斑》，頁26）。

2　「在炎熱的臺灣，煤礦業值得注意的現象是，不僅礦主，甚至勞動者中也有許多日本人。臺北廳枋寮的賀田組鑛業所，有30名日本人與60名臺灣人混居採礦，臺灣人採炭1擔的工資8錢，日本人9錢」（竹越與三郎，《臺灣統治志》，頁305）。

3　本章第五節，頁144。

4　臺灣總督府，《官營移民事業報告書》，頁8-16。

5　公營移民村，特別是吉野村，已經發展到可以種稻，最近被認為終於露出可定居的曙光。移民村的困苦，大多起因於移居最初的風土病（欠缺衛生設備）、暴風雨災害、欠缺市場、移民混雜（吉野村331戶由北海道以外的21縣，豐田村179戶由1府1道22縣，林田村167戶由1府1道13縣的移民所構成。這種故鄉殊異、氏神或宗教不同、紛雜的移民組合，在團結、經營及發展上，明顯會招來許多困難）。然而經濟活動是向製糖會社出售甘蔗，再以所得購買食米，此制度可說才是致使移民生計困難的重要原因（參照《官營移民事業報告書》及花蓮港廳編，《三移民村》）。與此相反的是，目前正進行中的高山蕃下山事業，以埤圳的開鑿為起始，乃值得讚賞的作法。

6　《官營移民事業報告書》，頁17-20、東鄉實，《臺灣農業殖民論》，頁338-9。

7　同上報告書，頁18、東鄉同上書，頁422-4。

8　同上報告書，頁19。

9　從種族別來看臺灣的人口，無論日本人、漢人、生蕃人及外國人，在人口絕對數方面，皆逐漸增加，占全人口數的百分比，亦有顯著的變化。至大正10年〔1921年〕為止，日本人的人口百分比明顯增加，漢人則減少，此後兩者的人口百分比約略固定，生蕃人的百分比則持續減少，外國人（主要為中國人）持續增加，如次表所示（《臺灣總督府〔第三十一〕統計書》）：

		明治38年〔1905年〕	大正10年〔1921年〕	大正14年〔1925年〕	昭和元年〔1926年〕	昭和2年〔1927年〕
實數（人）	日本人	59,618	174,682	189,630	195,769	202,990
	漢人	2,979,018	3,548,053	3,838,636	3,923,752	4,009,217
	生蕃人	76,443	84,594	85,938	86,733	86,840
	外國人	8,223	28,482	33,258	35,505	37,953
	合計	3,123,302	3,835,811	4,147,462	4,241,759	4,337,000
百分比	日本人	1.91	4.55	4.57	4.62	4.68
	漢人	95.38	92.50	92.56	92.50	92.44
	生蕃人	2.45	2.21	2.07	2.04	2.00
	外國人	0.26	0.74	0.80	0.84	0.88

10　東鄉實，《臺灣農業殖民論》，頁366。

11　參照拙稿〈アイルランド問題の發展〉〔全集第3卷，頁651〕。阿爾斯特位於愛爾蘭北部，人口以蘇格蘭及英格蘭移民的後裔居多，而且工業興盛，就此便與愛爾蘭人口占多數且為農業地區的南愛爾蘭不同。因此，當南愛爾蘭反抗英國創建愛爾蘭自由邦時，阿爾斯特便極力反抗，不願被兼併，堅持作為英國的一部份。阿爾斯特具良港，且為愛爾蘭最富有地區，反之，東部臺灣交通不便，且為臺灣最貧窮地區。阿爾斯特距離英國近，東部臺灣距離日本遠，因此認為東部臺灣會有阿爾斯特的效果，不過空想而已。

12　與臺東開拓會社有關的土地1萬9,000甲中，已開墾地不過千餘甲。

13　拙著《植民政策の新基調》，頁64-75〔全集第1卷，頁566-73〕。

14　同上書，頁252〔全集第1卷，頁678〕。〔此引文為矢內原在〈アダムスミスの植民地論（亞當斯密的殖民地論）〉這篇專文中，討論亞當斯密關於「維持殖民地」的論述，引用了《國富論》第五篇第三章。其中亞當斯密推測將英格蘭的稅制施行於愛爾蘭以及殖民地，稅收當可大幅增加，進而減輕英國國債負擔。但是若要如此，則依據憲法精神，就得讓殖民地在國會有代表，所以恐怕不易實行。但思索推行後可得多少收入、英國各地這樣的聯合能帶給彼此多少繁榮和幸福，以《國富論》這種思索性的著作而言「也許沒有什麼不當。這種思索，說得最壞也不過是一種新烏托邦；與舊烏托邦比較，確是興味差些，但總不致更無用且更空想的。」（張漢裕譯本，下冊頁849）由此可推想矢內原將東部臺灣比作自己的烏托邦之含意──編按〕

◆ 第四項　財政上的價值

　　臺灣雖說因馬關條約被清國割讓給日本，然而日本實際上是經由軍事征服才獲得臺灣。因此以甲午戰爭的軍費計算取得臺灣的費用，雖不適當，不過征服臺灣的軍事費應屬於殖民地建設費，則甚明白。然而此征服費大概高達多少，甚至連可供推測的材料皆無[1]。

　　日本領臺後，土匪叛亂不絕，軍事支出的需求頗大，因此對於領有臺灣的財政價值不乏悲觀之語，甚至有出售臺灣的論調。或許因為如此，自明治30年〔1897年〕度起，日本政府設置臺灣特別會計的制度，除了將軍事費併入本國的負擔（「一般會計」）外，亦銳意致力於特別會計的獨立，成績顯著。到了明治37年〔1904年〕度，便不需要國庫的補助金，此補助總計約3,000萬圓。其後臺灣財政富裕、外國進口稅及砂糖消費稅收移交一般會計等等，已在本章第四節論述[2]。如同前文所論，日本國內消費砂糖所產生的砂糖消費稅，移撥一般會計，不能視為臺灣在財政上的貢獻，反而可以說臺灣在此移撥之前均受日本消費者的財政援助（自明治35年度至大正2年〔1902-13年〕度為止，臺灣砂糖消費稅收入合計5,900萬圓，其中大部份應視為日本國內消費砂糖的負擔），上述移撥不過是提升臺灣財政獨立的實質而已。外國進口到臺灣的進口稅則相反，只要是列為一般會計的收入，便應視為臺灣對日本的財政貢獻，其金額總計不過600萬圓左右。又，對由日本進口的日本製紡織品課徵的消費稅，因為轉嫁給臺灣的消費者，所以可視為間接貢獻。再加上臺灣總督府近年數次行政重整所節約的經費列入一般會計[3]，上述各項在性質上皆為臺灣特別會計對日本一般會計的財政貢獻。不過另一方面，關於臺灣的經費，也有在制度上屬於

一般會計負擔的項目，即軍事費及恩給金[4]。臺灣的兵力在臺灣軍司令部下，設置2個步兵聯隊、3個砲兵大隊、基隆及澎湖島要塞、海軍的馬公要港部[*]，不過與朝鮮比較並不大[**]。

要言之，以上臺灣對日本政府一般會計而言，雖然無法說有財政貢獻，不過至少可說已幾近真正實現財政獨立。若在重商主義時代，臺灣應該是供殖民國財政榨取的殖民地，不過我國的政策反而是以臺灣豐富的財政歲入，投入臺灣島內的開發，而此不僅是臺灣的利益，亦為日本帝國主義的利益。理由在於臺灣的產業開發不僅可增加日本資本的利潤量，也提高了利潤率，而且不只是臺灣，也直接增進日本的國富，支援一般會計的歲入。殖民地領有的財政負擔，以經濟利益來償付，「即使無法有財政貢獻，至少減少殖民地補助，乃現代各國殖民地財政之期待」[5]，則對殖民國日本的財政及經濟而言，臺灣必須說是最有價值的殖民地，也就是我國的印度或是爪哇。

此外，〈序〉中曾提及，從殖民地經濟價值以外的層面審視臺灣時，在軍事上有國防戰略及軍隊動員兩大問題。我對於前者無論說的資格，關於後者，我國的軍隊並不徵募漢人及蕃人[6]。就文化價值而言，在臺灣可見日本文化的發展、特殊的科學及歷史研究，例如新設的臺北帝國大學以南洋史研究為其特色，尤其可見日本以臺灣為根據地發展的南向帝國主義在文化上的表現。

[*] 海軍之編制，設立於認定為「要港」的港口，負責警戒及艦隊後勤，1929年全帝國有4處——編按

[**] 1929年日本於朝鮮駐軍除「朝鮮軍司令部」的編制外，尚有第十九師團、第二十師團，以及海軍鎮海要港部——編按

....

1 「自明治28年〔1895年〕6月的領臺至翌年3月為止，為所謂軍政財政的時代。此間臺灣一切的費用由甲午戰爭的軍事費支應，可不經帝國議會「協贊」，從軍事費2億圓支出」（東鄉實、佐藤四郎共著，《臺灣植民發達史》，頁347）。

2 本章第四節頁118、123-4、133-4，財務局長阿部涝述，〈臺灣財政の現狀〉（《臺灣時報》39號）。

3 臺灣總督府，《臺灣事情》，大正13年〔1924年〕版，頁389-90、同昭和3年〔1928年〕版，頁465。

4 恩給費自昭和4年〔1929年〕度改為「特別會計」負擔。

5 拙著《植民及植民政策》，頁572〔全集第1卷，頁458〕。

6 從明治34年〔1901年〕以來，臺灣施行臺灣人志願軍的相關規則，將志願者編入守備隊，與日本人服相同的軍役，不過此項徵募於明治38年終止（臺灣總督府，《臺灣統治綜覽》，頁97）。

◆ 第五項　殖民地借貸關係

　　如將臺灣視為一個國家，將其國際借貸關係區分為與外國、與日本及與日本帝國其他殖民地來看時，其中最大者為與日本的關係。不過，在臺灣資本主義的發展下，臺灣與外國及其他殖民地（主要為朝鮮）的經濟關係也逐漸變得密切。

　　臺灣的外國貿易（貨物）增進情形如次所示＊：

（對外國貿易）	對外國出口（千圓）	從外國進口（千圓）	合計（千圓）	指數
明治29年〔1896年〕	11,396	8,631	20,027	100
大正13年〔1924年〕	42,576	46,424	89,000	444
大正14年〔1925年〕	47,966	56,489	104,454	522

昭和元年〔1926年〕	49,315	62,008	111,323	557
昭和2年〔1927年〕	44,598	65,840	110,438	551

出超僅明治29年、30、35、大正4年〔1915年〕、5、6年等六年而已，其他皆為入超，昭和2年入超約2,120萬圓。不過如同本章第三節第四項所說，由於對中國及南洋的投資和海運，因此就外國與臺灣之間的國際借貸，必須將此情形列入考慮。

其次，對英帝國而言，各殖民地間的貿易是重要的，不過就日本帝國而言則否，原因是各殖民地在地理上及經濟上，如同車輪被強行裝置在殖民國。臺灣與朝鮮之間的貿易如次表所示，尚不顯著。不過隨著臺灣資本主義發展，有必要開拓砂糖、食鹽與香蕉的市場，因此近年對朝鮮的貿易額激增，值得注意[1]，此項則是臺灣決定性的出超：

（對朝鮮貿易）	對朝鮮的出口（圓）	從朝鮮的進口（圓）	合計（圓）
明治44年〔1911年〕	135,284	765	136,049
大正9年〔1920年〕	275,522	29,520	305,042
昭和元年〔1926年〕	2,614,574	509,567	3,124,141
昭和2年〔1927年〕	5,647,040	342,879	5,989,919

最後，臺灣對日本的貿易如次表所示呈現增進，除明治30年〔1897年〕至36年〔1903年〕、40年及大正2年〔1913年〕外，其他年份皆出超[**]：

---

* 此表中「104,454」、「557」二項，和計算結果誤差1。但矢內原應該在表中採用約數，故不判定為誤——編按

** 此表中「5,828」、「5,108」、「5,922」、「5,494」、「5,443」五項，和計算結果有1-2的誤差。但矢內原應該在表中採用約數，故不判定為誤——編按

（對日本貿易）	對日本出口 （千圓）	從日本進口 （千圓）	合計 （千圓）	指數
明治30年〔1897年〕	2,105	3,724	5,828	100
大正13年〔1924年〕	211,098	86,602	297,700	5,108
大正14年〔1925年〕	215,249	129,906	345,155	5,922
昭和元年〔1926年〕	199,495	120,895	320,390	5,494
昭和2年〔1927年〕	196,432	120,765	317,197	5,443

　　然而在貿易收支方面，由於臺灣對日本支出大於收入甚多，所以日本與臺灣之間的殖民地借貸關係，日本從臺灣獲得的收入大過對臺灣的支出。根據臺灣銀行調查，大正14年〔1925年〕日本來自臺灣的收入超過支出額，推估約3,000萬圓2。在臺灣投資的利息所得、運費、保險費等，歸於日本資本家之手，固不待言，日本對臺灣支付的貿易差額（臺灣對日本出口超過進口的部份），則不應全部視為日本對臺灣實際的匯款，有很多應屬日本透過臺灣的企業與銀行的分店做帳面處理而已。這是因為日本既是商品販賣的地方，同時也是資本積累與運用的地方，而支配臺灣的生產及販賣的資本家，同時也是日本人資本家的緣故。另外，對臺灣匯款的商品價款，也有一部份屬於日本人資本家。要言之，日本、臺灣間的價值移轉，類似日本資本家從自己的右手移到左手，臺灣與日本屬於同一個經濟領土，同樣受日本帝國資本支配。從資本的立場來看，日本對臺灣的支出或收入皆歸於日本資本的利益，從整體日本人資本家階級來看，無論日本與臺灣間的收支關係為何，都不重要。

　　大正9年〔1920年〕恐慌以來，尤其昭和2年〔1927年〕日本經濟波動之際，臺灣銀行是問題的主要核心之一。臺灣銀行曾因對中國的投資失敗

（西原借款）受到政府代墊 4,700 萬圓的恩惠，大正 12 年〔1923 年〕再獲得國庫「預金部」5000 萬圓的低利資金以補助其營業，大正 14 年該利率再降 2%，另外尚有前一年震災票據 4,600 萬圓的救濟，以及根據對臺灣金融機關資金融通相關法律的 1 億 8,500 萬圓特別融資。臺灣銀行的子公司臺灣商工銀行亦接受 350 萬圓的特別融資，華南銀行則接受 300 萬圓。《震災票據善後處理法案》在議會雖然引發很多爭議，但由於政府明言這些法案特別對臺灣銀行有其絕對必要，終獲通過[3]，可見救濟臺灣銀行是上述法案的核心問題，臺灣金融機關的特別融資法是以臺灣銀行救濟為中心，亦至為明白。為了救濟日本經濟，日本銀行特別融資從昭和 2 年 5 月 9 日開始施行，滿一年後於昭和 3 年 5 月 8 日截止，總共對日本一般銀行融通 6 億 8,000 萬圓（日本政府填補損失的限額是 5 億圓），對臺灣三銀行的融通合計 1 億 9,150 萬圓（日本政府填補損失的限額是 2 億圓）。與日本比較，對臺灣的銀行融資額可說相對巨大，即使是政府的負擔填補額度也對臺灣較有利。儘管特別融資的回收期限是 10 年，然而於昭和 4 年〔1929 年〕6 月 20 日召開的「特別融通損失審查會」，早早就決定了以臺灣銀行為首將對臺灣金融機關的融資全部列為損失，改由政府負擔。關於臺灣商工及華南銀行的救濟，該委員會提出「由於今後《臺灣金融法》所定回收期限是 10 年，因而對此二銀行的特別融資不列為損失而是回收，不知意下如何？」的詢問，政府以「這會在臺灣統治上造成非常不妙的結果」的理由抗辯。最後帝國議會是以「此次使用國民巨額的負擔，來救濟臺銀及其他二銀行，甚感遺憾。因此今後銀行當局固不待言，大藏省及臺灣總督府應予以嚴正監督，不使如此事端再度發生」為意旨，附帶警告式的但書才通過政府提案，同意將融資全額認列為損失。舉凡《震災票據善後處理法》、對臺灣金融機

關的特別融資法，特別是很快就將前項融資認列為損失而由政府填補等，皆是日本政府為了挽救臺灣銀行所作的努力，也發揮了重大效果，而其理由一以貫之，都是「臺灣統治的必要」及「維持帝國海外信用的必要」等政治主張。

雖然無法算出日本領有臺灣究竟能獲得多少經濟利益，然而不論是多少，此次日本國民都為了「臺灣統治」吐出了2億3,750萬圓（震災票據4,600萬圓、特別融通1億9,150萬圓）。臺灣產生的利益是由資本家直接獲得，一般國民則只是間接獲利，然而填補資本家損失時，卻由一般國民直接負擔。臺灣銀行此次為了重整行務，將股東股金削減了2820萬5,863圓，然而「其金額與從國民取得之金額相比，不過八分之一餘而已。加上股東並非提供新股金，只是承認為損失，可說極為不平衡。[4]」要言之，雖說2億3,700餘萬圓是為了救助臺灣金融機關而吐出，但是其大部份並不是從在臺灣所積蓄的資本或所獲得的收入當中直接吐出。過去與未來的受益者及此次損失的填補者，未必為同一主體。雖說臺灣人與華僑股東以及銀行儲戶因前述的救助也均霑利益，不過這只是用我國國民從臺灣、華南及南洋已獲得或將獲得的利益，現在還回部份而已。即使主張利益往來關係應如上理解，同樣也是由非直接受益者的日本一般國民來填補殖民地資本家事業的損失。

救助臺灣三銀行就是救助對臺灣的統治，而且是救助日本在臺灣、華南及南洋的經濟帝國主義。日本一般國民2億3,700餘萬圓的負擔，很明白就是帝國主義的費用。所謂殖民地統治上或是殖民地發展上的必要，只不過是迫使國民忍氣吞聲承認此負擔的口號。因此，帝國主義殖民政策對一般國民而言，不僅相對比較不利（與獨占資本家比較），有時還成為絕對

損失。此正是我國眾多殖民地當中，資本主義化程度最高的「帝國主義下的臺灣」，最近展現於吾人眼前的事實。

....

1　《臺灣總督府統計書》、〔臺灣總督府稅關編〕《臺灣貿易三十年對照表》〔1927年〕，頁396。

2　臺灣銀行調查大正14年〔1925年〕度「將臺灣視為一國，所見國際收支調查」的內容，如次所示（單位千圓）：

　　臺灣的收入計算：對國外的出口4萬7,965。對日本的出口21萬5,248。從日本移入的新資本5,000。合計26萬8,213。

　　臺灣的支出計算：從國外進口5萬6,489。從日本進口12萬9,906。針對日本人投下的資本支付利息1萬5,650（係以來自日本的投資占53%、居住於臺灣的日本人及臺灣人的投資占47%的比例，從臺灣企業實繳資本或出資金額，推算從日本來臺投資額的利益分配。此比例應大致可說妥當，理由見我在本章第五節註8及第六節第一項註13的數據推估。不過前面兩處所見為臺灣人與日本人〔居住於日本及臺灣〕所占比例，因此此處臺灣對日本的比例為何，仍需另外推算）。與國庫有關，來自日本的匯款5萬2,250（郵政匯款、郵政匯款儲金、郵政儲金等）、在臺居民對日本的匯款6,000、在臺企業對借自日本的資金所支付的利息1萬6,161（對借款、公司債及支付用票據合計19萬9,013的利息）、保險費1,154、三十四銀行對日本匯款2,240、臺灣商工銀行對日本匯款2,500、船舶運費9,048、其他雜項7,687（日本企業在臺分公司收益匯款預估額及其他），合計29萬9,085。

　　臺灣收支相抵後支出大於收入3萬872，即大約3,000萬圓。

3　《朝日經濟年史》（昭和3年〔1928年〕版），頁172-3。

4　《東洋經濟新報》1295號〈臺灣銀行はどうなるか〉（昭和3年4月21日）。

第三章

教育問題

　本章以教化，即教育與宗教的問題為主題，附記衛生問題。

　（一）日本統治臺灣三十年，如同在經濟層面由日本資本將臺灣資本主義化一般，在教育層面上，則以日語推動現代化教育，日本式的教育亦與資本相同，都是經由國家權力移入臺灣。教育自始便為國家事業，明治29年〔1896年〕3月設立國語傳習所及國語學校，前者以「對當地人傳習現行國語，作為地方行政設施的準備及教育的基礎」為目的，對臺灣人施行以國語（日語）為主的初級教育，並於明治31年〔1898年〕改為公學校。國語學校分成師範部、國語部及實業部。師範部培養日本人及臺灣人為公學校教員，國語部則教授臺灣人以國語為主的中級普通教育，實業部的目的則是教授臺灣人有關農業、電信及鐵路的中級技術教育（實業部自明治39年〔1906年〕以降停止招生）。日本人兒童的教育與臺灣人不同系統，小學校自明治31年、中學校自明治40年、高等女學校自明治43年〔1910年〕，逐一脫離附屬於國語學校的地位，獨立建校。臺灣人的中級教育在國語學

校進行，不過程度低於日本人中學校，因此到了大正3、4年〔1914、5年〕左右，臺灣人的文化運動遂發起在臺中設立私立中學的運動。臺灣總督府因而於大正4年4月開辦公立臺中中學校，招收臺灣人子弟，其教育內容與國語學校差別不大，修業年限四年，其程度依舊低於日本人中學校。最後，在專業學校方面，明治32年〔1899年〕創設臺灣總督府醫學校，專收臺灣人子弟，其程度也比日本的醫學專門學校低。以上為日本領臺後到大正8年〔1919年〕為止，長期間的臺灣教育制度大綱。

而大正8年的《臺灣教育令》，則有如次重要的修改：

（1）廢除國語學校，改設臺北及臺南師範學校。

（2）作為臺灣人中級教育機關，將公立臺中中學校改稱為公立臺中高等普通學校，又新創設臺北女子高等普通學校。不過與日本人的中學校及高等女學校相比，修業年限皆縮短一年。

（3）首次創設獨立的實業學校，日、臺人各循不同系統。

（4）專門教育方面，臺灣總督府醫學校改稱為醫學專門學校，新設農林專門學校及商業專門學校，皆專收臺灣人學生。另外，首次在醫學專門學校內設置醫學專門部，作為日本人的專業教育機關，並設立高等商業學校，兩者皆施以與日本同種類學校相同程度的教育。臺灣人的專業教育，年限及程度皆相對較低。

不過，根據大正11年〔1922年〕的《新教育令》，日、臺人教育系統的區別就此裁撤。但初級教育仍有不同，常用國語者進小學校，不常用者進公學校就讀。中級程度以上的學校，則全部改為日、臺共學制度。「已然在教育看不到日本人、本島人、蕃人的差別稱呼，種族區分全然撤除，誠然為本島未曾有過的革新！」。昭和3年〔1928年〕，設立專業學校1所、高等

商業2所（其中1所最近變更為高等工業學校）、高等農林學校1所。另外，高等學校自大正11年、臺北帝國大學自昭和3年開辦。

　　綜觀上述的變遷，除日本領臺最初統治上最為實用的醫師養成外，到大正8年〔1919年〕為止，全無專業教育機構，亦欠缺實業學校，臺灣人的中等教育亦不完備。如將此情形與同時期臺灣異常的產業資本主義發展對比，可知日本領臺25年間，臺灣統治的精力大部份專注於經濟，教育不受重視的情形。基於臺灣統治實用而容許的教育，僅國語教育及醫學。甚至通常被稱為殖民地教育基礎的技術教育，在臺灣也一直被忽略，這大概是因為所需要的技術人員可以由日本供給所致。臺灣人不只沒有接受專業教育的機構，大約到大正8、9年為止，前往日本留學，特別是學習法律或政治，也遭受到官方的阻礙[2]。可說日本的專制殖民統治、資本家企業的確立、官吏及其他日本人從日本來臺的要求，皆使得臺灣教育機關的發展被如此拖延。大正8年《教育令》制定的原因，可說一則為世界大戰後，民族運動風潮波及臺灣，因此引發臺灣人文化相關的要求，有因應必要。二則臺灣的資本主義化在世界大戰的絕佳時期飛躍發展的結果，伴隨生產及資本高度集中，在經濟層面上也有提升普通教育及技術教育的要求。三則在臺日本人子弟人數增加，也有必要為他們設置高等教育機關[3]。而且臺灣人與日本人的教育系統既不相同，教育程度亦低，次於日本人的待遇仍殘存於制度中。不過大正11年〔1922年〕以後的發展特徵，為日本人與臺灣人的共同學習，以及高等教育機關的興隆。臺灣教育制度雖因而貌似完備，不過事實上，高等教育比普通教育更受重視，並且實際上由日本人獨占高等教育機構。

　　臺灣的普通教育並非義務教育，小學校（日本人）開辦的時候為公立，

大正 10 年〔1921 年〕以降，其經營轉移到市街庄（由州或廳地方費支用則為例外）。公學校的設置，自明治 33 年〔1900 年〕以來，係由地方街庄社志願申請，而且是地方廳認為當地足以負擔此學校維持經費，才予許可。教員的薪資與旅費以外的經費，不屬於政府財政，為地方居民的負擔，蕃人公學校實際上使用州或地方經費來設立，即設立臺灣漢人公學校的財務門檻最高，其結果表現在如次學齡兒童就學率的比較上：

	昭和元年〔1926 年〕度末			昭和 2 年末◎		
	男（%）	女（%）	平均（%）	男（%）	女（%）	平均（%）
日本人	98.3	98.1	98.2	98.40	98.30	98.35
臺灣漢人	43.0	12.3	28.4	93.96	13.13	29.18
蕃人	74.3	69.4	71.4[4]			

臺灣漢人初級教育的普及程度，不僅如此低下，學生人數的增加，亦遠不及教育經費負擔額的增加比例。其原因在於大部份經費都投入「宏偉完備的校舍及其他設備」[5]。

大正 8 年〔1919 年〕以降，突然新設高等教育機構，最後更可見帝國大學的創設，如參照前表所示初級教育普及的程度，就日本人子弟的角度來看，並無奇怪之處，但是對臺灣人而言，就是腳小頭大的教育制度。英屬印度人民中，文盲占全人口的 91.8%（1921 年），不過大學有 15 所。臺灣的情形雖不到印度的程度，但是仍可說如出一轍。殖民地教育的通例是被殖民者的高等教育比初級教育更受重視，除培養統治的助手外，同時也使一般庶民愚民化，因此堪稱謀求統治方便之策略，印度即為顯著例子。臺灣偏重高等教育的程度雖不及印度，不過就其內容而言，則有印度所未見的

◎ 昭和 2 年度末的數字，是根據著者用書所作之補充。

個別特徵，即殖民者（日本人）獨占高等教育。臺灣最早而且到大正8年為止唯一的高等教育機構為醫學校，最初專招臺灣人，大正8年附設醫學專門部招收日本人，不過醫學校的主體依舊是臺灣人。同年開設的商業及農林兩所專門學校也專收臺灣人，另外為日本人創設高等商業學校。也就是說大正8年新制度下的專業教育機構，並非以日本人而是以臺灣人為主，臺灣人的教育程度雖然較低，卻有了自己專屬的教育機構。而大正11年〔1922年〕《新教育令》施行之後，所有中級程度以上的學校統一施行日本人及臺灣人共學。臺灣學校系統全部日本化的同時，事實上也是將之變質為適合日本人的教育機構，因為中學校不分小學校（日本人）或公學校（臺灣人）的畢業生，全部施以小學校畢業程度的入學考試。「對日常事務使用臺灣語言、幾乎不懂國語的臺灣兒童教授國語，全然就是外國語言的教學，公學校的國語教學因而相當費勁。因此如同說話課的教學，經過多年苦心研究，才獲得相對進步的成果，展現相當的成績。在一般公學校只需要三個學年左右，便可以了解簡易的國語」[6]。臺灣人兒童與以日語為母語的日本人兒童，同以小學校（日本人）畢業的程度接受日語的入學考試，且其他科目也需以日語解答，在此制度下，單就語言上來說，臺灣人入學之困難甚為明白。況且國語、修身、歷史等考試科目，包含了日本歷史、「國體觀念」[*]等問題，對於新附不過三十年的臺灣人兒童而言，競爭之困難不言自明。中等教育的入學也是如此對臺灣人不利，再往上一級的升學，當然也有這種障礙。加上除了醫學專門學校及臺南高等商業學校，其他各高等學校的入學考試皆在日本舉辦，以便吸引日本學生報考，其結果

---

[*] 主要指對天皇的崇拜與天皇制的絕對服從──譯按

就是高等程度各校的學生理所當然多為日本人。名為教育制度的同化，實際上剝奪臺灣人受高等專業教育的機會。到大正11年為止，日本以壓低臺灣人教育程度的作法，意圖使日本人穩居指導者及支配者的地位。現今在制度上雖然讓臺灣人有公平參與高等教育的機會，事實上限制卻甚為嚴格，更加保障日本人的支配者地位。臺北帝國大學主要為日本人的大學，至為清楚明白。因此臺灣的教育機構中，高等程度者皆由臺灣島內及日本的日本人所占據。進入就學的臺灣人與日本人相比，絕對數不過爾爾，與產業上日本人獨占大資本家及其職工的情形相互對應。對比臺灣各級學校日本人及臺灣人的人數，如次表所示，應足以確認以上所述情形（昭和元年〔1926年〕度底）Z：

	普通教育		中等學校	高等學校	專門學校
	學生人數（人）	占學齡兒童百分比（就學率）	學生人數（人）	學生人數（人）	學生人數（人）
日本人	23,711	98.2	6,856	220	477
臺灣人	210,727	28.4	4,642	28	251

再以大正11年《新教育令》制定前後比較日本人及臺灣人的學生人數，應足以看出此制度的修改，實際所產生的效果究竟為何：

	小學校		公學校		中學校	
	大正10年〔1921年〕	昭和元年〔1926年〕	大正10年	昭和元年	大正10年	昭和元年
日本人	21,157	24,721	5	12	1,230	2,242
臺灣人	213	1,136	169,542	209,591	317	1,718

	高等女學校		師範學校		實業學校	
	大正10年	昭和元年	大正11年	昭和元年	大正11年	昭和元年
日本人	1,227	2,976	135	494	627	996
臺灣人	607	1,213	1,533	1,014	596	682

	高等學校 （尋常科及高等科）		醫學專門學校		高等農林學校	
	大正11年	昭和元年	大正10年	昭和元年	大正10年	昭和元年
日本人	79	368	93	123	―	111
臺灣人	2	43	343	168	110	7

	高等商業學校 及商業專門學校	
	大正10年	昭和元年
日本人	132	243
臺灣人	187	76

　　即公學校、中學校、高等女學校等增設，臺灣人的學生人數雖然因此增加，但是在高等專門教育方面，人數卻反而減少。

　　此外，在日本領有之前，臺灣的教育機構有外國宣教師所開設的現代式學校，以及臺灣漢人原有的書房。然而書房既為舊式且屬初級，宣教師學校則特別因臺灣總督府私立學校管理規則的緣故[8]，全部為公立學校壓倒。書房與公學校的消長如次表所示，於明治36、7年之交〔1903、4年〕，兩者主從關係互換[9]。書房與外國宣教師學校的衰退與公立學校取而代之

的興盛，恰與日本資本家企業迫使臺灣既有的非資本主義性質生產衰亡且驅逐外國資本同出一轍。

	書房數	學生人數	公學校數	學生人數
明治 32 年〔1899年〕	1,421	25,215	96	9,817
明治 35 年〔1902年〕	1,623	29,742	139	18,845
明治 36 年〔1903年〕	1,365	25,710	146	21,403
明治 37 年〔1904年〕	1,080	21,661	153	23,178
昭和元年〔1926年〕	128	5,275	539	216,011

（二）教育的中心是國語。國語不僅是教育的工具，也是主要的內容。日本領臺之初立即著手的教育就是國語的傳習，目的是供行政上的實用。兒玉、後藤治臺，亦專以普及國語為教育的重點，不過卻未宣告同化為教育政策的方針[10]。然而到了大正 7 年〔1918年〕，臺灣總督明石元二郎〔第 7 任，任期1918-9年〕赴任之際，則明示以同化為施政的方針，此後確立國語教育及國民道德的教學為普通教育的根本，以教育的力量試圖同化臺灣漢人及蕃人。

官方聲稱國語教育的目的是以國語作為溝通的語言，以及文化發展及同化的必要工具[11]。居住在臺灣的人，包含日本人、臺灣漢人及蕃人，臺灣漢人間又有福建及廣東兩個系統，日語作為族群之間的共通語言，普及日語在政治及社會層面均有其意義。不過臺灣人口大部份是漢人，而且由於漢人兩大族群的語言並無根本差異，因此共通語的必要程度不及菲律賓[*]。其次，日語作為文化傳播的工具，所具意義固不待言，不過語言教育並非文化的教育，文化及道德也可以用在地居民的語言傳授。許多殖民地普通教育的教學是使用當地語言，高等教育才改為殖民國的語言。然而

臺灣總督府從公學校的最初起，便以日語為教學語言，漢文（臺灣語文）只是選修科目，每週可上 2 小時，中等程度以上學校的漢文也是以日本式的讀法教授。以日語作為文化傳播的工具，這種作法至少在普通教育方面不得不說是事倍功半。臺灣教育界這種強推日語的政策，最大的目的必須說就是同化。儘管語言的同化不能視為民族的同化，此在理論上或是殖民地的實驗上，都是不容置疑的[12]，不過我政府卻大膽推行這種極為困難的事。不以日常生活，不以友愛，只是以學校的日語教育，便試圖同化臺灣漢人，形同緣木求魚。蕃人雖然也接受公學校教育，其生活卻反而急速地臺灣漢人化[13]。運用國語教育，即使可多少收到同化的效果，但是臺灣人 1,000 人中，其普及程度尚不過 28.6 人（大正 9 年〔1920 年〕），因此無法說國語普及的方法已臻周全。儘管自日本領臺最初便採取一貫的教育政策，至今仍無以臺灣音檢索國（日）語的辭典。近年僅見以前述目的開始編纂《臺日大辭典》及《臺日小辭典》，然而該編纂事業屬於臺灣教育會**，經費出自學租財團[14]，並不屬於臺灣總督府的預算項目。以如此豐富的臺灣歲入和一貫的國語教育政策，這項語言教育的基礎事業卻遭到輕視，莫此尤甚。此事實說明到了近年臺灣人普通教育仍不完備，以及政府國語教育雖說一以貫之，但是普及程度仍低的原因，與德國專心於其殖民地編修當地

---

*　新渡戶稻造的殖民政策講義中指出，美國治下的菲律賓人口 800 萬，語言有 40 種，故當局採用英語為共通語。新渡戶稻造，《新渡戶博士植民政策講義及論文集》，矢內原忠雄編（岩波書店，1943 年），頁 167 ——編按

**　1901 年由國語研究會改名而成，目的是「普及改進臺灣教育」。以總督為總裁，民政長官（1919 年後改稱總務長官）為會長，成員除了各層級教育官僚，主要是各級學校教師——編按

語言辭典及文法，相差幾何*？要言之，至少到大正8年〔1919年〕為止，可說政府專心於樹立政府權力及資本家勢力，而輕視臺灣人的教育。因為如此態度，也無法期待政府的國語政策能傳播文化及同化臺灣人，不過唯一的目的卻完全收到成效，即日本人完全獨占政府與企業內部的重要位置。如果再有附加效果的話，則是臺灣人對語言同化政策的抗議。以下蔡培火的發言，以身為殖民地原居民的經驗，如實地說明了這個訊息[15]：

「我們不被允許有個性的存在，我們的語言最終毫無用處。除了勞動之外，我們所有活動的機會都被剝奪。同樣地，我們被獎勵應該遵守的美德是服從阿諛，骨氣節操的主張則被徹底壓制。」「官僚聲稱依循一視同仁的聖旨，將同化主義當作治臺的方針，然而其政策首先便是採行國語中心主義，在政治上及社會上，先塞住我們的嘴，使我們失去能力。因此在一切有責任的地位，我們皆遭到斥退，固不待言，甚至連清楚表達意志的機會，也被抹煞消泯。」「這些冠冕堂皇榨取能力的教育，難道不是露骨的愚民政策嗎？那些官僚卻說這些正是基於一視同仁的聖旨，使殖民地人得以享受與母國人同樣生活的同化主義教育法。噫！同化啊，假汝之名的國語中心主義，實際上卻拘束抑制我們的心靈活動，使得原本的人材淪為無能，所有政治上、社會上的位置，因而不能不任由母國人獨占。而接受此新教育結構的青少年，除具特別才智外，大部份人都被低能化，失去成為新時代建設者的資格。」

* 查德國國家圖書館書目，1929年前可見殖民地語言詞典相關出版品，至少有以下：德屬西南非：Otjiherero、Khoekhoe、Ovambo。德屬西非：Ewe。喀麥隆：Duala、Basa。諾魯：Nauru。帛琉：Palau。關島、馬里亞納群島：Chamorro——編按

「日本領臺之後，如前所述，官僚為了樹立國語中心主義，拋棄舊時代養成之人物，如糞土棄而不顧，抑制其宏圖發展，許多人因而鬱積而終。其後三十餘年間，雖說以上述具殺人性質的教育，理應不可能有人材的產生，但是官僚卻說我們當中能解國語者有二十餘萬人。另外，在母國各地接受高等專門教育的人已達多數，近來每年也有上百人的畢業生，其他留學中國英美等國回國者則有數十名。試問臺灣官僚如何對待這些新人，切勿驚訝，全臺灣從中央到地方，僅五名位居熱騰騰的高等官五級以下之官職，有級職判任官三十餘名，其他都成為長年徒食之輩。……無論於那個方面，我們都被徹底地支配著」。

臺灣的教育因我國政府邁向現代化及某種程度的普及化，特別是教育機構系統建置齊備，雖為事實，但是其特徵卻是日本人獨占高等教育，進而獨占政治、經濟、社會上的地位，大正11年〔1922年〕的《新教育令》尤其凸顯這點。少數臺灣人還是有接受高等教育的機會，然而就任官職或為企業聘用之途卻遭到限縮，使得他們被迫淪為「高級遊民」。然而這些有見識之人，不見得就會因此成為「遊民」，而是以習得之教育及語言，成為民族自覺的先鋒。上述蔡培火近作《日本々國民に與ふ》的能文雄辯，便是顯著的實例，這是本真摯且熱誠的書。蔡等人原本創設文化協會，致力於臺灣民眾的啟蒙運動，然而文化協會被臺灣總督府及日本人視為危險團體。尤其蔡等人計畫以羅馬字運動作為庶民教育普及的方案，遭到臺灣總督府禁止，理由是牴觸國語政策。在臺灣發行報紙需要臺灣總督府許可，然而尚未有臺灣人的日報獲得許可，只有原本在東京發行的週刊《臺灣民報》，終於在昭和2年〔1927年〕7月獲得在臺北發行的許可。相對臺灣

人民眾的教育狀況，另一方面，實際上以日本人學生為主的帝國大學及其他高等教育機構卻是完備齊全，由此可清楚看出臺灣教育的現狀，就是為了確保日本人支配的地位 [16]。

（三）日本領有臺灣的結果，是在政治、資本及教育上，壓倒並驅逐了臺灣人既有的勢力及外國勢力，但在宗教上，日本國民的活動甚為不振，幾乎無法觸及臺灣人既有的寺廟信仰及外國基督教宣教士的傳教事業。日本領臺後來臺的日本神道、佛教及基督教，幾乎只與在臺日本人有關，活動未能擴及臺灣漢人及生蕃人 [17]。即使有井上伊之助特別矢志向高山蕃人傳揚基督教的罕見例子，臺灣總督府也未給予許可 [18]。歐美各國的殖民地，即使在政治上、經濟上採行甚大的壓迫與榨取，然而卻有宗教家成為原居住者的友人，以此多少彌補資本家的榨取，我國則完全缺乏此類事例。日本國民到目前為止無法向異邦人傳教的原因何在？應將此事視為需慎重考慮的問題，也是需由年輕熱心之士的實踐來解決的問題。欠缺教化，使得日本對臺灣的統治，便只是單純明瞭的帝國主義支配。

（四）臺灣總督府經由衛生設施減少鼠疫、瘧疾等惡疾，使得日本人更容易來臺定居，同時也明顯改善臺灣人的衛生狀態，此為最值得吾人讚賞的成功。上水道〔自來水〕、下水道及其他設施，以日本人居住地區為優先，雖然為殖民地理所當然的情形，不過臺灣人本身也因此直接獲得不少利益。不過，臺灣人的人口動態呈現多產多死的農業國家狀態，尤其從死亡率仍然偏高的情形來看，仍極有必要改善臺灣人的生活程度及衛生狀態。與此相反的則是日本人的死亡率頗低。日本人及臺灣人的人口自然增加率皆甚高，反映出臺灣在生產方面的資本主義發展態勢。現比較臺灣、朝鮮、日本的人口動態，可得如次表的結果：

	出生率（每千人）					死亡率（每千人）				
	臺灣		朝鮮		日本	臺灣		朝鮮		日本
	日本人	臺灣人	日本人	朝鮮人		日本人	臺灣人	日本人	朝鮮人	
明治39年〔1906年〕	27.1	39.7	—	—	28.9	20.2	34.4	—	—	19.8
大正3年〔1914年〕	30.8	42.8	28.6	28.1	33.7	15.0	28.7	19.7	19.3	20.5
大正14年〔1925年〕	35.0	41.9	24.0	38.4	34.9	11.5	25.1	17.9	20.7	20.3
昭和元年〔1926年〕	32.7	44.8	23.8	35.8	34.8	12.6	23.1	16.6	20.4	19.2

其次，作為臺灣衛生狀態改善的一例，次表展示瘧疾患者人數減少的情形：

	患者人數	死亡者人數
大正3年〔1914年〕	59,166	?
大正10年〔1921年〕	14,956	304
昭和元年〔1926年〕	8,226	181
昭和2年〔1927年〕	7,345	198

臺灣最有名的衛生政策是鴉片問題。日本領臺之初，政府排除絕禁論，採用當時內務省衛生局長後藤新平的意見，於明治30年〔1897年〕1月公布《阿片令》，建立專賣制度，政府只針對認定之鴉片癮者（中毒者）發放牌照允許吸食，經由制度上的管理及教育，以逐漸達成廢煙之目的。然而，儘管統計上鴉片吸食者逐漸減少，但是鴉片專賣的收入，到大正8年〔1919年〕度為止，卻是增加。其理由在於高級品吸食增加及售價調漲。

財政收入的誘惑，似乎也內含危險，亦即讓當局不願徹底執行鴉片漸禁方針[19]。近年由於鴉片的製造量、銷售價額和吸食人數確實都逐漸減少，因此在不遠的將來，應當會實現廢煙。不過，由於臺灣今日社會已與日本領有之初大為不同，因此鴉片問題不應只是任其自然消滅，而是應嚴格取締違法吸食者，同時施行促進禁煙的政策。

（鴉片）	合法吸食者 （臺灣人）	同 （中國人）	鴉片煙膏 販賣數量（勻）[*]	銷售價額 （圓）
明治 35 年〔1902 年〕	143,492	―	34,859,500	3,008,386
大正 8 年〔1919 年〕	52,063	2,302	19,278,900	6,947,322
大正 14 年〔1925 年〕	33,755	604	11,188,300	4,412,640
昭和元年〔1926 年〕	31,434	548	10,632,600	4,193,487
昭和 2 年〔1927 年〕	29,043	493	9,933,400	3,919,930
昭和 3 年（1928 年）◎	26,942	436	9,180,400	3,624,220

（合法吸食者數為每年 12 月底時點的人數，販賣數量及銷售價額則為各會計年度的數字）

1　臺灣總督府，《臺灣事情》（昭和 3 年〔1928 年〕版），頁 124。
2　蔡培火，《日本々國民に與ふ》，頁 52〔中譯頁 127〕。
3　「臺灣改隸以來，在臺灣出生的日本人兒童逐漸變多，最近的狀況是，其比例占在臺日本人兒童的七成以上。」（臺灣教育會編，《臺灣の教育》，頁 18）
4　蕃人就學率相較臺灣漢人，可見異常高的情形。蕃人公學校是以官方經費設立，其就學亦受政府獎勵。花蓮港廳庶務課長和田博論蕃人教育制度的改革，「停止目前公學校那種沒有選擇性地任由赤腳、裸露肚臍外出的頑童入學的作法……大

＊　1 勻相當於 3.75 公克──譯按
◎　昭和 3 年的數字係根據著者用書補充。

體上，對這些低級的蕃童強施以與內地人相同學齡兒童的義務教育是無益的，蕃人社會也不需要。蕃人教育只對有可能接受之人施行即可，其他人只要做個老實勤勉的勞動者便已足夠了。」（《臺灣時報》第89號所錄〈內地移民と蕃人教化〉）強令「未開化」原居住者就學，乃殖民政策粉飾性的自我滿足，反而有破壞原住者心性及妨礙其經濟活動之虞，此則殖民史所顯示的事實。臺灣總督府的蕃人教育政策，如果沒有如此嫌疑，則屬幸甚。而啟蒙程度比蕃人還要高的臺灣漢人就學率反而比較低，則是政府對兩者採不同教育政策所致。

5 持地比較明治36年與43年〔1903、1910年〕，指出「教育經費於8年間成長4倍，就土人教育而言，可以見到此8年間的學生人數變成2倍以上，街庄住民的負擔則成長到11倍以上。經費相對學生人數更為激增，主要原因是要完成校舍及其他設備，以充實學校內容所致」（持地六三郎，《臺灣殖民政策》，頁302）。

6 臺灣教育會編，《臺灣の教育》，頁20。

7 根據《臺灣總督府第三十統計書》算出。

8 由於外國宣教師所設私立學校不具臺灣總督府規定的資格，不受政府認定為學校，因此學生為取得上級學校入學的資格，頗多人中途轉學到日本私立學校。

9 根據持地前引書，頁310-1，及《臺灣總督府統計書》。

10 持地前引書，頁282以下。

11 持地前引書，頁295。

12 拙著《植民及植民政策》，頁403-5〔全集第1卷，頁326〕。

13 和田博，〈內地移民と蕃人教化〉（《臺灣時報》第89號）。

14 所謂的學租是清代臺灣的教育機構儒學及書院的學田收入。明治34年〔1901年〕臺灣總督府以學租財團的名義統括全島的學田及學租，將其納入直接管理。大正12年〔1923年〕則改為財團法人，該年收入11萬圓，除去土地稅及事務費，所剩以補助金方式，全部交付給臺灣教育會。

15 蔡培火，《日本々國民に與ふ》，頁42-3、46、49-50、58-60〔中譯頁124、125、126、130〕。

16 兒玉、後藤施政將主力灌注於臺灣的財政經濟，關於教育反而避開積極的方針。明治36年〔1903年〕的「學事諮問會」上，「總督甚至連政治的方針都無法明白宣

示，更不用說要宣示其教育方針，正說明教育方針的欠缺……由於目的是普及國語……只要討論如何普及國語即可，總督作了如此訓示……從而就智育開發而言，便只是盡力避免陷入如荷蘭、印度那種弊害……惟沒有深思熟慮，只是認為教育是件善事，開設學校即可，已經誤解了殖民政策，日後就會出現拿自家的武士刀切腹的事情〔類似作法自斃之意〕」（後藤新平述，《日本植民政策一斑》，頁110-1）。因此在他們的時代，設立的專業學校只有醫學校而已。即使是明治40年代，即所謂臺灣財政的黃金時代，教育的歲出也止於零頭。到了近年，居住臺灣的日本人增加，結果是日本人子弟占了學生的員額，高等教育機構的充實也是為了因應此狀況，正是積極預防「陷入如荷蘭、印度那種弊害」！

17 臺灣的外來宗教，荷蘭東印度公司時代傳來的基督教，隨著鄭成功據臺一度絕跡，不過到了近世帝國主義時代的初期，宣教師再度來臺。天主教於1859年、蘇格蘭長老教會於1865年、加拿大長老教會於1872年先後進入臺灣，特別是從蘇格蘭來臺的甘為霖（W. Campbell）及加拿大的馬偕（G. L. Mackay），事業極為偉大（Mackay博士自書其名為馬偕，因此通稱Makai）。日本宗教家在臺灣活動的性質，見松島剛、佐藤宏合著，《臺灣事情》（明治30年〔1897年〕刊），頁229-30、臺灣總督府，《臺灣統治綜覽》（明治41年〔1908年〕刊），頁465-7、同《臺灣事情》（大正13年〔1924年〕版），頁123-4。要言之，日本國民的宗教活動，尤其在真正的教化上，尚無法達到對臺灣漢人傳教的程度。日本軍人以北白川宮殿下為始，捐棄生命於槍彈瘴氣，致力底定治安。資本家武裝以防土匪來襲，開始其事業，如臺灣製糖橋仔頭工廠。教育家為了對本島漢人施以國語教育，遭受土匪襲擊殉職，如芝山巖之六氏先生。唯獨日本的宗教家，連為臺灣漢人流汗都甚為稀有，遑論流血。三十年前所言「請看吧，二十年前孤身眇眇投入四面皆敵的蠻境，馬偕以其忍耐及勤勉，成就如此的大事業……今日的臺灣與馬偕進入時不同。因此如果布教方法得宜，所需之苦將不及馬偕，所得之功則必超過馬偕。佛教、耶穌教之人，難道沒有奮力崛起之勇氣嗎？」（松島、佐藤前引書，頁293）用於今日，依舊妥當。

18 井上伊之助，《生蕃記》〔中譯收於《台灣山地傳道記：上帝在編織》，前衛，2016年〕。

19 持地六三郎，《臺灣殖民政策》，頁329-30、蔡培火，《日本々國民に與ふ》，頁170-6〔中譯頁172-4〕。

· 第四章 ·

政治問題

　　本章處理法治及政治的問題。

　　（一）殖民地由於是殖民國的新領土，政治、社會條件不同，因此不具有適用相同法制的社會條件。然而在可及範圍內儘量在殖民地施行與殖民國相同的法制，則是方便殖民國人民前往殖民的條件。日本統治下的臺灣，最初雖有明顯的特殊法制，不過隨著居臺日本人增加、日本人勢力確立及臺灣社會的資本主義化進展，到了最近，臺灣的民事及刑事法規幾乎已經是日本法律的延伸。我國的資本將臺灣帶入與日本相同的經濟領域，教育制度使臺灣與日本成為同一個文化地域，民刑事法則將日臺導入相同的法域。

　　日本領有臺灣之初，民事裁判係根據地方慣習或事理進行，刑事則以軍令治罪。到了明治31年〔1898年〕，民事、商事、刑事改依日本的《民法》、《商法》、《刑法》、《民事》及《刑事訴訟法》，只有土地的相關權利不依據《民法・物權編》的規定，而是採行臺灣舊慣。除臺灣人、清國人之外，無關係人之民事商事事項，以及臺灣人清國人刑事相關事項皆如同以往，

暫時不作任何變更。不過到了翌年，明治32年則改用日本的《民事》及《刑事訴訟法》。大致而言，有關日本人的事項依據日本法，以便日本人在臺灣活動，與日本人無關的事項則尊重舊慣。因此查明舊慣以確定權利關係，為統治及殖民者發展的必要事項。或許就是因為如此，臺灣總督府於明治34年〔1901年〕設置臨時臺灣舊慣調查會，調查法制及經濟舊慣，明治41年〔1908年〕更進一步開始調查蕃人舊慣。明治42年以調查結果為基礎開設立法部以制定特別法，在各種法案審查完畢後，於大正3年〔1914年〕3月閉會[1]。隨著統治發展到了臺灣與日本有必要在法制上連結時，大正7年便制定《共通法》，規定帝國內日本及各殖民地的相互關聯，大正12年〔1923年〕更廢止從前的《臺灣民事令》，改行《民法》、《商法》、《民事訴訟法》及其他附屬法律，其結果就是臺灣關於土地的權利也適用日本的《民法・物權法》。不動產登記向來為權利移轉的生效要件，自此變成與日本相同的對抗要件。從前禁止設立股東僅有臺灣人及清國人的株式會社，現在也開放了，日本人、臺灣人之間的戶籍移轉之途亦漸完備。民事法方面的同化程度顯著進展，只剩下臺人的親族與繼承相關事項不適用《民法》，仍舊依循慣習的其他少數特例[2]。

關於刑事方面，雖然《臺灣刑事令》之律令至今依舊存在，不過經大正12年〔1923年〕的修訂，其第一條關於刑事的事項，明確規定依日本的《刑法》及《刑法施行法》之要旨。新《刑事訴訟法》除若干例外，其餘皆在臺灣施行，《匪徒刑罰令》、《臺灣阿片令》及比日本更廣泛的《犯罪即決例》等，則尚維持效力。《匪徒刑罰令》為明治31年〔1898年〕制定的律令，對「不論任何目的，以暴行或脅迫達其目的而糾眾者，則視為匪徒之罪」（第一條）處以嚴刑，當時在土匪討伐上多所實用。大正14年〔1925年〕《治

安維持法》及大正15年《暴力行為等處罰法》既已在臺灣施行，適用《匪
徒刑罰令》的情形可說已十分罕見。要言之，關於刑事方面，雖說在形式
上尚不及民事，然而近年尤其可見日本法實質上延長到臺灣的色彩濃厚。

　　殖民地的立法向來以不經殖民國議會審議為原則，這是因為殖民地屬
於特殊社會，即新附領土的緣故[3]，臺灣亦然。明治29年〔1896年〕法律第
63號規定「臺灣總督於其管轄區域內，得發布具法律效力之命令」，臺灣
總督發布的命令因而具有法律效力，所以稱為律令。而且日本法律的全部
或部份內容，若要在臺灣施行，則須以敕令訂定之。此所謂《六三法》（法
律第63號）雖然附帶三年的期限，但是一再展延。明治39年〔1906年〕再
以大致相同的宗旨，以法律第31號（所謂《三一法》）立法，即帝國議會
協贊的法律經敕令發布才在臺灣生效，又帝國議會本身雖可特別為了在臺
灣施行的法律而立法，但是立法對象為臺灣時，原則上仍委託臺灣總督的
律令權。此適應臺灣特殊狀況的立法，成為達成殖民地統治目標的制度。
然而到了大正10年〔1921年〕，一反過去的作法，改以在臺灣施行日本法律
為原則，只在特殊情況承認臺灣總督的律令權。至於特定法律是否也在臺
灣施行，則根據敕令決定。由於臺灣總督的律令權依舊存在，所以臺灣在
立法上尚屬於特殊法域。「內地法延長」，即法制上的同化精神，則因此更
加明白彰顯，前述大正12年的民事及刑事法規之同化，也是遵循此宗旨
而來。《新教育令》將臺灣教育制度與日本國內統一及同化，也是自大正
11年開始。因此從該年起，臺灣統治已顯示從特別立法的制度轉換為內地
延長主義。

　　（二）日本人及日本資本追隨國家權力進入臺灣，並在國家權力的保
護下發展，國家權力的確立因而成為日本人在臺灣發展的根本問題。關於

日本領臺之初的軍事征服及其後的土匪討伐、理蕃事業等敘述，委諸其他
書籍著作[4]，此處僅略述國家權力的確立與治安的底定是在何等制度之下
達成。

　　要確立殖民國的國家權力，就有必要將新領土殖民地置於專制統治之
下，此為理所當然。臺灣總督原由陸海軍大將或中將擔任，除一般行政權
限外，具有律令的立法權、陸海軍統帥權及軍政權，臺灣的司法權獨立程
度最初亦不如日本[5]。而在治安維持方面，自始即以軍隊為主。到了兒玉、
後藤執政時期，更大為擴充警察力量，而且於明治31年〔1898年〕制定《保
甲條例》，採用清國遺留的保甲制度作為警察的輔助機關。日本領臺之後，
臺灣舊有制度皆遭變革，只有保甲制度被重新組織，最為有效地活用在統
治上[6]。臺灣總督府的《保甲條例》以一甲十戶、一保十甲（即百戶）組織
臺灣漢人，作為地區性的鄰保團體。其團體成員為家長，甲設甲長，保設
保正。保甲的事務除戶口調查、地區出入者調查、風水火災及土匪強盜等
的警戒搜查、傳染病預防、鴉片、其他地方安寧必要之事項等保安警察事
務外，亦包含道路橋樑微損修繕及清掃、害蟲預防、畜疫預防等普通行政
事務。臺灣總督府再於明治42年〔1909年〕以律令第5號添加保正、甲長的
地方行政事務，包括通知或傳達法令及其他行政官廳所發布之命令、輔助
執行產業調查資料之蒐集及施行、屬於臺灣歲入的地方稅及其他政府收入
相關文書之傳達及督促繳納等。另外，保甲組織壯丁團，以警戒、預防風
水火災、土匪強盜等類相關緊急事故。就前述保甲事務，家長必須監督其
家族成員動靜，各家長相互監督警戒，保正、甲長則監督全體，責任及賞
罰分明，若有違規或怠惰職務，則課以單獨或連坐的處罰。也就是根據情
節輕重，家長或保甲全體連坐當事人之責任。保甲的經費由保甲員負擔，

所提供之勞動為義務。保正、甲長雖是由保甲員（家長）互選，不過保甲及壯丁團在本質上並不是住民的自治機關，而是接受警察指揮命令的下級警察及下級行政輔助機關。作為臺灣警察制度及警察輔助機關的保甲，因土匪討伐的需要才開始普及。土匪平定之後，進入地方行政恢復時期。下級行政機關的街、庄長此時無論組織或普及程度皆不完備，警察及保甲制度則相反，已經以周密的警察網統括全島。「應時勢之需要，為了地方行政的發展，逐漸演變成利用警察機關之情形。事實上作為支廳長的警部改制為郡長，派出所巡查改制為町、村長，臺灣的警察一手提著劍一手拿著法典，於捕盜斷訟之外，亦從事教育慈善等高尚的事業」。警察的職務不限於普通的警戒查察與衛生事務，亦根據《戶口規則》兼理戶籍事務，「又，經由保甲制度擴及至徵稅、殖產獎勵（特別是糖業的協助）、教育及救恤的設施，無不參與。概略而言，臺灣目前（明治45年〔1912年〕）的態勢是，若不假借警察力量，事務便不容易施行」²，同時，也是藉由警察力量，便能進行任何事的狀態。因此，臺灣是處於典型警察政治之下。維持治安、衛生設施固不待言，甚至勸業、土木、徵稅等一般地方行政，都依賴警察推行。諸如以《戶口規則》及保甲管制人民行動、搜索土匪罪犯、監視需監視之人、牽制臺灣漢人子弟到日本留學，或是「勸說」出售土地、應募股票與公債、郵政儲金，以及利用保甲修築道路⁸，皆是警察政治的效果。而且既如所述，保甲為臺灣漢人的鄰保團體，負連帶責任，其經費由保甲民各自負擔，且事務範圍廣，指揮監督權則屬地方的警察。於是在此警察國度，臺灣人顯然是以自己的勞力、自己的經費和自己的責任，維持地方安寧、修築道路，並支援其他行政事務，此即臺人援助臺灣總督府的治安維持、財政獨立、產業興隆之處。而且只有臺灣漢人必須負擔保甲的義務，

日本人及蕃人則不在此限。

關於臺灣的治安，除保甲制度之外，《保安規則》(明治33年〔1900年〕)將為害臺灣治安的日本人、外國人驅逐出境，《浮浪者取締規則》(明治39年〔1906年〕)將流浪者遣送到偏遠地區施以強制勞動，又明治33年的《臺灣出版規則》使臺灣總督府得以禁止在日本未遭任何行政處分的出版物在臺灣發行、販售，同年的《臺灣新聞條例》使得臺灣的報紙發行不同於日本的報備制，必須經由地方長官取得臺灣總督許可。

雖說自《匪徒刑罰令》以下的治安取締相關各法令依舊保持其效力，不過在治安已經底定、行政組織已經齊備的今日，警察政治亦逐漸改變面目，《保甲條例》、《浮浪者取締規則》的使用也逐漸減少。然而至少在過去，臺灣的警察制度雖說具有促進治安及產業快速發展的效果，但是也無法避免同時成為「壓迫酷使」臺灣人的手段2。

（三）儘管在民事法規上，臺灣已幾乎完全與日本同化，但是在政治制度上，臺灣依舊具有特殊地位。臺灣總督權限的強大已然言及，到了大正8年〔1919年〕，擔任臺灣總督的資格限制才被撤廢，同時削除其指揮軍隊的權限，只有由陸軍武官擔任時，才能兼任臺灣軍司令官。又，大正10年〔1921年〕，臺灣施行的法令雖然原則上改為遵循日本法，但是臺灣總督依舊有律令權。因此近年來，臺灣總督的權限與從前比較雖然多少有所削減，但是這主要是在與日本中央政府的關係上，在臺灣內部，臺灣總督依然施行專制政治。日本領臺之初雖然設置了「臺灣總督府評議會」，以議決律令及回答其他臺灣總督諮詢事項，但是成員全部是臺灣總督府的文武官員，而不是人民意見的代表。明治39年〔1906年〕制定《三一法》以取代《六三法》之際，廢除評議會，改在臺灣總督府內設置「律令審議會」，

專事律令的審議。大正10年在制定法律取代《三一法》之際，「臺灣總督府評議會」再設，成為臺灣總督的一般性諮詢機關。其會員與最初的評議會不同，除官吏外，臺灣總督再從臺灣住民當中選出有學識經驗之人任命之，任期大致為二年。評議會僅是諮詢機關，其開會及諮詢事項皆無任何規定。是否任命會員、是否召開評議會、要諮詢怎樣的事項、回覆臺灣總督諮詢的內容是否採行等，皆由臺灣總督自由裁量。制定評議會制度的臺灣總督田健治郎〔第8任總督，任期1919-23年〕雖然召開過評議會，但是伊澤多喜男總督〔第10任總督，任期1924-6年〕不再任命會員，事隔多時，到了上山滿之進總督〔第11任總督，任期1926-8年〕才再度任命會員召開會議。當時諮詢的事項有祭祀公業相關事項、實業教育普及方策、南洋發展策略等三項，皆與臺灣總督府預算或臺灣總督律令立法無直接關係，為一般性質的方策。在世界各殖民地行政評議會中，臺灣總督府評議會的實際效果應該最為薄弱。臺灣總督府評議會由臺灣總督擔任會長，總務長官為副會長，被任命為會員者有官吏3人，從民間任命日本人及臺灣人則各11人。姑且不論日臺評議員人數無法反映兩者人口比例，造成失衡的問題，即使將任命相同人數視為一種進步，但是評議會的制度及運用既如上所述，則無論是制度上或實質上，顯然對臺灣總督的專制政治皆未能有特別影響[10]。

　　臺灣的地方制度於大正9年〔1920年〕大幅修改至與日本稍微類似，「郡守」（相當於郡長）擁有警察權，市的「市尹」（相當於市長）、「助役」〔相當於副市長——譯按〕及地方技師*皆為官吏，街庄長（相當於町村長）由官方任命而非民選，與日本比較，官治行政的權限甚強。同年，再以州、廳

* 地方技師負責上級交辦的技術事宜，1926年編制臺中州4名、臺北、新竹、臺南、高雄州各3名——編按

的地方費，改市及街庄為新的地方機關，州、市、街庄各自設置協議會，以作為預算及其他重要事項的諮詢機關。州協議會員由臺灣總督從住民中選任，市街庄協議會員則由州知事或廳長選任。因此，臺灣的地方機關絕非自治，固不待言，協議會員選任的方法與朝鮮比較，更不民主[11]。不過若與臺灣總督府評議會比較，其政治效果大，這是因為地方協議會每年召開，其諮詢事項以預算為主的緣故。雖說協議會的運用尚有許多應改良之處[12]，其決議亦不具拘束力，不過大正9年州制、市制、街庄制的制定與公布，以及隨之成立的地方公共機關，依然在臺灣統治制度上劃出了新時代。其運用雖需改善與熟悉，然而制度一旦制定就有其固定性，不易廢除。臺灣總督田健治郎就此新制度施行所發布的諭告，其中一節言「本總督在任時日雖然尚淺，不過已詳細視察全島民情，洞察島民忠順奉公，勤勉勵業，教化普及，人文月有精進，其風化處於最順之境，漸次觀察到了作為立憲法治之民的資質，於此際實施新制度，誠不勝欣躍。[13]」即臺灣的統治雖然在制度上仍為專制政治，但是與過去警察萬能的時代比較，應可看到時勢的推移轉變。

臺灣的行政救濟只能靠訴願，而一般的訴願事項，向來並無概括性的規定，只有在各個法令允許的情況下，才得以提出訴願。到了大正11年〔1922年〕，《訴願法》才在臺灣施行，然而由於《行政裁判法》尚未在臺灣施行，因此行政官廳的專制地位仍然強大。

又，臺灣總督府高等文官（行政官）特別任用的範圍，只限地方理事官，與朝鮮比較，其範圍極小，而且到了大正11年，才開啟其途徑[14]。結果使得日本人獨占官位，間接更加強化臺灣統治的專制性。

如前所述，臺灣的政治仍然是總督專制政治。如今可見日本中央與地

方皆為立憲代議政治，而且最近還施行了普選*。臺灣儘管經濟制度與日本同化，教育也採同化政策，唯獨政治完全被排除在內地延長主義之外。

　　這是因為經濟及教育的同化符合日本及日本人的利益，而保護此利益的武器就是政治的不同化。維持此專制政治制度，便顯示出臺灣政治機關的帝國主義特性。而且比較臺灣與朝鮮的狀態，朝鮮在財政上每年尚需國庫的補助金**，臺灣則相反，很早即達到財政獨立。在經濟上與朝鮮相比，臺灣在資本家企業的發展及住民的富裕程度上，皆勝一籌。在教育上，朝鮮在原住者初等教育的普及程度，每1,000人就讀的學童數為19.6人，臺灣則為58.6人（大正14年〔1925年〕3月底）。能解日本語的原住者每1,000人，朝鮮是21.7人，臺灣是28.6人（大正9年〔1920年〕），即在教育程度方面，臺灣也比較高[15]。然而到了政治方面，臺灣就比朝鮮差了許多。臺灣有總督是陸軍武官時即具有軍隊指揮權的官制，朝鮮則無。朝鮮有地方制度下的選舉制度，臺灣卻沒有。官吏特別任用範圍，朝鮮廣而臺灣狹隘。在朝鮮，以朝鮮總督府局長為始，許多朝鮮人被任用為行政官，同時也有朝鮮人被任命為法官和檢察官，其權限自大正9年之後，便與日本人法官和檢察官相同。相對之下，臺灣的臺灣人地方理事官僅3人，司法官則全無。臺灣有保甲制度，朝鮮無。朝鮮有數家由朝鮮人發行的朝鮮語報紙，臺灣則相反，未有一家由臺灣人發行的日報獲得許可。無論在統治制度、原住

* 指1928年第16回眾議院議員總選舉，此次選舉第一次適用1925年制訂的《普通選舉法》，不再以納稅額限制選舉權，25歲以上男性皆可投票──編按
** 以昭和4年（1929年）度而言，朝鮮總督府決算中「歲入臨時部」有補充金1,542萬3,303圓，占臨時歲入約27.3%，占整體歲入（2億4,057萬9,267圓）約6.4%。若扣除補充金，整體歲入僅比整體歲出（2億2,474萬305圓）多41萬5,659圓（《昭和五年朝鮮總督府統計年報》，頁686-8）──編註

者的官吏任用或言論自由上，臺灣的政治狀態很明顯比朝鮮更為專制。臺灣完全欠缺政治自由，連萌芽的根苗都還很難看見。財政經濟豐富、教育相對進步，然而政治專制程度卻又特別高，乍看雖然怪異，但由於專制性質的警察政治是成就臺灣財政經濟顯著帝國主義發展的主因之一，因此臺灣牢固的帝國主義實力及傳統，應不會輕易容許臺灣人要求政治自由。況且與朝鮮原本是獨立國家相反，臺灣只是中國一個帶有殖民地性質的行省。朝鮮位於國際交通路線上，有世界輿論監督，臺灣卻不具有這種地位，這些可說是臺灣與朝鮮在政治狀態上不同的原因。要言之，臺灣人所處的政治狀態之所以「超過朝鮮，比朝鮮更嚴苛」[16]，是因為臺灣的帝國主義勢力，無論是歷史上或現實上，都比朝鮮來得強固所致。

---

1 臺灣總督府，《臺灣統治綜覽》，頁504以下、東鄉實、佐藤四郎共著，《臺灣植民發達史》，頁92-7、拙著《植民及植民政策》，頁389-92〔全集第1卷，頁315-6〕。

2 臺灣總督府，《臺灣事情》（昭和3年〔1928年〕版），頁60以下。

3 拙著《植民及植民政策》，頁319-21〔全集第1卷，頁259-61〕。

4 竹越與三郎，《臺灣統治志》、持地六三郎，《臺灣殖民政策》、東鄉、佐藤前引書。

5 《臺灣總督府法院條例》以明治29年〔1896年〕律令第1號制定，即根據臺灣總督的特別立法而來。根據此條例，法院歸臺灣總督管理，「判官」〔法官──譯按〕及檢察官由臺灣總督任命，判官必須具有《裁判所構成法》的「判事」資格，地方法院「裁判官」則允許特別任用。然而裁判官的地位卻沒有任何法規保障，因此便無法避免臺灣的司法權是獨立還是必須服從臺灣總督指揮監督的問題。碰巧於明治30年發生高等法院長高野孟矩去職事件，高野對臺灣總督〔第3任總督乃木希典，任期1896-8年〕免去其官職之舉，雖主張憲法對司法官地位的保障並抗拒之，最後還是被公權力逐出法院。臺灣總督府對於高野的主張，回應以憲法並未在臺灣施

行，於是由此演變到憲法是否在臺灣施行，從而《六三法》是否違憲的爭論。臺灣的法院條例於明治31年大幅修訂，判官的地位待遇改與日本相同，另外廢除特別任用，制定《判官懲戒令》的同時，保障其地位。姑且不論憲法是否理所當然地在臺灣具有效力的問題，判官的地位則因此受到保障。只是日本判事的地位保障包括轉職、轉院、停職、免職、減俸等項，相對之下，臺灣的判官只保障免職及轉職。臺灣的檢察官（相當於日本的檢事）則完全沒有地位上的保障，又地方法院檢察官的職務，便宜上則由警視或警部代理。因此，在現行《法院條例》的文字上，法院雖然「直屬」臺灣總督，不過至少判官的獨立地位受到保障。臺灣總督就法院的行政事務僅限於直屬監督，並不監督司法權本身。不過，與日本相較，判官與檢察官地位的保障程度在法規上仍稍嫌薄弱（參照佐佐木忠藏、高橋武一郎共著，《臺灣行政法論》，頁39-41）。

6 關於保甲制度，參照伊能嘉矩，《臺灣文化志》上卷，頁672以下〔中譯上卷，頁619以下〕、臺灣總督府警務局編，《保甲制度》、持地六三郎，《臺灣殖民政策》，頁75以下。

7 持地前引書，頁80-1。

8 除了《保甲條例施行細則》所指定之道路橋樑微損修繕及掃除，超過上述範圍的大規模修繕營造也使用保甲（持地前引書，頁78-9）。如近年縱貫公路也是由保甲提供勞動力才得以完成。只是該工程由於欠缺橋樑暗渠，臺灣總督府才自昭和元年〔1926年〕起開始10年計劃，預定使用國家經費完成整個公路建設（《臺灣事情》（昭和3年版），頁215-6）。

9 持地前引書，頁81-2。

10 蔡培火評論此評議會說「如追究這些進入高層眼鏡內的22名民間代表之出身背景，除退職的高官外，皆屬於某某企業的董事。因此某好事者對此評議會奉上別號，稱作公司的董事聯合會。這種評議會在有什麼的時候，也毫無作為吧。不，或許毫無作為，由於更可使世人一目了然臺灣總督府專制的弊害，反而是好事」（蔡培火，《日本々國民に與ふ》，頁84-5〔中譯頁140〕）。

11 朝鮮地方諮詢機關的評議會中，府（相當於日本及臺灣的市）協議會員及特別重要的「面」（相當於町村或街庄）的協議會員，全部由住民選舉。「道」（相當於日

本的府縣、臺灣的州）評議會員的三分之二，由道知事從府、面協議會員選舉的參選者中任命。又，即使是學校的評議會，也認可某種程度的選舉（拙著《植民及植民政策》，頁344-5〔全集第1卷，頁278-9〕）。與朝鮮的情形相反，臺灣所有評議會皆不經由住民選舉產生。

12 協議會員全部是官派，通常從日本人及臺灣人當中派任，臺灣人會員中包含不解日語者。又協議會的召集與議案，在開會前一二日通知。如此的會員為「御用紳士」、傀儡，如此的會議易流於一片形式，也是理所當然。有此一說「到了第一代的文官總督田健治郎的時候，才施行了好看不好吃的地方自治制度，加重人民負擔州市街庄等的經費，所以臺灣人都恨田總督是個滑頭的政治家，說他用著假自治，騙了真稅金」（《臺灣民報》昭和2年〔1927年〕1月2日號）。不過，民報記者本身表示「但是我們的見解卻有些不同」，對新制度稍作善意的解釋。

13 《臺灣事情》（大正13年〔1924年〕）版，頁61。

14 在朝鮮得特別任用朝鮮人的範圍擴及朝鮮總督府的局長、朝鮮總督府事務官、中樞院書記官、道知事、道參與官、道事務官、道理事官及郡守。〔1922年10月4日勅令426號規定「熟悉臺灣話、精通臺灣事務、具相當學識」者，可經高等試驗委員權衡，出任臺灣總督府州理事官、廳理事官、郡守、市尹、市理事官。中樞院：原為李朝之政府機關，日本合併朝鮮後，沿用名稱，作為朝鮮總督的諮詢機構。1921年後，設有正副議長各1人（政務總監兼任議長）、顧問5人、參議65人、書記官長1人、書記官1人等。道：1929年有13道。每道有知事1人、參與官1人、事務官3人（即道的內務部、財務部、警察部長）。理事官總共42人，由總督指定，通常為各道的部之下的課長級官員──編按〕

15 臺灣總督府，《臺灣現勢要覽》（大正15年〔1926年〕版），頁31、105。《朝鮮總督府施政年報》，大正14年度，頁160。

16 田川大吉郎，《臺灣訪問の記》，頁3-5。

・第五章・

民族運動

　（一）臺灣原本是清國的領土，中國人的殖民地。如同住在臺灣的日本人在日本有其本籍，臺灣漢人在中國有其鄉關，有共通的語言及習慣。因此日本統治臺灣，使得臺灣脫離中國而與日本結合。《關稅法》使臺灣的貿易路線從中國轉向日本，不允許設立僅有清國人、臺灣人出資籌組的株式會社，以及教育上的國語政策等，皆是使臺灣遠離中國影響的制度。其他尚有中國人及臺灣人渡航的特別限制，即臺灣人直接從臺灣前往外國時，必須攜帶依據臺灣總督府令制定之《外國旅券規則》所發行的護照，違反此規則前往或欲前往外國者則處罰之。中國人入境臺灣，則以明治28年〔1895年〕日令第22號特別限制登陸及居住，大正7年〔1918年〕臺灣總督府制定與日本相同的外國人入境相關規定管制。不過對於中國勞動者來臺，則有特別的管理規則，必須攜帶中國勞動者仲介所出具的來臺證明書，於該證明書記載的地點入境或打算入境時，還必須領有官方的入境許可證[1]。此外，日本政府不允許中國在臺灣設置領事館，另一方面，臺灣

總督府則在對岸華南地區，為臺灣籍人民設置的學校提供教員及教科書，駐在當地的日本領事兼任臺灣總督府事務官，當地領事裁判權歸臺灣總督府法院管轄等，以所謂的對岸設施來防衛臺灣，其情形類似朝鮮總督府與滿洲的關係。

（二）要將臺灣與日本結合，需施行怎樣的政策呢？於此概觀臺灣統治政策的變遷。日本領臺最初的輿論主張「以嚴禁鴉片、剪斷臺灣人的辮子、解放婦女的纏足，來標榜臺灣統治的三大主義，甚至有人說，如果不斷然施行這些政策，領有臺灣也是無益」[2]。首任臺灣總督樺山資紀〔任期1895-6年〕赴任之際，總理伊藤博文下達的訓令也包含嚴禁鴉片。然而如此急遽的改革無法達到統治目的，臺灣總督乃木希典遂特別訓令，尊重臺灣人的生活習慣，言「其辮子、纏足、衣帽等是否要改變，全憑土人之自由，鴉片煙則在一定的限制之下，逐漸收取防遏之效」。奠定日本統治臺灣基礎的兒玉、後藤政府也特別避免冒進。調查舊慣，並在此基礎上施行適應臺灣特殊情況的政策，此即民政長官後藤新平所稱以生物學為基礎，制定政治方針及樹立行政計畫[3]。無論發起舊慣調查會、奠定中央研究所的基礎、調查土地及戶口，皆以此為依據。其統治政策之根本，要言之，在於認知臺灣社會狀況的特異性。如同土地法制係依據舊慣確認土地業主權一般，這作法遠比其他國家干涉原住者土地權利因而造成混亂來得進步。不過，對臺灣特異性的認知，也成為專制政治的基礎。後藤新平曾對臺灣總督府醫學校學生訓示「汝曹如欲求三千年來對皇國盡忠的母國人的同等待遇，今後就以八十年為期，致力與母國人同化吧。在此之前，即使被歧視也是沒辦法的事。不要忿忿不平，來當全島民的模範吧」[4]。又，其作為民政長官的訓示，言「同化或壓抑，只是論者隨意給予的名稱，無法取代實

質上的複雜關係。不論目的是如何懷柔並同化，我認為採壓抑主義仍不時有其必要」[5]。在如此的方針之下，首先是鎮壓土匪，其次是全力投注於經濟發展、財政獨立，教育上的建設則多所不顧。要言之，確立日本人的政治經濟權力為其施政主軸。

接在兒玉、後藤政府之後的臺灣總督佐久間左馬太，趁臺灣總督府財政狀況的好景，振興資本家企業，並且決然開始討伐生蕃，為資本開啟蕃界開放的開端。不過，其統治依舊是專制的警察政治。然而收割此成果的下一任臺灣總督安東貞美〔第6任，任期1915-8〕，卻於施政方針（大正4年〔1915年〕6月）表示「夫惟擔心島民因言語風俗不同，於想法上頻生扞格」，尚被迫承認臺灣漢人社會的特殊性。然而取代安東的臺灣總督明石元二郎，則明白表示將以同化主義為其統治方針，在其施政方針（大正7年〔1918年〕7月）言「我認為集合日本人與臺灣自古以來的民族並統轄之，實際上，原本就是困難的事……然而困難固然困難，即使沒有相異之處，面對新領土的精神，其根本就是要將之打造成跟內地沒有任何的不同」。即面對世界大戰後臺灣人民族自覺興起的時機，明石認為已然到了將統治目標定為將臺灣日本化、將臺灣人日本人化的時候，因此便在臺灣各地設立「風俗改良會」、「國語普及會」之類的團體[6]。世界各地殖民地的民族運動蓬勃發展，就日本而言，大正8年3月的朝鮮萬歲騷動〔即三一運動〕正是晴天霹靂，催促日本改善殖民地的統治，必須修訂朝鮮及臺灣總督府官制及其他各種法令，並緩和以往的軍事專制統治。身為首任文官總督，總督田健治郎來臺就任後在其所頒示施政方針的訓示中（大正8年10月）納入了後來成為臺灣統治基礎的幾項原則，「臺灣構成帝國領土一部份，原本理所當然屬於帝國憲法統治的版圖……從而對其統治的所有方針必須

由此大精神出發，施以各種建設經營，務必教化指導本島民眾，使之成為純粹的帝國人民，對我朝廷盡忠，培養對國家的義務觀念」。即與其說是認知到臺灣的特殊地域性，還不如說是表明內地延長主義。田又言「首先致力於教育……必須教化善導，使臺灣人達到與日本人在社會上完全沒有差距的程度，最後才進入政治均等之域」。即重視統治者素來輕視的教育，而且翻轉專制政治，以臺灣人的政治地位（自由參政權等）與日本人相同作為統治目標。又說「如觀察與海外的經濟貿易，臺灣天與的形勢是占據南北交會的要衝，與華南、南洋一衣帶水相鄰」，力陳臺灣的對外經濟發展。又說「現今世界的兵禍漸息，雖可看到和平的曙光，但是思潮的動搖激甚，歐美列國於今皆屬多事多端之秋，受到大勢波及，日本雖不免多少蒙受影響……隨著時勢的進展，取捨得宜，致力維持社會安寧秩序，為眼下一大要事」，即面臨到有必要處理民族運動及社會運動抬頭的情況。大正9年〔1920年〕的地方制度調整、大正10年設置臺灣總督府評議會並通過《臺灣施行法令相關法律》〔即《法三號》，內容參頁217〕、大正11年《新教育令》、大正12年施行日本《民法》、《商法》等，皆為前述政策的體現。接任的臺灣總督內田嘉吉〔第9任，任期1923-4年〕（大正12年〔1923年〕10月）也說「最近，在前任總督的時代，釐革地方制度、設置評議會、施行《民法》《商法》，一新原有的面目，我認為繼承這些施政以臻完美，為現下之急務」。不過，臺灣總督伊澤多喜男〔第10任，任期1924-6年〕的施政方針（大正13年10月）卻未言及制度上具體的改革，只是漠然地言說「共存共榮」，而且諭告「本島雖然位於國之西陲，不過其位置卻當東亞的要衝，產業天惠豐饒。思考東方世界的未來，不得不感到本島在文化上、經濟上所負使命，實則重大」。接任的臺灣總督上山滿之進〔第11任，任期1926-8年〕（大正

15年〔1926年〕8月）表示「臺灣統治的要訣是以民人之融和及相混為經，文運暢達及產業興隆為緯」，以民族融和為主軸，而且關於產業上的建設，指出「尤其需留意的是日本與臺灣在經濟上的聯繫⋯⋯再看到對外關係，臺灣位於國家的南端，負有連結南亞與南洋經濟的使命」[2]。

　　通觀上述歷任臺灣總督在其施政方針所作的訓示，可以大正7、8年之交〔1918、9年〕，分成前後二期。前期以兒玉、後藤政府為基調，以認知臺灣社會的特殊性為基礎，社會面尊重舊慣，政治面施以差別性的警察專制統治，施政內容是治安的底定、島內產業的資本主義發展、日本人官僚及資本勢力的確立，以及對教育建設態度冷淡。後期自臺灣總督明石元二郎以降，至去年（昭和3年〔1928年〕）新任的臺灣總督川村竹治〔第12任，任期1928-9年〕為止的10年之間，臺灣總督雖頻繁更迭達6次，不過其一貫的基調則可求諸臺灣總督田健治郎的訓示，即從認知臺灣社會的特殊性移轉到內地延長主義、同化主義，聲言尊重教育、文人政治及民族融和，同時經濟上從強調開發島內產業，前進到特別是臺灣與日本的連結及向華南、南洋發展。如果將前期稱為日本帝國主義下臺灣的警察政治建設時代，後期則進入文治發展期。要言之，帝國主義在臺灣島內，穿上比從前稍微柔軟的衣裳，同時強調積極發展對外經濟，這些就是近年臺灣統治政策的特徵。今日的臺灣統治，即使無法說已經不是警察政治，但是與從前相較，其面目有所改變則是事實。又，臺灣總督田健治郎所制定的臺灣總督府評議會、地方團體協議會，以及「最後進入政治均等之域」的聲明，如看其後的運用，還是實現了若干效果，可說多少類似美國就菲律賓所宣示的「瓊斯法案」[*]改革[8]。無論如何，日本的臺灣統治方針及制度，自田健治郎以降邁向新方向，則是無庸置疑。那麼，帶來臺灣統治政策變化的

原因為何呢？應在於島內及島外，特別是日本與中國的情勢變化。這是因為臺灣經由日本及華南、南洋，成為世界經濟的一環，立於日本與中國這兩把火之間。日本受世界大戰影響，可見到其帝國主義發展以及社會運動深化。在中國，特別是臺灣的對岸，臺灣漢人的故鄉南中國，則可看到推動民族運動、反帝國主義運動的中國國民黨取得根據地。而日本帝國主義支配臺灣島內進展的必然結果，就是臺灣漢人的民族運動亦趨於成熟。於明治年代結束到大正年代開始之際，識者已指出臺灣統治的核心問題是原住者政策，即因應臺灣漢人政治、社會覺醒的處置，警告當局必須改革統治方針[2]。在如此的狀況下，我國政府統治臺灣的方針，便採取劃時代的措施，即在「文官總督」之下推行文治政治，強調日臺人共存融和，同時一方面也揭舉臺灣的對外經濟發展為重要政策。這是當時的大勢所趨，不過是世界大戰後全球殖民地統治政策的轉向，以及帝國主義殖民政策的全球新趨勢在臺灣的一個表現而已。與殖民地結合、以此為根據積極加入世界經濟，以及處理殖民地民族運動，皆為世界大戰後帝國主義需面對的課題。也許就是因為如此，一方面或是壓制或緩解殖民地的民族運動，一方面鞏固殖民地與殖民國的聯結，再進一步策畫以殖民地為根據，邁向世界經濟之帝國主義擴張，就是必然的結果。此即臺灣統治上的內地延長主義，亦為帝國主義的新衣裳。

（三）在新領土殖民地施以異民族統治之際，遭到殖民地民族主義的抵抗是為通例，只是反抗的樣態有其歷史性的發展。在臺灣，最初反抗我國

---

* 該法案1916年8月29日於美國國會通過，提案人為 William A. Jones，因此稱為瓊斯法案。該法案雖正式宣言菲律賓未來獨立，並賦予菲律賓人立法權，然而菲律賓總督仍為美國人官員，並有權拒絕菲律賓議會通過的法律——譯按

領有的是因臺灣割讓感到悲憤的清國官吏及地方豪族，然後是各地活躍並擾亂日本統治的土匪，其原因雖說是日本統治所引起的政治不滿及經濟痛苦，不過其性質仍不脫水滸傳式的盜賊。向來居住在臺灣的漢人是從對岸前來的自由殖民者，有許多是與生蕃對抗的剽悍之人，即使在臺灣漢人之間，福建人與廣東人所謂的分類械鬥也為害頗深，加上鄭成功乃明朝遺民，人民對清國統治的反抗心亦大，而且政府威令不強，因此清國治下的二百年間，匪徒叛亂不絕，「五年大反，三年小反」之俗諺絕非空言，「年輕為盜，壯年就成富豪」為住民心中的理想狀況。日本領有臺灣後，從明治28年到明治34年〔1895-1901年〕為止，土匪襲擊臺北2次，襲擊臺中2次，其他各地守備隊、辨務署、支廳及憲兵屯所遭到襲擊50餘次，巡查派出所等的襲擊更不勝枚舉。到了兒玉、後藤政府之後，制定了保甲制度並以土匪招降計策施壓，最後以兵力討伐南部匪首林少貓（林少貓的根據地後來變成臺灣製糖會社的模範農場後壁林農場）才好不容易取得土匪弭平之功，時為明治35年。從明治31年至35年〔1898-1902年〕，遭殺戮之土匪人數為1萬1,950人，其中依據《匪徒刑罰令》判決處以死刑的人數為2,998人 [10]。

　　然而明治40年〔1907年〕北埔事件爆發，同45年〔1912年〕林杞埔事件，其後到大正4年〔1915年〕為止，暴徒襲擊官廳及政治陰謀計約10件，其中以大正4年的西來庵事件最大 [11]。這些都發生在我國國家權力及資本家權力進入確立期的時代，皆是反抗日本資本的壓迫（例如林杞埔事件與竹林放領給三菱的問題有關）及警察政治（例如北埔事件跟保甲民參與生蕃討伐有關），或是思想受到大正元年中國革命的影響而計畫革命陰謀。即使最終無法成為革命行動，然而大都以援兵會從中國過來或受中國冊封任官為號召糾集人民，都是希望能擺脫日本的統治。不過，無論從首謀的閱歷

動機、民眾的附隨或是運動的迷信色彩及暴力性質來看，多屬個別衝動性
且地區性事件，稱不上有組織的民族運動。這是因為資本主義的發展浸
透、教育某種程度的普及、政治自由思想的產生，都是現代民族運動不可
或缺的前提。

　　臺灣現代民族運動之始，為大正3年〔1914年〕11月伯爵板垣退助來臺
組織臺灣同化會，以化育臺灣人為日本人，並主張應給予臺灣人與日本人
相同的權利待遇。臺灣總督府極力壓制此運動，板垣幾乎等同於被驅離臺
灣，同化會則於大正4年2月被勒令解散。此運動對臺灣的政治發展而言，
很明顯畫出一個轉機，以參與此運動的臺中資產家林獻堂為中心，臺灣人
的民族運動就此崛起。〔本篇〕第三章所述私立臺中中學校設立的請願，
即為其第一次發聲。對於臺灣人要求臺灣同化會宗旨中「與日本人相同的
權利待遇」之運動，臺灣總督府則同樣採用同化會宗旨中的「化育為日本
人」作為統治方針，甚至標榜同化主義。

　　在專制政治國家，一般都是先在國外組織反抗此專制政治的政治運
動，臺灣的民族運動先驅也是在東京留學的一群學生。他們組織「六三撤
廢期成同盟會」，希望廢除臺灣總督專制政治的依據，即所謂的《六三法》。
大正9年〔1920年〕開始發行機關刊物《臺灣青年》月刊雜誌，大正11年改
稱《臺灣》，大正12年再改為《臺灣民報》，大正14年起由月刊變成週刊。
《臺灣民報》向來不被允許在臺灣島內發行，其稿件是先在臺灣完成，再
送到東京印刷發行，然後再送回臺灣，因此不得不經過內務省及臺灣總督
府雙重的審查。而且在臺灣發生的事件最快也需要三週才能登上《臺灣民
報》，再送達讀者手上，幾乎無法作為新聞之用。到了昭和2年〔1927年〕7月，
才好不容易獲得在島內發行的許可，如今為臺灣人唯一的言論報導機關。

　　以《臺灣民報》為機關，臺灣人的政治運動是發起「臺灣議會請願運動」，大正10年〔1921年〕2月林獻堂等178人署名，開始向帝國議會提交請願書。大正12年底臺灣總督府以《治安警察法》彈壓此運動，蔡培火等數人遭牢獄之災。即使如此，此運動依然年年繼續，昭和3年〔1928年〕以2,000餘人署名進行第九次請願。臺灣議會請願的宗旨，在於主張臺灣歷史的特殊性，以此為前提要求設置「不論住在臺灣的日本人或臺灣人，以及行政區域內的熟蕃人，均以公開的方式選出代表並組織之，設置特別代議機關，有權議決基於臺灣特殊狀況所需的法規及臺灣預算」，即目的為爭取協贊臺灣總督的律令及臺灣總督府特別會計預算權。日臺共通施行的立法事項及屬於一般會計的預算，皆屬帝國議會的權限，而臺灣議會所協贊的法規也需天皇的裁可，因此與日本政府的聯絡不可或缺，其宗旨即在日本統治權之下一定限度的內政自治權，性質可說如同 Home Rule 運動[*]。雖說延用到臺灣的日本法律已經很多，使得今日臺灣總督律令權的範圍越來越受限縮，但是需要臺灣特殊立法的事項仍然不少。特別是臺灣總督府財政獨立下的臺灣人，由於具有自行協贊自己預算的權益與資格，因此臺灣議會請願運動實際上具有充分的政治意義。要言之，第一就是針對臺灣總督的專制政治要求參政權，第二針對政府同化主義及內地延長主義主張臺灣的特殊性。臺灣總督府目前雖未將臺灣議會請願運動視為違法，但關於住民參政也僅設置有名無實的臺灣總督府評議會。帝國議會亦極其冷淡，對於臺灣議會請願至今甚至連適當的審議皆未曾舉辦，每年僅在帝國議會速紀錄裡填寫一二段文字而已。

[*]　1870到1914年的愛爾蘭自治運動──譯按

　　接著議會請願運動，大正10年〔1921年〕10月，同樣以林獻堂為首，以蔡培火、蔣渭水等人為中心設立文化協會。《臺灣民報》、議會請願運動及文化協會系出同源，只是文化協會的使命是臺灣人社會解放及文化提升，為自助性、啟蒙性的文化運動，平日在各地舉辦演講會。文化協會是長久以來唯一且全部由臺灣人所組織的民族運動團體。不過，大正15年末〔1926年〕，具有馬克思主義傾向，約20餘人所組織的「臺灣無產青年會」一派，在連溫卿的指導下潛入文化協會，謀取幹部的位置，並於昭和2年〔1927年〕修改會則，在委員制度下嚴密統制，以「實現大眾文化」為綱領，將文化協會的組織及方向轉向為無產階級運動。如此一來，便造成文化協會分裂的形勢。文化協會的創設者，即部份原有幹部遂離開協會，另組織新團體。同年（昭和2年）雖成立政治結社「臺灣民黨」，但是臺灣總督府6月3日以《治安警察法》下令禁止。其理由是綱領中有「臺灣人全體之政治的經濟的社會的解放」之文句，挑起民族反感，妨礙日臺人融和。臺灣總督府的方針是既不明言此黨非民族鬥爭團體，但是也不允許結黨[12]。因此，7月10日這些人再組織「臺灣民眾黨」，以「確立民本政治、建設合理的經濟組織及更除社會制度之缺陷」為綱領[13]，此即臺灣唯一政治結社的出現。於是至此，作為臺灣人解放運動的團體，便有高調立足於無產階級運動的文化協會，及以立足民族運動為本旨的臺灣民眾黨之兩者並存。

　　農民運動以大正14年〔1925年〕臺中州二林的蔗農組合為嚆矢，開端是作為文化活動而舉辦的農村講座，最後演變到對林本源製糖會社的甘蔗收購方法及價格發起抗爭。同年於高雄州鳳山，為了新興製糖會社土地收購事件及政府放領民間擅自開墾的土地給退職官員之事件，也看到農民組合的設立。臺中州大甲郡的農民，為對抗政府放領民間擅自開墾土地給退

職官員而組織組合，此二個農民組合於大正15年6月再合併組織成臺灣農民組合後，在臺灣各地設立支部，到了昭和2年〔1927年〕11月底，計有州支部聯合會4所、支部23所、出張所〔辦事處——譯按〕4所，組合成員2萬4,100人。臺灣農民組合的代表曾於昭和2年2月訪問日本，就竹林問題及退職官員的土地放領問題向眾議院請願，與日本農民組合及勞動農民黨接觸並獲得支持，接受勞動農民黨聘為顧問後回到臺灣。昭和2年4月，大屯農民800人前往臺中警察署抗議、7月北港農民4,000人前往北港郡役所抗議、10月與大豐農林會社土地放領問題有關的農民200人包圍臺中州廳、新竹州中壢的農民包圍日本拓植株式會社、11月全臺53個地方舉辦反對臺灣總督府土地產業政策的演講會、12月臺灣農民組合大會首次在臺中市召開，農民運動頓時活躍紛起。日本農民組合及勞動農民黨派代表出席全臺農民組合大會，大會於其決議事項的最開頭，揭舉「組織特別活動隊」及「支持勞動農民黨」。如根據農民組合總部自己所言，「以12月4、5日於臺中市樂舞臺〔戲院名〕所召開光輝的第一次全臺大會為契機，我們已然進入轉換方向的契機。我們為了我們的理論戰鬥，在光輝的大道上，持守確定穩固的方針前進，我們必須以馬克思主義的變革理論為探照燈，照亮我們的前路」[14]。反對臺灣總督府土地產業政策的全臺演講會是由文化協會與農民組合共同舉辦，由此可見臺灣農民組合及文化協會的幹部同樣受到日本勞動農民黨的指導，轉向馬克思主義。

其次，工業勞動者的運動從大正13、4年〔1924、5年〕左右開始，逐漸有勞資爭議相關的組合設立，到了昭和2年〔1927年〕很快地在全島普及，機械工、鐵工、木工、石工等各種工友會在各地設立。昭和3年2月集結這類29個團體組合、成員總數6,367人的臺灣工友總聯盟成立，由原文協

成員兼臺灣民眾黨鬥士蔣渭水的勢力所成立。其會則據言是以南京總工會的會則為範本，即其精神可說得自中華民國的三民主義。工業勞動者的勞資爭議，於昭和2年4月發生高雄鐵工所臺灣人職工百餘名全體罷工後，進入新的時期。昭和3年5月，同樣在高雄市的淺野セメント會社也發生罷工，全臺各地的工友會表示同情並提供援助。兩者的罷工原因，與其說是勞動條件的內容，還不如說是要求資方承認勞工的團結權。

此外，昭和2年無政府主義的臺灣黑色青年聯盟成員遭到警方逮捕，8月發生廣東臺灣革命青年團事件，不過皆未演變為重大事件，對社會的影響力亦微弱[*]。

要言之，臺灣人在臺灣島內有組織的政治運動、社會運動，屬於大正10年〔1921年〕以後的事情，特別是在昭和2年〔1927年〕，整個局面有飛躍性的發展且運動方向也有所轉變。今日值得注意的是政治思想團體臺灣民眾黨及文化協會、經濟階級團體農民組合及工友總聯盟這四個組織。彼此間的相互關係，雖說今日尚未整合，不過大致而言，農民組合與文化協會、工友總聯盟與臺灣民眾黨特別有聯絡[15]。農民組合與工友總聯盟尚未有直接的聯絡，臺灣民眾黨與文化協會則處於對立。文化協會及農民組合與日本的勞動農民黨有關係，臺灣民眾黨則尚未有互相提攜的日本政黨。臺灣議會請願以臺灣民眾黨為中心，在眾議院為此運動引介的議員為革新黨的

---

[*] 臺灣黑色青年聯盟：日人小澤一來臺，聯絡各地無政府主義學生，1927年1月於彰化成立聯盟。當局查知後於2月逮捕相關成員並判刑。廣東臺灣革命青年團：由當時在廣州的臺灣學生和青年組成，呼應國民黨的革命主張，投書報刊並發行刊物，提出打倒日本帝國主義等訴求。發行之刊物《臺灣先鋒》得李濟琛題字，並曾邀戴季陶演講。當局發覺此組織後，趁1927年暑假許多學生返臺，逮捕相關成員，部份學生被判刑——編按

田川大吉郎、清瀨一郎及民政黨的神田政雄等人，不過都是以個人名義為之，並非出於其所屬政黨的政綱所支持。雖說革新黨最具善意，但是該黨在帝國議會的勢力極為弱小*。另外比較活動的指導精神，文化協會及農民組合來自日本的共產主義意識形態，臺灣民眾黨及工友總聯盟毋寧是抱持著中國國民黨的意識形態。文化協會與臺灣民眾黨的對立，與中國的國民政府內部共產主義與三民主義的對立類似。文化協會主要立足點為階級鬥爭，臺灣民眾黨則以民族解放運動為主。採階級鬥爭或是民族運動，是今日臺灣社會運動理論鬥爭的核心議題。

目前，臺灣的階級運動必然帶有民族運動的性質，其社會理由如下：（1）農民組合及工友會抗爭的對象是大資本家，而如前詳述一般，大資本家係由日本人獨占。高雄的臺灣鐵工所及淺野セメント會社如此，中壢農民抗爭的對象日本拓殖株式會社，亦為鈴木商店系統的事業，各製糖會社的所有或經營亦都屬於日本人的勢力範圍。（2）各地農民組合設立的直接原因，大多出於大正14年〔1925年〕臺灣總督府於行政整理之際，將所謂未經許可、民間擅自開墾的土地放領給退職官員，所引起當地農民的苦痛。其他像是竹林事件或大豐農林事件[16]等農民組合運動及農民抗爭，發生的原因也多與臺灣總督府的土地放領相關。亦即雖是經濟鬥爭，同時也是對臺灣總督府的政治鬥爭，因為這些運動的直接對象多為臺灣總督府、州廳或是郡役所警察署。（3）臺灣的農民組合及工友會不能視為純粹的無產階級團體。農民組合的成員不僅包含地主，一般甚至還有中產階級乃至資產家的援助，這是因為農民運動的最大對手是製糖會社。在臺灣不以製

* 1928年眾議院16回總選舉，466席中獲得3席——編按

糖會社為主要訴求對象的農民運動，尚屬於個別且不正規的運動，其社會意義亦稱不上已充分發揮。農民對製糖會社的關係，與其說是農場的農業勞動者，大部份還不如說是甘蔗的販售者。因此就此點而言，其利害關係不只是與製糖會社的佃農，甚至也與自耕農、地主共通，此即為何地主會加入農民組合，提供知識及財力援助的原因。況且臺灣人中產階級所從事的工商活動，屢次遭受日本人大資本家及臺灣總督府干涉，大東信託株式會社即為著名事例，因此臺灣人資產家同情、援助農民組合與工友會等運動，也就不足為怪。然而這不僅是出於民族關係，亦有經濟關係上的理由。由以上說明可知，臺灣基於殖民地情勢發展出的階級運動，同時帶有民族運動性質。另一方面，其民族運動又帶有階級運動的性質。臺灣與朝鮮不同，原住者臺灣人並未完全被無產化。即使土地集中或是企業方面的狀況，臺灣人大資產家也由於在地主及資本家方面的勢力較強，因此其民族運動雖無法完全轉換為無產者的階級運動，但是至少在對抗臺灣總督府及日本人大資本家時，民族運動可以與階級運動同時進行。不過與臺灣總督府及日本人大資本家的利害融和並從屬之的臺灣人大資本家，從臺灣人民族運動的立場來看，當然不列入考量。為了對抗大正11年〔1922年〕以林獻堂為首成立的文化協會，由所謂首席御用紳士的辜顯榮、林熊徵擔任會長及副會長的「公益會」，也於大正12年設立，不過很快就消失。要言之，由於後者這派自始就被排除在外，因此大致而言，臺灣的民族運動即是階級運動，階級運動即是民族運動。兩者關係與其說是互相排斥，還不如說相互競爭的情形比較多，此即殖民地社會特徵使然之處。

　　臺灣的社會運動仍處於其歷史的開端。臺灣尚處於農業社會，又是殖民地，嚴格而言，社會條件尚不足以發展出純粹的無產階級運動。無需贅

言，臺灣的資本家企業已經完成獨占集中，但是主要屬於製糖業，與之有關的臺灣人民眾大部份是農民，其教育文化程度仍然極低。農民組合成員雖然號稱超過2萬人，但是內部的團結及訓練恐怕仍然不充分。按照馬克思主義的理論，工業勞動者應該是社會鬥爭的指導者，但是臺灣缺乏純粹大工業，工業勞動者無可避免的發展不足。不僅如此，如上所述，實際的經濟鬥爭有很多直接針對臺灣總督府的土地及產業政策，對象既為臺灣總督府及大資本家，臺灣人各階級就得以採取共同行動，也就是臺灣的社會基礎不足以產生純粹而排他的無產階級運動。文化協會的分裂、農民組合轉向馬克思主義，與其說是出自臺灣社會自身現實的情事，還不如說是受外來思想影響，是觀念上的產物。從而殖民地臺灣的社會運動必然是超越階級的全民性運動，只是問題在於要由那個階級來領導，而此也必然是由臺灣的社會狀況來決定。在臺灣，農民與勞動者的生活水準低，教育普及程度依舊不高，迷信亦多，相對而言，中產階級與知識階級則處於有力的地位並具備實力，此狀態並不見於朝鮮。因此在尚未有臺灣人自辦的日報、在參政權絲毫不予臺灣人的臺灣，未來恐怕是以中產階級為中心結合有產、無產兩者的全民運動，來領導爭取政治自由的鬥爭。並且隨著目的達成，臺灣的社會將逐漸轉變成正規的現代社會，階級對立的關係也會因此單純化，並在此明確的基礎上發展。此情形也顯示於愛爾蘭的歷史，由此可見殖民地政治發展的法則[17]。

　　總之，最受文化協會及農民組合左傾化刺激的是臺灣人解放運動唯一的推動者，即文化協會的原幹部一派。這些人士組織了臺灣民眾黨，除了繼續推行以往的文化啟蒙運動外，也開始投入政治活動，不只在帝國議會的開會期間發動臺灣議會請願運動，也經常議論臺灣島內現實的政治問題

（見註13所記載臺灣民眾黨的綱領說明及政策。組黨後一年內，民眾黨在全島各地舉辦政治談話、演講會338次），或是發布反對臺灣總督府評議會的聲明，也鼓勵並實行地方團體旁聽、監視及批判協議會，以及主張改造協議會等，臺灣人對臺灣總督府施政的政治批判因而開始具體化。臺灣總督府對這些運動採行如何的政策？文化協會與臺灣民眾黨如何處理雙方的對立？論斷這些問題的材料雖然尚未充分，不過如果從臺灣總督府延宕多年後，終於在昭和2年〔1927年〕7月許可《臺灣民報》島內發行，並且允許屬於政治結社的臺灣民眾黨組黨，可以察覺到臺灣的社會情勢已經使以往的專制政治難以繼續維持。昭和2年，臺灣的政治史畫下了一個新的時期（昭和3年夏以後，臺灣總督府特別打壓文化協會及農民組合的幹部）。

（四）日本統治臺灣30年，治績被稱讚為成功經營殖民地的稀有模範。於割讓之際，清國全權大使李鴻章列舉臺灣難治的原因在於氣候風土的不健康、住民吸食鴉片的習慣難以戒除、匪亂難以根絕及剽悍不接受治理的蕃人居住其間，以此欲摧折日本要求割讓臺灣的氣勢，這些在日本的統治下全部改頭換面。如今衛生設施改良使惡疾減少、《阿片令》即將完成其漸禁之效果，臺灣人認為難以根絕的匪亂，也已平息，確立了安寧秩序，再者更使蕃人趨向和平，幾乎不見蕃害發生。全島交通及交易安全，經濟產業興隆，教育制度完備。日本領有臺灣當時，國內外人士皆質疑日本國民統治殖民地的能力，如今此能力已然證實。而在臺灣資本主義化的過程，雖說日本人大資本家占有獨占性的支配地位，教育也特別對日本人有利，不過與日本領臺前比較，也無法忽略臺灣人生產力、富裕及文化程度顯著的提升。然而在政治關係方面，住民的參政權尚處於零的狀態，就總督專制之極端而論，臺灣又屬世界殖民地稀有的例子，然而臺灣人的政治

自覺已被點燃。臺灣總督府雖然以同化為政策，但是如果要等到380萬臺灣人都同化成日本人之時，才開放人民參政之途，或是統治者害怕的人民參政活動發展下去，此二種情形或許都會使得同化政策被迫無法貫徹下去。臺灣總督府雖然以一視同仁、共存共榮為標語，但是最終能否使之不致止於口號上的保障，以及殖民地是否能夠施以文明統治，端賴統治者是否能在適當的時期給予原住者參政權[18]。兒玉、後藤的政治口號是「生物學式的政治」，高調指出政策不應固定不變，而是要順應實際的社會狀況，不得不說這是傑出的觀點。近年臺灣的社會關係有顯著的成長和變化，因此相應之政策亦隨之進化發展，勢必要適應現代的情勢。而到了今日，所謂臺灣統治成功的結果本身——資本家大企業、交通的發達、教育、協議會等，已然在經濟上、社會上、政治上，以及物質條件、人民素質上，使得臺灣統治政策的改革勢在必行，這是因為帝國主義的發展就等於帝國主義矛盾的發展。（完）

....

1　佐佐木忠藏、高橋武一郎共著，《臺灣行政法論》，頁308以下。

2　竹越與三郎，《臺灣統治志》，頁259。

3　後藤新平述，《日本植民政策一斑》，頁127以下。

4　蔡培火，《日本々國民に與ふ》，頁42〔中譯頁123〕。

5　持地六三郎，《臺灣殖民政策》，頁287。

6　臺灣總督明石元二郎施政方針訓示的草稿，寫道「如說要同化臺灣人，一定會有人說這是困難的事，而且容易因為恩情變得狎近，不如施以威壓。所謂威壓，究竟要有何作為？又所謂的恩情是要用欺瞞嗎？如果以這個手段，對方也不會上當的……我對臺灣沒有任何的想法，是為了要將臺灣變成日本真正的領土，因此來

到此地，也想將臺灣人日本化」（山崎繁樹、野上矯介共著，《臺灣史》，頁592）。可惜明石雖然是個好漢，不過他卻不知殖民地統治的方針不是以威壓或同化即可，況且同化政策實質上往往僅歸於壓抑而已（拙著《植民及植民政策》，頁302-6〔全集第1卷，頁247-50〕）。對居住於東臺灣的平地蕃人阿美族的同化政策，其影響可見花蓮港廳庶務課長和田博饒富意味的記述（《臺灣時報》第89號所載〈內地移民と蕃人教化〉）。

7 關於歷任臺灣總督的施政方針，見《臺灣年鑑》（昭和2年〔1927年〕版），頁119-32。

8 拙著《植民及植民政策》，頁340-1〔全集第1卷，頁275-6〕。

9 持地前引書，頁14-6、430-2。東鄉實、佐藤四郎共著，《臺灣植民發達史》，頁480以下。

10 後藤前引書頁27以下。東鄉、佐藤前引書，頁158-9、片岡巖，《臺灣風俗誌》，頁1115-6。

11 片岡前引書，頁1123-4。

12《臺灣民報》162號（昭和2年6月19日）。根據警務局長說明，禁止臺灣民黨的理由係「臺灣人全體」及「解放」的字眼有害民族的融和，內含民族鬥爭的意義，因此不予許可。然而臺灣人全體並不是說臺灣漢人，實則包括居住在臺灣的日本人、漢人及熟蕃人，此意涵在臺灣議會請願書中明確表達，從臺灣民眾黨的主張也可清楚看到。事實上，臺灣民眾黨是在敦促在臺日本人協助獲得政治自由。因此，臺灣議會請願及臺灣民眾黨的主張，只不過是抗議臺灣總督專制政治，並非排斥日本或在臺日本人的排他性民族運動。然而在臺日本人中，不僅只有資本家，其他人也普遍希望臺灣總督的專制政治能夠維持下去，因此這些運動變成臺灣人解放運動，被迫帶有民族運動的性質。如果這些運動阻礙了民族的融和，則在臺日本人應該負擔責任。

13 臺灣民眾黨的政綱說明如次所示。甲、政治：一、民本政治的確立：以立憲精神為根據，反對臺灣總督的專制政治，司法、立法、行政三權完全分立，讓臺灣人有參政權。二、合理的經濟組織建設：提升農工階級的生活水準，使得貧富趨向平等。三、社會制度缺陷的更除：改革社會的陋習，實行男女平權，確立社會生

活的自由。其次,對於階級問題,黨的態度是一、要求全民運動與階級運動同時並行。二、擁護農工階級,即階級運動的實行。三、扶助農工團體之發達,即打造全民運動的核心勢力之所在。四、謀求農工商學的聯合,即打造全民運動共同戰線。五、本黨參與並顧慮到農工階級的利益,合理的調整階級,使之不致妨礙全民運動的前進。六、結合臺灣各階級的民眾,在黨的指導下,實現全民的解放運動。另外,其政策主張有甲、政治:一、州市街庄自治機關的民選,並授予決議權,選舉辦法則採普通選舉制。二、為實現集會、結社、言論、出版自由,要求即刻許可臺灣人得在島內發行報紙雜誌。三、要求改革學制(實施義務教育、公學校的教學用語需日臺語並用、公學校應將漢文列為必修科目、日臺人教育機會均等)。四、要求撤廢保甲制度。五、要求改善警察制度。六、要求司法制度的改革及實施陪審制度。七、要求施行《行政裁判法》。八、要求廢除前往中國的旅券〔護照〕制度。乙、經濟:一、要求改革稅制及節約冗費。二、要求改革臺灣的金融制度,儘速開設農工金融機構。三、擁護生產者利權,廢除所有剝削機關及制度。四、改革農會及水利組合。五、改革專賣制度。六、要求勞動立法。七、要求佃耕立法(六、七兩項於昭和3年〔1928年〕7月15日第二次全島黨員大會上決議追加)。丙、社會:一、支援農民運動、勞動運動及社會團體的發展。二、確認男女平等的原則、支援女權運動、反對人身買賣(《臺灣民報》166、218號)。

14 《臺灣民報》189號(昭和3年1月1日)。

15 昭和3年7月15日,臺灣民眾黨第二次大會報告該黨社會部事業,計有工友總聯盟所屬工友會團體40餘個,會員8,000餘人,農民協會4個、商民協會1個。

16 大豐農林會社收割並沒收農民未經政府許可擅自在臺灣總督府租給該會社(如開墾成功則獲放領)的土地上種植的香蕉,涉及該事件的農民據說達3,000餘人(《臺灣民報》179號)。

17 參照拙稿〈アイルランド問題の發展〉(《經濟學論集》第6卷第3號)〔全集第3卷,頁651〕。

18 拙著《植民及植民政策》,頁277〔全集第1卷,頁227〕。

第二篇 臺灣糖業帝國主義

本篇試就〈帝國主義下的臺灣〉有關糖業的部份，再予以詳論。

也就是以糖業為中心，所見帝國主義在臺灣的發展史，

以及以臺灣糖業為中心，所見的日本資本帝國主義發展史。

如此探討的原因，在於糖業不僅是臺灣首屈一指的大產業，

在日本帝國的產業界也是僅次於電氣及紡織業的大企業，

不論研究臺灣問題或日本資本主義，皆占據重要地位。

在進入本論之前，我想先概觀世界糖業的歷史，

以此瞥見糖業原本就是殖民地的產業，

以及歐美列國在糖業進行帝國主義競爭的歷史，

由此當可明白日本在臺灣獎勵糖業及其發展的背景。

・第一章・

糖業與殖民地

　　砂糖的原料——甘蔗的原產地據說是在恆河流域，由此往東傳播到中國、南洋、日本，往西則是敘利亞、埃及、地中海諸島，經西班牙最後傳播到南北美洲及夏威夷。甘蔗糖業的歷史即為殖民的歷史。甘蔗往西傳播的開端，據說是亞歷山大的印度遠征。十字軍東征時期，許多人在賽普勒斯等地經營蔗園，從事砂糖製造，砂糖乃十字軍貿易的主要商品之一。爾後，「地理大發現時代」的先驅葡萄牙王子亨利於1419年占領馬德拉〔Madeira〕島，引進西西里的甘蔗，以此為開端，接著在亞速〔Azores〕群島、加納利〔Canarias〕群島種植甘蔗，並將在非洲沿岸航海時擄獲的黑人當作奴隸，投入砂糖的生產。美洲被發現後，甘蔗立即被移植過去，早在哥倫布第一次航海的1492年，葡萄牙的猶太人即已移居到西印度群島的聖托馬斯〔Saint Thomas〕島興辦糖業，到了1550年左右盛況空前。巴西從馬德拉島進口甘蔗，1590年甘蔗農園約有100處，1600年砂糖出口量高達6萬箱（每箱500磅）〔約1萬3,500噸〕。賽普勒斯、西西里等地中海諸島的糖業，

因而於1570年左右衰滅，砂糖的中心地區變成巴西。當時猶太人在伊比利半島遭受迫害，前往巴西的主要也是形同放逐被迫遷移的猶太人。這些猶太人將糖業移植過去，之後又從巴西被驅逐出去而移居西印度群島，並且使已經移植到此地的糖業更加興盛1。於是英屬的巴貝多〔Barbados〕與牙買加、法屬馬丁尼克〔Martinique〕、瓜地洛普〔Guadeloupe〕與聖多明哥〔Santo Domingo〕、荷屬蘇利南〔Suriname〕等西印度群島，形成所謂的「砂糖群島」、「砂糖殖民地」，皆以榨取黑奴勞動的作法大規模經營蔗園，使得砂糖的生產及出口激增，成為商人致富的泉源。自17世紀初以來，砂糖成為歐洲日常食品，正是西印度群島糖業興隆的結果。又，在當時的模里西斯、印度、爪哇等東印度群島殖民地，砂糖也是主要生產物。16、7世紀歐洲各國的殖民地競爭，除了金銀之外，亦以嗜好品為目標，其中心即為砂糖。在現代，世界大戰前後列強的殖民地活動號稱「石油帝國主義」，19世紀則應可稱為棉花時代，相對之下，重商主義的殖民地活動如說是砂糖時代，應該不致言過其實。如次表所示18世紀末的世界產糖狀態，法屬殖民地居首位，英屬次之。不過，拿破崙戰爭封鎖歐洲大陸後，歐陸國家從殖民地進口砂糖受阻，可見到糖價暴漲的情形。此時，甘蔗糖的競爭對手突然出現，即甜菜糖。

18世紀末產糖表（北美洲除外）2	單位：阿姆斯特丹噸〔1976.4公斤〕
法屬殖民地（1788年）	93,045
英屬殖民地（1781-85年平均）	78,029
荷屬殖民地（1768年）	20,550
古巴（1790年）	13,993

巴西（1796年）	34,276
葡屬殖民地（1785年）	8,892

　　甜菜原本是家畜的飼料，1747年德國的化學家馬爾葛瑞夫（Andreas Sigismund Margraf）發現甜菜含有糖份，最後由其弟子阿哈爾德（Franz Karl Achard）成功製造甜菜糖，此即沒有生產砂糖殖民地的德國所建立的實驗室「砂糖殖民地」。恰如今日人造絲、人造樟腦，此即當時的「人造砂糖」，誠屬糖業界的一大革命。獨占甘蔗糖貿易的英國大糖商，曾試圖以20萬塔勒爾〔Taler，貨幣單位〕收購阿哈爾德的實驗，然後對外宣稱其實驗失敗，不過並未如願。受困於封鎖的歐陸各國反而開始熱心建設甜菜糖業。普魯士國王腓特烈威廉三世〔Frederick William III〕提供宮廷的土地及工廠建築資金（1801年），法國拿破崙一世更是下令強制種植甜菜，積極獎勵製糖，奧地利亦興起甜菜糖業。不過1814年拿破崙遜位、歐陸封鎖解除後，興盛一時的甜菜糖業因甘蔗糖恢復輸入而遭受打擊，大部份的工廠因而關閉。然而自1830年代起，技術進步成功地提高甜菜製糖率，另一方面又受到西印度群島甘蔗殖民地廢除黑奴制度的影響，甜菜糖業再度興起。相對於甘蔗糖，甜菜糖的產量增加速度明顯。1852-3年度世界產糖量（英屬印度除外），甘蔗糖占86.0%、甜菜糖14.0%，到了1899-1900年度變成甘蔗糖34.7%、甜菜糖65.3%。19世紀後半期兩者的占比完全顛倒，而甜菜糖生產的中心則為德奧俄三國。這是因為法國在拿破崙沒落後，雖然依舊獎勵國內的甜菜糖生產，但是另一方面由於仍據有生產甘蔗的殖民地，因而引發殖民地抗議，結果無法專事獎勵甜菜糖。為了平衡國內甜菜糖及殖民地甘蔗糖的待遇，19世紀法國的砂糖關稅制度朝令夕改。[3]反之，沒有甘蔗殖

民地的德奧俄三國則全力生產甜菜糖，給予出口莫大的獎勵，因而於19世紀後半可見顯著發展。

德國視國內砂糖稅為製造稅，以原料甜菜的重量與預定製糖率課稅。由於預定製糖率低於實際製糖率，使得多生產出來的砂糖免稅，卻仍以課稅後的市價出售。而且出口退稅的對象是全部的出口量，因此未稅的砂糖也從國庫獲得退稅，在此保護之下，德國的砂糖生產及出口激增。然而由於此制度使國庫的砂糖稅收入銳減，因此於1891年廢除。德國政府原本計畫改採直接輸出獎勵金制度，並逐漸減少獎勵金額，不過由於當時從美國進口的穀物激增，穀價因而下跌，德國的農業資本更加轉而投入甜菜業。政府為了保護此產業，反而增加獎勵出口的金額，對砂糖輸出的鐵路運輸費用提供特別折扣，並給予航運補助金。資本家則模仿奧國組織卡特爾，積極進行對外傾銷。如次表所示，19世紀後半德國從砂糖進口國一變為出口國[4]：

年平均	進口公噸（1,000Kg）	出口公噸（1,000Kg）
1856-65	369,414	119,875
1866-75	388,877	530,273
1876-85	144,668	6,072,346
1886-95	103,950	13,952,438
1896-1900	26,768	20,895,653

又，1870年度的出口額雖不過是生產額的19%，但是到了1884年度卻已經高達60%左右。

奧國也大約在1875年左右退稅給砂糖出口業者，金額超過其在國內所繳稅額，奧國糖業因而大興。為了解決生產過剩的問題，精糖業者於1890年組織卡特爾，不過很快就解散。1898年以精粗糖業的聯合為基礎，成立更為強固的卡特爾組織，不僅在進口稅的保護之下獨占國內市場，獲取卡特爾價格所帶來的超額利潤，同時亦以傾銷的方法擴張海外市場⁵。

法國也因為從德奧進口的砂糖自1880年代起激增，壓迫到國內糖業，因此對外國傾銷的砂糖課以極苛的進口稅，同時為了恢復本國製砂糖出口，也發放出口獎勵金。

在這些歐陸國家中，因上述砂糖政策蒙受苦痛的是國庫及本國消費者，在外國甘蔗生產地享受特別利益的是本國獨占資本家及外國消費者。英國為砂糖消費國同時又據有砂糖殖民地，因此就此點有著利害關係交錯的情形。由於甜菜糖的傾銷，英國原本1英擔〔hundredweight，約50.8公斤──譯按〕25先令以上的砂糖，1875年降到20先令，1887年12先令1便士，1896年9先令，1902年7先令4便士。糖的消費者當中，特別是果醬、糖果、餅乾、罐頭等製造業者大受其利，而印度、模里西斯、西印度群島的甘蔗糖業者則大受打擊，尤其以往壓榨黑人奴工、從事甘蔗單一耕作的西印度群島，經濟狀況甚為悲慘。當地居民不斷向母國要求補助救濟，地主甚至不斷揚言希望成為美國的國民。或許因為如此，張伯倫〔Joseph Chamberlain〕上任殖民地大臣後，劈頭第一件施政即是任命西印度群島調查委員，並於1897年公開發表內容詳細的調查報告書，提案給予總額46萬鎊的補助金，以振興該地區的產業。儘管受到自由貿易主義者強力反對，不過英國政府還是從1898年起開始發放補助金。然而顯然補助金終究無法從根本解決問題，資本家因而對必須冒險的投資裹足不前，於是在張伯倫熱心奔走

下，1901年以排除砂糖競爭為目的，於布魯塞爾舉辦了國際會議。(不過，1886年索爾斯伯利〔Salisbury，當時首相〕基於保護英國殖民地的糖業，已策畫同樣以廢除出口獎勵金為目的之國際會議，卻因消費者的反對不果。接著1898年比利時也在布魯塞爾主辦相同的國際會議，最後也歸於失敗。)

此次布魯塞爾會議的成果是廢除所有直接或間接的砂糖生產及出口補助金、決定特別進口稅的最高額度、進口有補助之砂糖時需課徵不低於此補助金額之特別附加稅或得禁止進口、未接受補助之殖民地砂糖得以最低關稅進口等各項，簽署此條約的國家有英法德奧荷等西歐十國。布魯塞爾會議的意義為：

（一）德奧法等甜菜國之所以加入此協定，係因難以再承受保護卡特爾政策出口獎勵金所造成的財政負擔，即明確視卡特爾政策為加重國庫負擔的原因。此條約使得各國廢除出口獎勵金，另一方面減輕消費稅，將砂糖市場從輸出國外轉換成國內消費[6]，結果是每人平均消費量提高[7]，國內總消費量也隨之提高，砂糖消費稅的收入反而因此增加，糖業卡特爾則就此瓦解。即國民（消費者）與國庫獲得利益，糖業資本家則失去卡特爾利潤。

（二）甜菜糖業國終止傾銷後，甘蔗糖業變得安定，投資因而增加，經營及技術也趁此機會改良，使得產量提高，甘蔗糖占世界產糖總額的比率稍見恢復[8]。

（三）甘蔗糖對甜菜糖的競爭，也是英國對德奧的競爭，切勿奇怪首席帝國主義政治家張伯倫熱心鼓吹廢除出口獎勵金的國際條約，因為此出口獎勵金即為德奧的武器。布魯塞爾會議對英國而言，是針對德國砂糖帝國主義擴張的防禦戰，張伯倫以此終於得以防衛殖民地。此會議是因不堪帝國主義競爭負擔而企劃的國際協調，如用現代的文字表現，即國際主義

對一國帝國主義的揚棄，而且此要求來自帝國主義本身，即英國防衛殖民地的需求。所謂以毒制毒，與帝國主義美國主張打開列國在中國的門戶、機會均等相同，張伯倫在布魯塞爾會議主張自由貿易，完全不足為奇，也沒有任何矛盾。

（四）對於英國本身而言，布魯塞爾會議是砂糖生產者對砂糖消費者的產物，特別是甘蔗殖民地投資家對以砂糖為原料的製造業者（果醬、巧克力、罐頭等），也即是資本輸出對抗商品輸出。索爾斯伯利國際會議計畫之所以失敗，係因違反商品出口利益，張伯倫的成功則來自擁護資本輸出的利益。其理由在於國內製造業者因甜菜糖的傾銷獲得極大利益，因而順應英國傳統，主張自由貿易，但是殖民地糖業衰退使投資海外的人遭受極大打擊，因此要求本國保護干涉。然而布魯塞爾條約訂定後，消費者勢力強大，不歡迎的聲浪高昂，以致保守黨於1906年的大選失利，改由自由黨組閣執政。1907年英國遂宣布對於接受補助的進口砂糖，將不再課以特別附加稅，解除條約中的相關條款。之後布魯塞爾條約便在有名無實的情況下，經過二次更新，一直存續至1918年。世界大戰後，英國為保護殖民地糖業而制定特惠關稅，於是西印度群島殖民地憑借英國及加拿大的特惠關稅制度，才得以確保穩固安定的市場[2]。

如上所述，英國糖業政策以西印度群島殖民地的救濟問題為中心，以此，消費者的自由貿易論與投資家的保護論展開論戰，因此於世界大戰後才制定特惠關稅。美國則與此相反，由於大資本投資的是國內的甜菜糖，因此自1894年便對德奧各國的傾銷課以特別進口附加稅，1897年再調高稅率，使稅額與外國砂糖所受獎勵金相同，以此獎勵國內糖業。不僅如此，美國於1898年合併夏威夷，且經由與西班牙的戰爭獲得古巴、波多黎各

及菲律賓，這些地區都是產糖地。其中，美國於戰前至少已在夏威夷及古巴投下資本，美西戰爭的名義就是保護古巴的美國資本。戰後夏威夷砂糖及波多黎各砂糖可免稅進入美國，古巴砂糖則減稅2成，菲律賓砂糖減稅25%，以此特惠關稅保護對美國的出口。目前古巴年產糖量500萬噸，其中350萬噸銷往美國。近年由於世界砂糖生產過剩，古巴施行生產限制，但是銷往美國的部份不受限制。古巴粗糖業與美國精糖業所受之保護一目了然，兩者正是對美國糖業獨占資本的保護[10]。美國帝國主義的對外發展以石油及砂糖為兩大支柱，美西戰爭及其結果則是美國糖業資本的帝國主義活動。

現就布魯塞爾會議結束後不久、世界大戰前夕、世界大戰結束後不久及最近等四期，揭示世界各地產糖的變遷如次。一般而言，甜菜糖相對減少，尤其是在世界大戰之際急遽減少，以及甘蔗糖相對大增。另外，我帝國的砂糖增產在此期間達10倍以上，嶄露頭角，而且不見有其他相同事例。

世界產糖表（單位：長噸＝2,240磅〔約1,016公斤〕） 美國 Willett & Gray 公司調查

【甘蔗糖】		1902-3年	1913-4年	1919-20年	1925-6年
南北美洲		2,805,638	5,003,154	6,535,852	8,638,394
（其中，古巴）		998,878	2,597,732	3,730,077	4,884,658
亞洲		2,884,996	3,953,728	4,877,738	6,125,360
其中	英屬印度	1,906,784	2,291,500	3,049,157	2,923,000
	爪哇	842,821	1,272,417	1,335,763	2,278,900
	臺灣及日本	45,391	157,050	283,482	498,460
大洋洲		133,126	358,379	235,283	612,344
非洲		277,473	480,956	580,841	679,042

歐洲（西班牙）	21,677	7,576	6,048	9,000
【甘蔗糖】合計	6,122,910	9,803,793	12,235,762	16,064,140
【甜菜糖】	5,675,585	8,634,942	3,259,380	8,316,174
總計	11,798,495	18,438,735	15,495,142	24,380,314

今日世界主要的產糖國是古巴、英屬印度、爪哇、德國、捷克及俄羅斯，主要出口國是古巴、爪哇及捷克，尤其是前二者。古巴是西印度群島最大的甘蔗殖民地，至今規模依然居首，其產糖大部份輸往美國。爪哇是東印度群島最大的砂糖輸出國，日本是其最大的採買國[2]。古巴糖的生產由美國資本支配，爪哇糖的生產主要由荷蘭資本經營，不過近年日本資本亦有投入。古巴完全受美國帝國主義支配，日本糖業資本的前緣則已觸及爪哇。

在以上所述世界糖業的發展過程中，臺灣的地位究竟如何？20世紀以降，臺灣砂糖產量增加速度究竟為何能夠超越群倫、顯著發展？又，日本的資本如何發展為爪哇糖的最大採購者？以下論述將說明這幾點。

....

1　Sombat, W., *Die Juden und das Wirtschaftsleben*, SS.34-38.

2　水田榮雄譯，Prinsen Geerligs原著，《世界甘蔗糖業》，頁14。

3　Girault, A., *Colonial Tariff Policy of France*, 1916.

4　河津暹，《本邦燐寸及砂糖論》，頁119。

5　國內消費的精糖市價每100公斤定為85.00克朗〔奧匈帝國貨幣單位〕，其中15.24克朗為卡特爾的超額利潤（前引水田所譯書，頁41）。

6　德國的數字如次所示，單位為公噸（河津前引書，頁121）：

	國內消費量	出口量
1901-2 年	743,520	1,216,486
1902-3 年	809,812	1,179,079
1903-4 年	1,130,326	873,623

7 如比較布魯塞爾會議後廢除出口獎勵金、調降國內消費稅的德法奧比荷各國，以及與此無關的英義各國每人平均砂糖消費量的變遷，則可得如次明顯的對照：

（單位：斤）	德國	法國	奧國	比利時	荷蘭	英國	義大利
1902-3 年	21.70	18.20	13.45	14.53	12.58	67.85	5.87
1914-5 年	56.21	39.26	28.04	32.06	40.08	67.27	7.84

8 英屬印度除外的世界產糖，甘蔗糖所占百分比的變遷是1852-3年度86.0%、1885-6年度51.4%、1901-2年度37.5%、1911-2年度49.0%（如包含英屬印度則為55.0%）（前引水田所譯書，頁29-30、57-8）。

9 拙著《植民及植民政策》，頁527-8〔全集第1卷，頁421-2〕、藤山雷太，〈製糖〉（《社會經濟體系》第2卷，頁155-6）。

10 古巴糖總生產量（1922-3年度）中，美國資本投入的工廠產量占63.53%，其他公司占36.47%（內外糖業調查所，《砂糖取引年鑑》，頁301）。

11 各國採購爪哇糖的比較（單位：擔。藤山前引文，頁131）：

	日本	歐洲	中國大盤商方面	中國方面	英屬印度
1924年	10,387,416	8,637,021	6,699,368	2,306,180	972,517
1925年	11,503,553	11,413,034	9,642,410	—	501,066

・第二章・

臺灣糖業的獎勵

　　臺灣的甘蔗雖然是從中國傳來，不過1624年荷蘭東印度公司占有臺灣以來，確定田制、進口農具家畜、借貸資金、予以獎勵，才有產量大增的成果。1650年左右砂糖的出口量達7、8萬擔，主要輸往日本。即自豐臣秀吉、德川家康的時代開始，臺灣就是日本的砂糖供給地。鄭成功據臺之後更加鼓勵製糖，產量大增。爾後1858年美國商人至打狗從事砂糖出口，英商、澳商亦紛紛前往，1880年空前的豐收使得出口量高達106萬擔。不過1884年中法戰爭之際，臺灣遭法軍封鎖，加上世界糖價隨甜菜糖傾銷而下跌，臺灣糖業因而衰退，歸日本領有時的產量是年產7、80萬擔。

　　我國的產糖地原先始於琉球及奄美大島，擴及九州、四國及中國地方＊。明治11年〔1878年〕松方正義趁前往法國巴黎世界博覽會時研究甜菜糖業，回國之後於明治13年在北海道建立官辦製糖工廠，明治21年更有資

＊　日本的中國地方位於本州西部，橫跨鳥取、島根、岡山、廣島及山口縣——譯按

本金80萬圓的札幌製糖會社成立，不過皆沒有任何成績，前者於明治28年〔1895年〕，後者於30年解散。明治27年，我國砂糖消費量400萬擔，生產量不過80萬擔，大部份的消費有待進口。於是在臺灣領有之際，政府立即著眼於砂糖，早在明治29年即著手改良甘蔗品種。明治31年兒玉源太郎就任臺灣總督，後藤新平就任民政長官，將臺灣殖民政策的中心設定為產業振興，而其核心就是糖業獎勵。經過努力斡旋，明治33年〔1900年〕終於創設資本金100萬圓的臺灣製糖株式會社。該會社於臺南縣橋仔頭庄建設臺灣最早的新式機械製糖工廠，明治35年1月開始作業，臺灣總督府給予補助金以資獎勵。然而臺灣的產糖量於我國領臺後反而減退[1]，臺灣總督府因此於明治34年5月聘請農學博士新渡戶稻造擔任殖產局長，擬定臺灣糖業政策的根本計畫，同年9月新渡戶博士提出《糖業改良意見書》。

　　新渡戶博士的意見書首先舉出日本領臺以後，糖業衰退、產量減少、蔗園荒廢、蔗農窮困的各種原因，即（1）日本領臺兵亂之際，地方豪族返回中國，造成資本外流。（2）土匪兵燹造成蔗園荒廢。（3）討伐土匪造成死傷，鐵路工程等招工人數增加，致使蔗園勞動力不足。（4）為開鑿軍事道路而徵用土地，以及為防止土匪潛伏，道路兩側一定區劃內禁止蔗作導致蔗園面積減少。（5）課稅苛重。（6）製糖利益遭糖商壟斷，未及生產者，另一方面生產者又為工資上漲所苦。諸此種種原因，由於皆屬人為因素，因此新渡戶博士認為應可透過政策改善。臺灣糖業衰退的原因除了上述日本領臺帶來的政治經濟變化，還有近年東洋市場被歐洲甜菜糖壓制——日本領臺是1895年，德國則於1894年施行砂糖輸出獎勵金制度。當此之時，一方面講求救濟之途，一方面以學術的力量謀求甘蔗種植及製糖法的改良，同時以政府的力量採行保護政策以對抗甜菜糖，「他們既然人

為地達成，我們也可人為達成目的，蔗糖國的文明向來遠不如甜菜糖國，因此蔗糖的進步略遜甜菜糖一籌。然而蔗糖原本並不比甜菜糖差，因此依今後殖產政策的內容，藉由氣候風土之力，扭轉目前處於頹勢卻天賜富饒的蔗糖，達到未來的盛況，絕非難以達成的妄想」[2]。從自然、經濟及政策三方面，論證臺灣適合糖業、得以對抗甜菜糖發展的理由。此外，亦預測歐洲甜菜糖國家的傾銷政策將因造成彼此財政重擔，在不遠的將來，會以國際協約廢除（意見書於明治34年提出，相當於1901年，布魯塞爾條約則在翌年1902年訂定）。而臺灣糖業改良的具體方法，則舉出（1）改良甘蔗品種（從夏威夷引進拉海納〔Lahaina〕種甘蔗、玫瑰竹蔗〔Rose Bamboo〕）。（2）改良植栽法（集約耕作、肥料）。（3）灌溉（補助小埤圳工程、獎勵水利組合之類組織推行大規模工程）。（4）變更既有的水旱田（特別是水利條件不全的水田）為蔗園。（5）獎勵適合蔗園的土地開墾。（6）製糖業的組織（不只增加產量使生產成本降低，也為了要提高並穩定砂糖品質，大工廠的設置有其必要，但是否要採行大規模工廠制度，則因各地狀況而異，目前暫以現在的規模及組織再進一步改善，並且使糖廍成為糖業組合的共有組織，防杜糖廍主壟斷利益，並使之與耕作者、製造者的利益一致。即（a）政府購買小型機械出借或出售給糖廍主、（b）對新設大規模機械製糖工廠者給予獎勵金、（c）勸導耕作者組成組合並設置共有的糖廍，三法併用以適應各地狀況，使耕作者有合適的組織可依循），以及（7）改良甘蔗壓榨法。如果上述方法的實行沒有失誤，以10年為期，當不難見到5倍於今日的產糖量。除上述之外，新渡戶博士尚指出應採行的改良及獎勵方法，如關稅退稅的獎勵、開通運輸管道（開築道路與鐵路、鐵路及汽船的特別運費）、開拓銷路、蔗價公定、發送糖業教育及出版物、籌備產業組

合、開辦甘蔗保險、保護牛畜、獎勵副產品（酒精）等各項。最後力陳在「欠缺勸業銀行或農工銀行等金融機構長期提供低利資金，也沒有對農業社會宣導改良的團體機構」的本島，為了發展糖業，政府積極的干涉及補助獎勵乃為必要。

臺灣總督府採用上述意見書，立即從可實施的事項依次著手進行。明治35年〔1902年〕6月發布《糖業獎勵規則》，組織臨時臺灣糖務局作為施行機關，大規模實行合乎科學的獎勵政策。上述新渡戶博士意見書中，除了蔗作者的製糖組合（具合作性質的生產組合）、公定蔗價及甘蔗保險外，其他項目全部實現，最後結果是歸趨於對資本家企業的保護。

臺灣總督府糖業獎勵要項為如次二點：

（一）蔗苗改良。以明治35年設立大目降〔今臺南新化〕甘蔗試作場為始，培育外國品種的優良蔗苗並對社會配發，外國品種主要引進夏威夷玫瑰竹蔗。據云臺灣原生甘蔗是源自恆河邊往東傳播的品種，夏威夷的甘蔗亦出自同源，由恆河向西經中美洲傳來。臺灣傳統糖業以夏威夷種甘蔗進行改良，重商主義時代殖民地活動帶來甘蔗糖業東向及西向的發展，並因日本人而在臺灣相接融合，可視為東西文明融合的象徵，亦屬有趣。

（二）《糖業獎勵規則》的補助。（1）發放蔗苗費用及肥料費、開墾費、灌溉及排水費用、製糖機械器具費的獎勵金，或配發實物與借貸。（2）對使用一定數量原料甘蔗的製糖業者發給補助金。（3）對開墾公有地以種植甘蔗者給予無償借貸，全部開墾成功後無償放領。（4）對施行灌溉或排水工程以種植甘蔗者無償借貸公有地。

以上各項獎勵使得裝設新式機械設備的各種大小製糖工廠（大規模者為新式製糖會社，小規模者為改良糖廍）逐漸發展起來，另外為使原料甘

蔗的取得安全穩定，臺灣總督府於明治38年〔1905年〕6月發布《製糖場取締規則》，規定若欲設立全部或部份使用新式機械的製糖工廠，或變更其設計，須經政府許可。政府於許可之時，依該製糖工廠產能，圈畫可確實提供所需原料數量的區域範圍，以此制定該製糖工廠之原料採取區域。原料採取區域制度的效果是（1）未獲政府許可，不得在該區域內設立傳統糖廍或其他新式製糖工廠（即製糖獨占）。（2）區域內的甘蔗未經政府許可，不得搬離該區域或是供作砂糖以外的製造原料，即甘蔗種植者只能將甘蔗出售給該區域內唯一的製糖工廠（原料獨占）。（3）製糖工廠於每年度製糖期間內（到次年的5月31日為止），必須以相當的價格收購區域內全部甘蔗，對於過剩或錯過採收時期的原料，需遵從知事或廳長的指示，負賠償之責（交易的義務）。（4）不過，是否種植甘蔗為耕作者之自由，農民可參考會社公布的甘蔗收購價格，決定該年度或下年度是否種蔗。此點雖比爪哇推行的強制耕作制度來得自由，然而只要農民由於自然因素或經濟理由不得不種植甘蔗，其售價便由製糖會社單方面決定。此時製糖會社的考量既不是鄰接的製糖會社的甘蔗收購價格，也不是砂糖的市價，而是稻米、甘藷等甘蔗競爭作物的市價。要言之，製糖會社的原料費——蔗價，只受競爭作物的市價左右（種植的自由、價格的獨占）。此制度之目的，係方便創設及擴張新式製糖工廠，不言自明。

臺灣總督府如上所述積極吸引資本投入，另一方面日本的實業界也乘日俄戰後的經濟景氣，擴大對臺灣糖業的投資。除既有的臺灣製糖株式會社外，自明治38年底至明治43年〔1905-10年〕底，鹽水港、新興、明治、東洋、林本源、新高、帝國等大會社及大日本製糖紛紛新設臺灣工廠，改良糖廍亦顯著興起。臺灣糖業如此大為興隆與產糖量激增的結果，就是明

治42年臺灣分蜜糖除了原來的直接消費糖之外，開始尋求新銷路，出售了4,000萬斤的原料糖給日本精糖會社，臺灣總督府還為此特別給予原料糖補助金加以保護。由於政府發放原料使用的補助金，又保護銷售到日本直接消費的砂糖，因而自同年起，日本不再進口原料糖以外的外國糖。明治43年，由於預估次年期的砂糖將會盛產，為解決生產過剩的問題，製糖會社組織以「臺灣糖業聯合會」為名的卡特爾，決定限制生產、協定價格及義務輸出。臺灣總督府也步調一致，採行阻止增產及促進出口的政策。同年8月，臺灣總督府暫時限制製糖能力增加，不允許新設或擴張新式製糖會社與改良糖廍。另外，廢止長久以來的輸出稅以鼓勵出口，再命令大阪商船會社新開從打狗經上海、大連到天津的「補助命令航路」。明治44〔1911年〕4月臺灣銀行在上海開設分行，由於臺灣砂糖出口所融通的利率低於匯款到日本國內的利率，臺灣總督府對臺灣銀行補貼此差額。由於當下糖業獎勵的目標已經達成，反而憂慮生產過剩，輿論亦出現責難保護過重的聲音，臨時臺灣糖務局遂於明治44年10月廢除。不過自設立以來的9年4個月之間，成績已經超過預期，產糖量從明治35年度的5,000萬斤，激增到43年度的4億5,000萬斤。

　　然而由於明治44、45年／大正元年〔1911-2年〕遭逢三次大暴風雨，造成臺灣甘蔗收成減少4到6成，產糖量因而激減。原本生產過剩的預測，被此意想不到的方式推翻，同時業者也開始注意改良甘蔗農業的當務之急，這是因為糖業是農業部門（蔗作）與工業部門（製糖）密切接合的產業，兩部門均衡發展有其必要。以往的改良主要在於擴張工廠能力與提升製糖率等工業方面，在農業方面，臺灣總督府獎勵的玫瑰竹蔗雖然已占全島蔗園的95%，但因上述偶發的大暴風雨暴露了此品種無法抵抗強風的弱

點，此後便轉向加強甘蔗品種的改良，培育與推廣抗風性強的爪哇實生種、爪哇大莖種與臺灣品種，推行施肥、深耕、早植、綠肥栽培等耕作法的改良及獎勵灌溉排水，致力增加甘蔗採收量。此外稻米、甘藷、香蕉之類競爭作物的商品化發展也導致甘蔗收購價格攀升，因此更加需要努力提升每甲的平均收穫量。

自大正2年〔1913年〕期開始，甘蔗的種植逐漸恢復，大正5年期每甲平均收穫量大增到6萬5,000斤。恰好又遇到歐戰導致甜菜糖減產，世界砂糖供應不足，糖價上漲，正好給予臺灣糖業絕佳的發展機會，臺灣總督府於是在大正6年5月廢除砂糖產能的限制。與大正2至4年之間日本製的砂糖幾無海外出口的情形相反，大正5年以後，對中國、關東州、香港、印度、加拿大、澳洲的出口均有成長，其中鹽水港製糖會社更於大正7年〔1918年〕將新銷路擴展到瑞士，大正8年再擴及芬蘭、西班牙、土耳其。製糖會社因而進入黃金時代，許多製糖會社的股息在100%以上，新高製糖更分配了200%。

現在表列《糖業獎勵規則》實施的第一個年度、臨時臺灣糖務局裁撤年與最近二年度的臺灣糖業發展如次：

年期 （自上年11月 至本年10月）	新式製糖工廠		改良糖廍		傳統糖廍	
	座數	能力 （英噸）	座數	能力 （噸）	座數	能力 （噸）
明治35-36年 〔1902-3年〕	1	350	—	—	895	8,950
明治43-44年 〔1910-1年〕	21	16,526	74	6,130	499	4,990

大正14-15年 〔1925-6年〕	44	34,859	15	1,360	136	1,360
大正15-昭和2 年〔1926-7年〕	45	35,209	9	600	115	1,150
昭和5-6年 〔1930-1年〕◎	46	43,528	7	580	78	780

	甘蔗種植 總面積（甲）	甘蔗總收穫 量（千斤）	製糖量 （千斤）	甘蔗每甲 收穫（千斤）	製糖率 （％）
明治35-36年 〔1902-3年〕	16,526	683,158	50,681	41.338	7.42
明治43-44年 〔1910-1年〕	89,445	4,715,255	450,565	52.717	10.20
大正14-15年 〔1925-6年〕	123,952	8,610,114	833,210	69.463	10.43[*]
大正15-昭和2年 〔1926-7年〕	99,690	7,420,481	685,234	74.436	10.30[**]
昭和5-6年◎ 〔1930-1年〕	99,094	10,944,670	1,328,799	110.447	13.54

　　昭和2年〔1927年〕期由於旱災及其他天候不順，與上年比較，產量大為減少，昭和3年期生產966萬7,500擔，昭和4年則一躍生產1,296萬5,000餘擔，創下產糖量的最高紀錄（1擔等於100斤）。

◎昭和5-6年的數字係根據著者用書補充。

[*]　按表格中數字計算似應為9.68，但此處數字符合《臺灣糖業統計第十六》〈臺灣之部〉頁1。原因是原始統計項目有區分「甘蔗總收穫量」和「製糖原料使用量」。早期二項數字完全相同，後則不然，故有此出入——編按

[**]　似不符合計算結果（9.23），但符合原始數據，原因同上——編按

　　臺灣糖業如此驚人的發展是憑藉什麼因素得以實現？（一）日本資本的積累與投入，所帶來的資本家大企業勃興。（二）世界砂糖市場的狀況。（這是因為日本領臺後不久，布魯塞爾條約簽訂，歐洲甜菜糖的傾銷因而結束。日本不是簽約國，因此不受廢除糖業補助的約束，進而可直接以發放補助金獎勵生產。再加上歐洲甜菜糖於世界大戰之際減產，成為臺灣糖業飛躍發展的好機會。即世界砂糖市場情勢所帶來的幸運，成為臺灣糖業興隆的乳母。）（三）不過如果沒有臺灣總督府豐厚的獎勵保護與指導，應無法建構出今日臺灣糖業的基礎。治安維持、土地調查、幣制改革、將非資本主義殖民地的臺灣予以資本主義化，臺灣總督府經由以上施政將臺灣轉變為安全有效的投資地，固不待言，直接給予糖業的特別補助金亦甚豐厚。自明治 33 年度至大正 14 年的 26 年間〔1900-25 年〕，臺灣總督府支出的補助金總額達 1,270 萬圓（另外，無償提供蔗苗 2 億 4,600 萬株），如加上與糖政有關的事務及事業經費約 1,200 萬圓，臺灣總督府的糖業獎勵支出合計達 2,470 萬圓[3]。

　　在此列記主要的補助種類，計有明治 33 年〔1900 年〕度以來發放的製糖會社及製糖工廠補助（總額 45 萬 4,000 圓）、製糖機械購入補助（總額 55 萬 1,000 圓），兩者分別到明治 41 年和明治 42 年〔1908、9 年〕才廢除，而此正顯示新式製糖工廠及改良糖廍設立的獎勵及其勃興，臺灣總督府在工業生產上的直接補助亦至此結束。其次，明治 41、42、43 年三個年度所發放的遷拆改良糖廍補助（20 萬 3,000 圓），有助於推動改良糖廍合併到資本家大企業的新式製糖會社，屬促進企業集中的補助。明治 43 年度發放的原料使用補助（135 萬 3,000 圓）及明治 42、43 兩個年度的原料糖補助（311 萬 2,000 圓），正當臺灣產糖增加而必須擴張日本國內的銷路，尤其首次出售

原料糖，便遇到明治44年〔1911年〕7月關稅修訂及原料糖退稅廢除的期限，因此臺灣總督府採取了應急措施，針對製糖原料的使用給予補助（原料甘蔗收購費用的補助，即對生產費用的補助）。大正3年到大正9年〔1914-20年〕6個年度發放冰糖製造補助（2萬7,000圓），其用意是補助以砂糖為原料的製造工業和對砂糖的生產性消費，進而擴大銷路。如前述，糖業是工業部門（製糖工廠）及農業部門（甘蔗耕作）的結合，前者專由資本家經營，後者則由農民承當。由於臺灣總督府的保護向來以工業部門——即資本家為主，因此雖然實現了工廠設備的急速發展，但是卻未能擴及原料甘蔗的生產改良，糖業的發展不免步履蹣跚。由於工廠的發展已然就緒，同時亦告一段落，因此自明治40年〔1907年〕度以降，臺灣總督府補助的主力轉向農業生產方面。蔗苗補助到大正2年〔1913年〕度（總金額72萬1,000圓）、肥料補助到大正5年度（412萬圓）、甘蔗苗圃補助從大正6年度到10年度〔1917-21年〕（5個年度53萬3,000圓）才廢除。現今仍繼續發放的補助中，直接對製糖會社的部份，只有灌溉排水補助（到昭和元年〔1926年〕為止，共支出165萬1,000圓），對一般農民只有無償發放蔗苗。

　　臺灣糖業的獎勵到臨時臺灣糖務局裁撤為止，可以明治44年〔1911年〕為界區分成二期，這是因為舊通商條約終結的期限為同年7月16日，日本此後可廢除從前的協定稅率並調高進口稅率。同時糖業發展出現生產過剩之虞，政府對製糖會社直接發放補助金也遭輿論批評保護過重。當時河津博士在其佳作《本邦燐寸及砂糖論》（明治43年刊）的結論中，便主張「既然現在臺灣糖保護政策的目標已經達成，將來必須逐漸撤廢。我國砂糖的自給自足，只要全部委諸關稅的保護即可。」（頁205）而且或許就是因為海關稅率已經調高，政府才得以廢除對製糖會社的直接補助制度，以及執

行政策的機關臨時臺灣糖務局，安心以關稅壁壘保護製糖會社。之後雖改為補助與一般蔗農關係密切的農業生產改良，不過連此項也逐漸廢除。現今除殖產局及中央研究所的智囊專心研究糖業行政及農業技術之外，如前所述，政府直接的補助，只有灌溉排水補助及無償發放蔗苗。隨著製糖會社在資本方面的發展，蔗作的改良獎勵也從政府的直接補助（即政治手段），轉為會社資本家的活動。臺灣糖業資本已然長大成人，在關稅保護之下，可逐漸自行完成巨大的積累。伴隨國旗投資臺灣糖業的日本人資本，如今成為影響政府的力量，由國家權力補助獎勵的企業，如今本身變成了資本的權力。

明治30-31年〔1897-8年〕度臺灣產糖總量約68萬擔（其中對日本出口38萬擔），約相當於日本砂糖消費量（575萬擔）的12%。大正13-14年〔1924-5年〕度島內產糖約800萬擔（對日本出口740萬擔），約達日本消費量（1,190萬擔）的67%。再如上述，昭和3-4年〔1928-9年〕度島內產糖量1,296萬餘擔，砂糖產量已經可供帝國自給自足（日本帝國全體的砂糖消費量，於大正14年度為1,262萬擔）。對於如此顯著的發展，臺灣總督府的糖業獎勵政策在建制基礎與直接貢獻之處委實不少。

....

1　日本領臺之後到糖業獎勵政策成立為止之間，臺灣產糖量及出口量（臺灣銀行，《臺灣銀行二十年誌》，頁210）：

	臺灣砂糖產量（斤）	臺灣砂糖出口量（斤）
明治28年〔1895年〕	92,089,140	70,737,800
明治29年〔1896年〕	82,894,766	74,013,184
明治30年〔1897年〕	77,994,230	70,329,061

明治 31 年〔1898 年〕	84,812,845	77,504,265
明治 32 年〔1899 年〕	71,979,075	65,565,453
明治 33 年〔1900 年〕	58,430,001	41,231,437
明治 34 年〔1901 年〕	88,829,690	61,051,254
明治 35 年〔1902 年〕	54,172,051	72,257,374

2　新渡戶稻造，《糖業改良意見書》，頁 3-4。

3　臺灣總督府殖產局，《臺灣糖業概要》，頁 22。

・第三章・

臺灣糖業的資本主義發展

◆ 第一節 新式工廠的勝利

　　如前所述，在政府豐厚的保護獎勵之下，臺灣糖業急速發展，不過經營者為日本的資本家。日本資本以甲午、日俄戰爭及世界大戰為跳板大量積累，使臺灣糖業資本家大企業化，而且臺灣糖業又以資本家企業化達成更大的自我增長與積累。以下，本節論述臺灣糖業的資本家企業發展。

　　臺灣的傳統糖業為粗笨的農耕，並使用原始的人力或畜力，於舊式糖廍製造赤糖，也以同樣不成熟的技術於糖間製造再製糖（白糖）。日本領臺後的糖業發展史，就是擁有新式機械設備的資本家企業征服上述非資本主義生產的過程。糖業獎勵初期，所謂的改良糖廍興起，配備小型機械，壓榨原料能力的限度為 2、30 噸。從明治 39 年期到明治 41 年〔1906-8 年〕期，改良糖廍的總產能尚在大資本設置的新式工廠之上，其發展一直持續到明治 43-44 年〔1910-1 年〕期為止。不過此後改良糖廍為新式工廠的發展所壓

制，遭到合併、吸收，數量減少，明白展現了改良糖廍本質上是舊式糖廍時代轉換到新式製糖工廠時代的過渡性企業型態。從臺灣總督府在明治41、42、43三個年度發放的改良糖廍處理補助金，可知過渡性企業型態隨著新式工廠發展而沒落，改良糖廍的「Clearance」，正是起因於臺灣總督府的援助。另一方面，舊式糖廍自糖業獎勵初期以來便持續減少，特別是在機械製糖工廠原料採取區域制度設立之後，舊式糖廍就不再被准許新設。原本限定於濁水溪以南的製糖業，自明治42年以降往臺灣中北部擴張，大正2年〔1913年〕更擴及臺灣東部。由於新式製糖工廠的採取區域幾乎遍及全島適合蔗作地區，因此今日在來糖廍僅剩山間僻地的百餘座。臺灣總產糖能力的95.3%屬於新式工廠，1.6%為改良糖廍，3.1%為舊式糖廍。糖間亦自明治38-39年期以後衰微，明治43年期因確實執行砂糖消費稅，糖間製造的收支無法相抵，終至完全絕跡，也就是大資本家的新式工廠壓倒性勝利。

製糖業的企業集中，不只在於新式工廠擴張致使舊式糖廍及糖間沒落，以及改良糖廍的合併，也在於新式工廠本身往強大會社集中，大資本家的獨占便如此逐一形成[1]。企業集中的必要性有三：（一）由於需要取得原料，合併鄰接的原料採取區域。（二）為取得市場的獨占地位，合併其他製糖工廠。（三）精粗糖業兼營的目的。要言之，在降低生產成本的同時，獲得獨占利潤也是目的之一。其結果就是臺灣新式糖業會社進行巨大的資本積累，明治35年〔1902年〕尚只有一座資本金100萬圓的臺灣製糖株式會社300〔英〕噸工廠，昭和3年〔1928年〕6月則高達11社、47座工廠、資本金總額2億8,286萬圓。其中單就臺灣製糖株式會社就增加到工廠12座、資本金6,300萬圓，其他各會社也在資本積累及集中的過程中擴張規模。

　　上述的企業集中不僅是新式工廠的勝利，更是往大資本家集中，在原住者與殖民者的關係上，也是朝日本人資本家集中，這是因為舊式糖廍及糖間的衰退正是臺灣人糖業的衰退。比較不需資本的改良糖廍有許多是由臺灣人設立，也因為被新式製糖工廠壓倒、合併而減少。臺灣人的新式製糖會社僅林本源及新興二社，然而林本源製糖是在臺灣總督府積極勸導下才設立，自創立之初，經營幹部即來自糖務局及臺灣銀行，事實上受日本人資本家支配，勢力終究不敵日本人資本家的大企業，最後於昭和2年〔1927年〕初被鹽水港製糖株式會社併購。又，南部的新興製糖雖然是南部富豪陳中和一家出資設立，但是經營實權也掌握在臺灣銀行系統的幹部手中。在日本人資本家系統的製糖會社中，臺灣人的出資比率也微乎其微[2]，這些臺灣人股東的意義無需贅言，就是動員臺灣人遊資（brachliegendes Geldkapital），以供日本人資本家支配，即使前述的林本源、新興二社，也不免如此，臺灣糖業最後歸為日本人大資本家的獨占企業。

1　關於製糖會社併購的過程，參照杉野嘉助《臺灣商工十年史》，頁169以下、臺灣總督府殖產局《臺灣糖業統計》所載新式製糖會社沿革及改良糖廍沿革、事業之日本社《事業年鑑》、東洋經濟新報社《株式會社年鑑》（大正14年〔1925年〕版）。
2　「在訪問帝國製糖會社時，我請教了貴公司股東日本人與臺灣人所占比例……被告知臺灣人不過其中的百分之七而已。」（田川大吉郎，《臺灣訪問の記》，頁58）又，臺東製糖株式會社股份總數3萬5,000股中，屬於臺灣人股東的部份僅6,158股。

◆ 第二節 混合企業的型態

糖業是特別需要農業生產部門及工業生產部門結合的產業，因此不僅從社會的角度有必要保持兩部門生產的均衡與發達，從企業的立場來看，以大規模的分蜜糖工廠為中心，溯源兼營原料甘蔗的取得，再進一步到產品的生產性消費，在技術上及經濟上連貫兼營各生產階段，在謀求企業更多安全利潤與利潤率的成長上，皆屬必要。每個製糖會社的分蜜糖工廠從單一的企業型態發展到採行混合企業型態，乃獨占資本之理所當然。

（一）種植原料。為了經營大規模的工廠，必須確保原料甘蔗的大量供給。即使有原料採取區域制，但由於農民可自由選擇是否耕種甘蔗，因此原料供給的萬全之策，是企業要有自己的土地，臺灣製糖株式會社自創立之初起便採取這個策略。自明治42年〔1909年〕起，糖業擴張到中部的水田地區，而米價恰於此時呈上漲趨勢，蔗作受到稻作極大的競爭。明治44年乃至大正元年〔1911-2年〕，大暴風雨危害蔗作甚鉅，農民有放棄種蔗的風潮，再加上會社期待地價上漲後資產自然增加，以上種種皆使得各製糖會社熱中於取得土地。臺灣、東洋、明治、鹽水港等會社皆費盡心思收購土地，或是向臺灣總督府申請土地開墾，約定墾成後承領，各會社因此獲得面積廣大的土地。之後或是開設會社自作的蔗園，或是將之出佃，指導承佃人使用肥料改良耕作。取得贌耕權[1]替代收購土地，或是自營蔗園，或是轉付佃農並指導、監督其蔗作，以這些方法改良甘蔗的品質及提升每甲的單位產量[2]，並且確保安全的原料供給數量。昭和元年〔1926年〕底製糖會社的社有地計7萬8,601甲，取得贌耕權的土地計2萬5,237甲，合計10萬餘甲，皆為新式製糖會社直接支配的土地，占原料採取區域耕地面積的

六分之一。近年為了對抗蓬萊米，製糖會社在原料政策上自衛，越發致力獲得土地所有權或贌耕權。

（二）開墾。製糖會社以擴張原料耕作地及其他理由經營開墾事業，成功事例有臺灣製糖導引來社溪及瓦魯斯溪，墾成萬隆農場3,000甲〔今屏東萬巒一帶〕，由於結合了原始的高山蕃勞動力及蒸汽鋤等大機械的使用，乃特別引起社會大眾注意的殖民地企業。開墾事業規模大，成效卻不顯著的是臺東開拓株式會社。大正2年〔1913年〕創立的臺東製糖株式會社在東臺灣經營製糖及開墾兩事業，因營業成績不良，開墾事業被切割出來另外設立為臺東開拓株式會社。其社有地約4,000甲，向臺灣總督府預約承領或租借地約1萬5,000甲，合計與此企業有關的土地面積1萬9,000甲，然而開墾完竣的土地不過1,000甲。在開發東臺灣成為課題的今日，臺灣總督府對此企業會採取什麼政策，值得留意。另外，鹽水港製糖也在花蓮港廳擁有並開墾9,500甲的土地，其中5,000甲將墾成田園，占該廳耕地總面積的四分之一。

（三）製造肥料。土地利用及對抗稻作二事，隨著甘蔗每甲單位產量的增加，變得越來越重要，施肥的重要性亦隨之浮現。近年肥料進口量急遽增加，自然成為製糖會社的重要支出。世界大戰結束後，臺灣及臺南兩會社開始生產肥料，以作為本身的副業[3]。

（四）鐵路軌道。甘蔗採收後，如果短時間內不搬運到工廠，所含糖份會減少。然而甘蔗體積龐大，加上臺灣道路品質不良，使得新式製糖工廠在產能增加後，不得不從距離工廠較遠的地方搬運原料。因此新式製糖工廠不同於舊式糖廍，特別需要運輸的機關設備，製糖會社的鐵路及軌道鋪設便是出於如此需要。以臺灣製糖為嚆矢，其他製糖會社則起而跟進，

不只提供原料甘蔗、其他製糖材料、製品及從業者的交通運輸，亦兼營一般的運輸業。臺灣的地方交通機關大部份由製糖會社提供並掌控[4]。

（五）製造耕地白糖。所謂耕地白糖指的是臺灣分蜜糖工廠將蔗汁狀態的液狀分蜜糖直接精製成白糖，這與分蜜糖凝結後再用骨炭過濾法[*]精製成的所謂精糖有所區別。耕地白糖製法可節省生產成本及運費，在出口中國方面，利益尤大。耕地白糖製造裝置以明治42年〔1909年〕鹽水港製糖為嚆矢，此後無論是對日本國內的精糖會社銷售原料糖，或是與純粗糖會社相較，生產耕地白糖的臺灣製糖會社都更為有利。而基於糖業聯合會協定，履行過剩糖出口的義務時，以中白糖或純白糖的形式都比粗糖更為有利。雖說各會社因而紛紛在工廠裝置此設備，不過耕地白糖的製造技術尚不成熟，研究費的支出頗大，於是在經營方針上，還不如轉為在日本另外擁有、經營精糖工廠。然而鹽水港製糖仍致力於研究，在大正7年〔1918年〕終於成功製造出優良的產品，生產成本不過精糖的三分之一。此外，也由於對中國出口的必要性變高，因此各工廠不是新設耕地白糖的生產裝置，就是重開生產。昭和2年〔1927年〕底，46座工廠中，有10座裝置有耕地白糖設備[5]。

（六）製造再製白糖。在原料甘蔗供給不足時，或為了在分蜜糖製造的停工期仍能利用工廠，製糖會社於是溶解爪哇糖或臺灣糖，使用耕地白糖裝置製造白糖並銷往中國。大正7年〔1918年〕爪哇糖價暴跌之際，鹽水港及東洋兩製糖會社即進口爪哇糖，再製後積極出口到日本、中國及歐洲。這類再製糖與日本精糖比較，不僅生產成本與運費（包括原料糖及產

---

* 骨炭為獸骨分餾後的產物，糖液流經骨炭後，雜質便被吸附——編按

品）都比較有利，也可提升工廠的使用率與利潤率[6]。

（七）兼營精粗糖業。兼營兩者的優勢，就精糖業來說是在原料糖的取得上，對粗糖業而言則是在產品的銷售上，不僅有利於與同業競爭，也可降低自社白糖的生產成本。精糖、粗糖兩者任何一方的損失可以由另一方的利益填補，使得企業的整體利益最大化。最早的兼營是明治39年〔1906年〕大日本製糖在臺灣斗六廳建設粗糖工廠，即首開先例者為精糖業者。接著粗糖業者也跟進，臺灣製糖於明治44年〔1911年〕在神戶、明治製糖於明治45年在川崎併購精糖工廠。大正4年〔1915年〕期聯合會商討產糖如何處置之際，粗糖業與精糖業（大日本製糖）協商未果，於是臺灣各會社單方撕毀聯合會協定，開始自由販賣，同時亦朝精糖業兼營躍進。世界大戰期間的景氣促成了此一形勢，大正4年至10年〔1921年〕之間，臺灣、明治、帝國、新高、大日本、鹽水港各社，不是併購或增設，就是新設精糖工廠。

（八）製造酒精。分蜜糖工廠有大量的廢糖蜜副產品，明治40年〔1907年〕臺灣製糖橋仔頭工廠最早建置以廢糖蜜為原料的酒精工廠設備，爾後陸續增加。現在製糖會社所屬酒精工廠有10座，年產能約19萬石。臺灣酒精生產量（昭和元年〔1926年〕期14萬6,000石、昭和2年期13萬1,000石）大多由製糖會社所屬工廠製造。臺灣的酒精主要作為工業用原料銷往日本，以及作為製酒原料出口到華南地區。

（九）海運業。砂糖裝載的運費本由糖業聯合會與汽船公司每期協商決定。大正6、7年〔1917、8年〕期運費暴漲之際，為了對抗汽船公司的高壓態度，帝國、鹽水港及臺灣三社以增資及發行公司債的方式購入汽船，除自社運送外，亦兼營一般的海運業。其後則因船價暴跌，最後皆不了了之[7]。

（十）販賣。各社皆有特約往來的業者負責產品的國內外販賣，大多同屬一個資本系統，或是掌握在有資金關係的商事會社手中。不過大日本製糖是自營，明治製糖則是創立直系企業——株式會社明治商店以負責國內的販賣。

（十一）製造冰糖。大正6年〔1917年〕，鹽水港製糖在高雄市建設冰糖工廠（大正15年〔1926年〕期生產11萬6,900斤，不過昭和2年〔1927年〕停產）。

（十二）製菓。臺灣製糖是森永製菓株式會社的大股東，明治製糖是明治製菓的母公司。將來隨著臺灣鳳梨罐頭事業的發展，製糖會社一定會對此產業出資。

以上各種事業，並非所有製糖會社皆有兼營，不過就臺灣糖業的整體來看，在原料甘蔗耕作地的開墾、從耕作地的持有自營到製糖過程各階段的連結、副產品的利用[8]、運送、販賣及生產性消費上，經由一連串技術及經濟方面的連結，可見製糖會社發展到大規模混合企業的型態。從腰纏粗布在開墾地撿拾石頭的生蕃人，到蔗園及分蜜糖工廠的臺灣農民及勞動者、精糖工廠的日本人職工等，再到明治製菓、森永製菓門市商店衣著亮麗的女性服務人員，皆為製糖資本的雇員，正顯示糖業資本以減省生產成本、分散風險、支配市場、增大利潤為目的之獨占地位。

....

1　所謂「贌」為不動產借貸的總稱。贌耕權為《臺灣土地登記規則》承認的名義，指以耕作、畜牧及其他農業為目的之土地借貸，即所謂贌佃的權利（臨時臺灣舊慣調查會報告書，《臺灣私法》，第一卷上，頁571-2）。

2　比較大正13-14年〔1924-5年〕期每甲產量，會社自作蔗園8萬1,346斤、一般蔗園6

萬6,415斤（臺灣總督府殖產局，《臺灣糖業概要》，頁40）。

3 杉野嘉助，《臺灣商工十年史》，頁183。

4 私人鋪設鐵路總長1,327哩〔2135.6公里〕（昭和2年〔1927年〕底）中，製糖會社線鐵路長1,280.4哩〔2060.6公里〕（專用路線954.8哩〔1536.6公里〕、營業路線325.6哩〔524公里〕）。

5 耕地白糖歷年的產量分別是大正13年〔1924年〕期8,100萬斤、大正14年期8,800萬斤、大正15年期1億100萬斤、昭和2年〔1927年〕期9,600萬斤、昭和3年期1億1,100萬斤、◎昭和7年期1億9,965萬斤（10廠）〔根據著者用書補充〕。

6 再製白糖歷年的產量分別是大正13年期3,700萬斤、大正14年期4,200萬斤、大正15年期4,600萬斤、昭和2年期4,490萬斤、◎昭和6年期268萬斤〔根據著者用書補充〕。

7 帝國製糖及鹽水港製糖於大正12年〔1923年〕中止海運經營，臺灣製糖也於昭和2年〔1927年〕將所屬船舶轉讓給明治海運。

8 糖蜜是製造分蜜糖的副產品，用途有酒精原料、飼料及肥料等，大多用作酒精原料（昭和2年期糖蜜產量約2億斤，同年度作為酒精原料使用的糖蜜量為1億9,000萬斤）。另外，如果未來技術進步，甘蔗的榨渣（bagasse）可作為造紙原料，臺灣顯然將可出現強大的造紙工廠。

◆ 第三節 地區性發展

在臺灣積累的日本糖業資本，再向外擴張事業，以拓展其獨占支配的地理範圍。

（一）日本糖業與臺灣糖業的合而為一。既如所言，日本的精糖業與臺灣粗糖業相互連結並統括在同一家企業之下，而此合一運動既在日本，也在臺灣出現。日本精糖業之首為大日本製糖，其前身日本精製糖株式會社於明治28年〔1895年〕12月以資本金30萬圓創立，為我國最初的精糖會

社，該公司的設立顯然起因於日本領有臺灣。其次，從事臺灣砂糖交易已久的鈴木商店，於明治36年〔1903年〕創設大里製糖所（精糖）。日本精製糖株式會社趁明治39年日俄戰後的經濟景氣，併購日本精糖株式會社，商號改稱為大日本製糖，在臺灣設置分蜜糖工廠，明治40年〔1907年〕再併購鈴木的大里製糖所。而臺灣各製糖會社也在日本國內或併購或設立精糖工廠，一如以上所述。要言之，對於糖業資本而言，目前日本與臺灣共屬一個「帝國」，一個「經濟領土」。

（二）沖繩。我國領有臺灣之前，砂糖的主產地為沖繩。東洋製糖於大正5年〔1916年〕併購位於八重山的八重山產業會社所屬製糖工廠，臺南製糖於大正6年併購沖繩製糖、大正8年併購沖繩製糖拓殖兩家企業，沖繩縣的糖業因而為臺灣的製糖會社所征服。

（三）北海道。帝國製糖於大正8年〔1919年〕創設北海道製糖株式會社，明治製糖則於大正12年〔1923年〕併購日本甜菜糖株式會社，於是北海道甜菜糖業也歸屬於臺灣的製糖會社系統。

（四）朝鮮。大日本製糖於大正6年〔1917年〕創立朝鮮製糖株式會社，並於大正8年合併之，以經營甜菜糖及精糖工廠，為朝鮮唯一的製糖會社。

（五）滿洲。鹽水港製糖系統於大正5年創立南滿洲製糖株式會社，以甜菜糖、爪哇糖及臺灣糖為原料，從事精糖製造。

（六）上海。明治製糖於大正13年〔1924年〕於此地開設明華糖廠（精糖）。

（七）南洋。大日本製糖合併內外製糖後，前進爪哇。臺灣製糖亦併購西洋人在爪哇經營的製糖工廠，創設南國產業株式會社。鈴木合名會社於大正6年〔1917年〕創設南洋製糖株式會社，這些企業皆涉足爪哇的粗糖

業。又，明治製糖創立スマトラ興業株式會社，開始種植橡膠及其他作物。

現今在日本帝國內，除專製日本精糖的大正製糖株式會社以百足屋、殿木等東京糖商為中心，日本託管統治地南洋塞班島的南洋興發株式會社以東洋拓殖、海外興業及高津商事等大阪糖商為大股東外[1]，整個糖業界皆受以臺灣為根據地的製糖會社所支配（大日本製糖從日本出發，事業中心逐漸移到臺灣），這些製糖會社更進一步將資本輸出到滿洲、上海及南洋建造製糖工廠。我國的製糖資本以臺灣為中心征服日本、沖繩、北海道、朝鮮，更發展到在中國製造精糖、在爪哇製造原料糖，從而建立起一大糖業帝國[2]。

---

1 臺南製糖株式會社的大股東由於是高津、殿木等資本，因此大正製糖及南洋興發兩會社也不盡然與臺灣糖業完全無關。

2 另外，在法屬印度支那的西貢經營甘蔗分蜜糖250噸工廠的日佛製糖株式會社（資本金200萬圓，實繳50萬圓）於大正12年〔1923年〕設立，不過據云已於大正15年解散，該會社不屬於任何既有製糖會社的資本系統。

✦ 第四節　糖業聯合會

臺灣糖業正逐漸朝向少數幾個新式大會社集中，由於業者預估明治44年〔1911年〕期的產糖量將會過剩，導致同業競爭激烈，加上為了對抗精糖業者的掣肘，遂於明治43年10月成立名為臺灣糖業聯合會的卡特爾組織，後更名為糖業聯合會。該卡特爾依據產量限制及各會社配額，針對精糖業

原料供給的分配、販賣價格的限制、義務出口等各項進行協商，致力於獨占市場與維持利潤率。大正15年〔1926年〕4月糖業聯合會達成精糖限產協定，市價從100斤22圓上漲到24圓5、60錢[1]。又，昭和3年〔1928年〕期預估臺灣產糖將達850萬擔之際，聯合會發動諸多手段以提高價格，如預先限制減產5%、約定囤放2%的產品、制止砂糖從朝鮮反向進口等，並且協定不得以低於每100斤25圓的價格出售。糖業聯合會對消費者維持卡特爾價格，至少試圖維持此價格之情形至為明顯。另外，對於政府關稅及消費稅的修訂，聯合會也很明顯維持著有力的地位[2]。

---

1 「託您的福，製糖會社吸食甜頭，划不來的則是一般消費者」（東京朝日新聞社，《金と物どう動く？》，頁232）。

2 昭和2年〔1927年〕砂糖消費稅及關稅率之修訂，是以糖業聯合會的意見為基礎（參照三宅鹿之助，〈砂糖關稅修訂與本邦製糖業〉，《經濟研究》第3卷第1號、昭和2年3月號《稅》等）。

◆ 第五節　販賣及金融

　　日本領臺前的臺灣糖是由臺灣人的商號所經營，其中陳中和家族經營的和興主要銷往日本，明治三年〔1870年〕起便販售給橫濱的順和棧（陳氏所經營）。日本領臺前後，英美洋行位於獨占地位，若用中國式帆船以外的汽船運送，必須取得外商同意（當時臺灣的海運業也由英商得忌利士汽船公司壟斷）。日本領臺後，三井物產株式會社於明治31年〔1898年〕在

臺北設置分店。鈴木商店明治10年〔1877年〕於神戶開設砂糖樟腦店，明治27年〔1894年〕曾一度關閉，明治35年〔1902年〕重新開業並前進臺灣，涉足砂糖與樟腦。又，橫濱增田屋（增田增藏與安部幸兵衛兩店的合稱）於明治38年進入臺灣，此外尚有其他日本人糖商陸續開業。明治43、4年〔1910、1年〕左右，洋商及臺商全數於競爭中落敗後，或是轉而出口其他商品，或是將資金投向砂糖工業，然而這些部門很快又被日本人資本家擊倒。而日本糖商也投資製糖業，創設改良糖廍或是新式製糖會社。其中，臺灣製糖會社的最大股東是三井物產，明治製糖的創立者是三菱合資，鹽水港製糖先由安部幸商店創立，後移轉到鈴木商店系統，東洋製糖則由鈴木商店建立。商業資本以此形成產業資本，商人成為生產者，製造自身販售的商品。同時，產業資本因衍生出商業資本，或本身亦從事商業資本的活動，商品生產者便成為本身產品的販賣者。於是強大的企業以其資本系統或資金關係，緊密地結合製造部門與販賣部門，將產業資本與商業資本合而為一，以提升企業利潤率，此即獨占資本活動的型態。例如臺灣製糖將日本及海外的獨家販賣貿易權交給三井物產，明治製糖將日本的販賣權交給子企業明治商店、海外貿易權交給姊妹企業三菱商事，東洋製糖（到昭和2年〔1927年〕的恐慌前為止）將國內外商權交給鈴木商店，鹽水港製糖則交給鈴木商店及安部幸，每家製糖會社皆以相同的資本系統為基礎形成獨占，而大日本製糖則自營日本及海外市場的販售。

其次，就砂糖金融而言，日本領臺前是由外國人出口業者（洋行）經由買辦或其他糖行（糖商）、辦仲及其他仲介商提供資金給糖廍。洋行及大糖行以資金借貸的制度成為產品的最終收購者，同時也是最高的金融機構，製造業者的利益便因此被這些商人所壟斷。然而舊式糖廍沒落及資金

需求龐大的資本家大工廠興隆，加上臺灣現代銀行的建立與發展，使得生
產者與洋行及大糖商的金融關係大為改變，大銀行已發展到擁有支配性的
地位，並以臺灣銀行為中心。在製糖會社預借肥料及耕作資金給蔗農、繳
納砂糖消費稅、其他橫跨製造販賣兩部門所需要的運作資金及固定借貸
等方面，臺灣銀行皆給予甚大的資金融通，其中與鈴木商店的關係尤為密
切。鈴木商店於昭和2年〔1927年〕沒落時，總債務為4億5,000萬圓，臺灣
銀行的貸放金額便達3億5,000萬圓。臺灣銀行因與狀況危急的鈴木商店關
係密切，甚至受到「兩人三腳」式的牽連。此外，由於資金的緣故，臺灣
銀行同時也經營臺東製糖及臺東開拓兩企業。又臺南製糖於昭和2年重整
後，該企業在臺灣的事業由新設的昭和製糖接手，債權人臺灣銀行則承擔
其經營。即臺灣銀行基於金融的支配，直接經營臺東、昭和兩製糖會社。
只是與此兩會社營業成績皆不良的情形相反，三井、三菱等日本強大銀行
的勢力，於大正9年〔1920年〕與昭和2年經濟恐慌之際，經由對強大製糖
會社的金融救濟，將該製糖會社所支配的生產及販賣集中到自身資本系統
的大企業之下，大為提高獨占的程度。要言之，臺灣銀行也好，三井、三
菱也好，都是透過金融，使得銀行勢力得以支配糖業資本。

　　歷史上，資本的最初型態是商業資本，而最發達的型態是金融資本，
非資本主義社會臺灣的資本主義化過程也不例外。就糖業而言，以糖商的
商業資本活動為開端，產業資本的製糖會社興盛之後，在金融資本的支配
下，一步一步進行企業的集中。也就是生產、販賣及金融各部門，各自進
行資本集中及積累，而且此三部門也以經濟上的連結，將其支配的資本家
連結起來，集中到同一企業內，如此便達到高度獨占的階段。當企業經營
需要大資本，並獲得資金融通，結果就是將生產或販賣，或是兩者皆統合

到自己所屬資本系統的直接支配之下，如前所述，臺灣糖業已然到達由金融資本獨占的階段。

◆ 第六節 卡特爾內部的爭霸

　　糖業資本家雖組織了卡特爾，對外部（即未加入的同業、勞動者、消費者及政府）行動一致，然而由於內部成員之間仍有競爭的餘地，因此在遭逢恐慌之際，勢力失衡之時，卡特爾內部強大金融資本家的相互爭霸，便會最為明顯地顯露出來，企業的獨占集中朝向更高階進行。著名的例子於昭和2年〔1927年〕在吾人面前展開，即以鈴木商店破產為導火線所掀起的糖業界大波瀾。

　　（一）鹽水港製糖會社於昭和2年春併購林本源製糖，而且由於事先已合併子公司東京精糖及恆春製糖兩社，因此斷然進行3,350萬圓的大型增資，成為資本金5,850萬圓（實繳3,487萬5,000圓）的大企業。然而由於鈴木商店破產，鹽水港製糖蒙受525萬3,000圓的損失，最後依靠三井銀行的援助才度過資金難關（積欠三井的債務總額為1,400萬圓），因而將最大的工廠旗尾工廠（能力1,200〔英〕噸，持有耕地3,468甲）及恆春工廠（能力350〔英〕噸，持有土地778甲）賣給三井系統的臺灣製糖，以償還對三井銀行的債務，同時也將鈴木商店原本持有的該會社產品海外銷售權及爪哇糖採買權轉讓給三井物產。另一方面，鹽水港製糖因增資困難，接受三菱系統（三菱商事及明治商店）的援助，遂成為三菱的旁系企業，代價是鈴木商店原有該會社產品的日本販賣權，自4月以後轉讓給三菱商事，更於9月應三菱商事的要求，終止與安部幸商店的關係，而該商店自與鈴木共

同創業以來便長期握有販賣權。商業資本單純的「批發商」沒落，販賣權歸於採混合企業型態的金融資本家手中，皆於此過程展露無遺。此外，既然以出售旗尾、恆春兩工廠來償還債務，擔保物件的抵押權因而解除，鹽水港製糖因而獲得三菱提供新運轉資金的內部承諾。據說三菱還因此派遣一名董事進入公司。要言之，鹽水港製糖部份的工廠及海外商權轉讓給三井系統，經營監督權及日本國內的產品販賣權轉讓給三菱系統，都是基於金融關係[1]。

（二）東洋製糖因鈴木而蒙受的損失為300萬圓，然而負債總額卻高達2,500萬圓（其中欠臺灣銀行600萬圓）。雖接受三井銀行的金融援助，卻因帳簿未記載鈴木相關票據200萬圓一事曝光，與三井的關係進展不順。為了償還債務，東洋製糖將南靖（1,000〔英〕噸）、烏樹林（750〔英〕噸）二工廠賣給明治製糖，之後再被併入大日本製糖。

上述鹽水港及東洋二會社皆屬鈴木商店系統，也皆因鈴木沒落而陷入資金窘迫。

（三）大倉系統的新高製糖近年由於營業不振，大倉亦無意經營，遂於昭和元年〔1926年〕底經市場操作後，將支配權轉到大日本製糖。大倉從日俄戰爭後進入臺灣糖業界，此次藉由企業買賣所獲得利益撤退脫身。

（四）臺南製糖自大正10年〔1921年〕下半期開始連年虧損，主要債權人臺灣銀行（債權金額800萬圓）及日本興業銀行（債權金額530萬圓）因而決定予以整頓。臺南製糖將臺灣的工廠轉讓給臺灣銀行抵債後，臺灣銀行遂以此重新設立昭和製糖並使之承擔經營。沖繩的工廠則轉讓給日本興業銀行，該工廠在日本興業銀行的監督下，由原有的經營者繼續經營。

要言之，上述昭和2年〔1927年〕恐慌的主要結果是，隨著鈴木沒落及

大倉退出，三井、三菱及大日本製糖加入競爭，使得新領域內的獨占更加高度化。三井系統從鹽水港製糖收購二座製糖工廠，在生產成本低廉的南部擴張工廠及土地，更加強化在臺灣製糖中素來占據之優勢地位，而且獲得鹽水港製糖的海外商權。三菱系統從東洋製糖收購二座強大的工廠，擴張屬於自身系統的明治製糖之勢力，也取得鹽水港製糖的經營監督權及日本販賣權，三菱商事因而開始進入日本的砂糖市場。而大日本製糖系統則併吞東洋製糖，收購新高製糖的大倉持股並接受委託經營。臺灣糖業向來是三井系統最占優勢，如今隨著三菱與大日本製糖的擴張，三巨頭勢均力敵，而且巨頭獨占的情勢更加顯著。這是因為近年製糖會社的利益絕少來自精糖，而絕大部份來自臺灣分蜜糖。因此，昭和2年的恐慌危機反而成為機會，使得三菱與大日本製糖熱中於增加臺灣的砂糖產量。況且提高臺灣原料糖的供給能力，也可減少外國砂糖的投機市場所帶來的風險。

現在，比較昭和2年恐慌前後臺灣各糖業資本系統工廠的能力，其情形如次所示：

（恐慌前）	臺灣分蜜糖 工廠 （美噸）	精糖（日本）及甜菜糖 （北海道及朝鮮工廠） （英噸）	日本（沖繩） 粗糖工廠 （英噸）
三井系統（臺灣、沙轆）	9,414	430	―
三菱系統（明治）	5,370	1,050	―
大日本製糖系統 （大日本）	3,584	1,430	―
鈴木系統 （鹽水港、東洋）	11,726	250	500
大倉系統（新高）	3,284	80	―

松方系統（帝國）	3,234	—	—
臺灣銀行系統 （新興、臺東、臺南）	3,270	—	1,750
臺灣系統（新竹）	560	—	—
合計	40,442	3,240[2]	2,250

（恐慌後）

三井系統 （從鹽水港收購 旗尾及恆春工廠）	11,150	430	—
三菱系統[3] （從東洋收購南靖及烏樹林 工廠及鹽水港的經營監督）	11,866	1,300	—
大日本製糖系統 （合併東洋、受委託 經營新高）	10,362	1,510	500
松方系統	3,234	—	—
臺灣銀行系統	3,270	—	—
臺灣系統	560	—	—
日本興業銀行系統	—	—	1,750
合計	40,442	3,240[2]	2,250

　　從上表可看到昭和恐慌前的霸者鈴木商店沒落的結果，就是王國被三井、三菱、大日本製糖三大資本系統瓜分，特別是後二者積極擴張，使得三者成為帶頭性質的獨占。在此糖業界新領域中，大日本製糖趁業界窘困之勢，惡意使用昭和2年〔1927年〕夏糖業聯合會限制供給的協定，推動日本國內市場13家糖商組成聯盟，並自任盟主，企圖壟斷市場，威脅素來掌握霸權的三井物產，並且透過壟斷來哄抬糖價，之後則打破糖業聯合會

的協定，從朝鮮進口精糖[4]。面對此情形，最近同樣在爭霸戰中展現新進銳氣的明治製糖也在昭和3年初突然繳納1擔3圓的違約金給糖業聯合會，之後開始公然出售違反協定的新糖，糖業聯合會會長武智直道（三井系統臺灣製糖社長）因而辭職。此即大日本製糖與三菱系統以其飛躍發展挑戰三井系統，糖業聯合會的協定因此難以執行。然而，由於次年期臺灣的產糖量預估可能會是難得的增加，破壞卡特爾並自由販賣不為各會社所樂見，因此協定仍被努力維持。昭和3年期臺灣的產糖量雖號稱預期將大增至850萬擔，實際的產量卻更多，高達967萬擔。昭和4年期的產糖量激增到1,296萬擔，而且恰逢世界砂糖生產過剩，使得我國糖業聯合會員一致被迫維持卡特爾價格，組織砂糖共同販賣組合。到了昭和4年6月，產糖調節契約再納入朝鮮，於是號稱糖界癌細胞的朝鮮逆向進口糖的問題就此解決。即昭和2年恐慌的波瀾雖使得卡特爾內部發生勢力爭霸，不過由於「防範外侮」的需要，反而更加擴大卡特爾統制的範圍，使得糖業聯合會的權限擴大到朝鮮。另外更組織販賣共同組合，作為糖業聯合會的特別行動隊，以此抵抗世界糖價低廉的大勢，並阻止日本國內糖價下跌。

1　其後鹽水港製糖取得三菱諒解，收回產品販賣權，設立鹽糖製品販賣株式會社，作為子公司販賣自家產品，自昭和3年〔1928年〕5月1日開始營業，同時也與安部幸商店恢復關係，條件是鹽水港以現金買回三菱系統承購之股份11萬5,000股（明治商店承購新股10萬股，三菱商事承購新股1萬股、舊股5,000股，實繳162萬5,000圓），以脫離三菱旁系企業的地位，獨立出來（《東京朝日新聞》昭和3年5月2日）。
2　另外，大正製糖230噸、北海道製糖500噸。

3　雖然到了昭和3年5月，鹽水港已於上年春增資買回三菱系統所承購的股份，隔了一年才從三菱旁系企業的地位獨立，不過為顯示去年糖界波瀾結束後不久的狀況，文中因此仍將鹽水港算入三菱系統（參照本節註1）。

4　《ダイヤモンド》（昭和2年11月1日號）、《エコノミスト》（昭和2年11月15日號）。

◆ 第七節　糖業帝國主義

　　上述糖業資本巨大的積累及集中、糖業聯合會的卡特爾組織、混合企業型態的發展、生產販賣與金融的結合與金融的指導地位，以及資本受政府豐厚獎勵與保護，在臺灣成長並在日本國內、沖繩、北海道、朝鮮、滿洲、上海及南洋不斷發展、併吞、支配而積累擴大，以及三大資本系統寡頭支配的成立，這些正是吾人就臺灣糖業親眼可見的資本主義獨占階段、獨占資本主義、金融資本主義及經濟帝國主義等種種姿態。

　　昭和2年〔1927年〕恐慌之際的企業集中，是以合併收購、委託經營、董事進駐及取得販賣權等方式進行，而各項的推動力量都是金融支配。有力會社以此擴張原料供給地、增加工廠能力，並且強化在商品市場的獨占地位。若對照國家經由收買或合併領土、建立託管地或保護國而獲得原料供給地、資本輸出地、商品銷路及人口移居地，或以不平等條約設定通商特權，而財政的支配為其推動力量等情形，當不難看出兩者本質類似。現代的國家帝國主義正是資本家獨占主義的國家表現。

◆ 第八節 利潤的泉源地

糖業帝國主義具有如次的影響。

（一）卡特爾組織取得獨占，以及卡特爾內部競爭產生支配者。其結果是獨占程度更高、利潤量及利潤率加大。

（二）卡特爾價格壓迫消費者。在關稅的保護之下，在流通場域獲得特別利潤。

（三）在國家獎勵輸出制度之下，致力於商品出口。同時致力輸出資本，在中國和南洋設立企業。

（四）對勞工關係。就此點，主要必須研究臺灣蔗農的生產關係。這是因為糖業在技術上，工廠勞工相對少數，即使是臺灣最大的工廠，僱用人數也沒有超過500人。臺灣製糖業職工總數約1萬2,000人（其中分蜜糖工廠約7,800人）[1]，然而蔗作戶數12萬餘戶，約相當於農家總戶數的三分之一，且因採取輪作，從事蔗作的農家戶數其實更多。

製糖會社主要的事業地在臺灣，而且大部份利潤在臺灣產生。根據東洋經濟新報社的調查，臺灣製糖株式會社昭和2年〔1927年〕度的收益計算預估如次，臺灣產糖收益685萬600圓、產糖副業（酒精）收益138萬圓，即在臺灣所獲得的收益合計823萬600圓。相對之下，該公司在日本的精糖工廠收益不過17萬圓。其他有力的製糖會社情形相同，也就是說現今製糖會社的收益來源地，可說幾乎都是臺灣[2]。這也是在最近的經濟恐慌當中，大日本製糖、三菱、三井朝向臺灣分蜜糖擴張勢力的理由。於世界大戰及結束後不久，因精糖出口獲取巨利的日本製糖會社，如今遭逢世界性的生產過剩，收齊羽翼，在臺灣找到安全的利潤泉源地休養生息[3]。因

此吾人必須追隨資本家，將目光轉回其剩餘價值的主要生產場所——臺灣。

---

1 根據臺灣總督府殖產局商工課，《臺灣工場通覽：大正十四年〔1925年〕末現在》。

2 《東洋經濟新報》臨時增刊，《續會社かゞみ》（昭和2年〔1927年〕6月發行）。

3 該公司（鹽水港製糖）以從事外國糖投機生意知名」（同註2《續會社かゞみ》，頁199）。「關於鹽水港製糖的整頓……從根本重建以往的營業方針，改為……以臺灣糖業為本位，從事堅實的經營。其結果是槙氏（社長）來年春天一早渡臺，今後一年中的三分之二時間留在臺灣督勵經營的樣子」（《東京朝日新聞》昭和2年12月14日）。

◆ 第九節　蔗農

要理解製糖會社與蔗農的關係，必須參照日本領有前臺灣糖廍與蔗農的舊慣[1]。舊式糖廍有牛掛廍、牛犇廍、公家廍及頭家廍等四種，前二者皆為甘蔗耕作者共同組成的製糖場所，耕作者即製糖業者，製糖收益歸耕作者。也有以砂糖扣抵糖商「放賬」（預借資金）的本息後，所剩再以製糖收益的方式分配給參與共同製糖的成員的制度，即蔗農的「車抽糖」。其次，公家廍是糖商為了交易製糖而與耕作者共同組織的合資製糖場所。在委託製糖的情況下，耕作者對製糖場所出售甘蔗的所得，是依照分糖法獲得一定成數的砂糖，另外作為共同製糖的成員，尚可分配到糖廍的企業利潤。而頭家廍則是具財力的大地主或糖商單獨出資設立，除自家蔗園的收成外，也收購他人的甘蔗或接受委託製糖。接受甘蔗耕作者的委託製糖，

為臺灣的通例，其製品亦依分糖法分配給廍主與蔗作者。要言之，若採牛掛廍及牛犇廍，耕作者能分得全數製糖收益，公家廍及頭家廍則是部份。

前述的公家廍及頭家廍，糖廍主除依分糖法獲得六、七成的製糖外，也以地主的身份，對蔗作者（即佃農）徵收一成五或二成的甘蔗作為地租。另外對蔗作者而言，糖廍主又具有貸放資金的資本家身份，得徵收預借耕作資金一成四到二成四為利息，因此「與糖廍主所得之巨大相反，佃農所得甚少，終究無法改良土地，固不待言，萬一無法償還負債，便不得不墮入如奴隸般的境遇」[2]，新渡戶博士的《糖業改良意見書》亦將糖廍主藉由分糖法壟斷製糖收益，視為阻礙臺灣糖業發展的主因之一，「我希望能改良此情形，使糖廍能夠共同組織成糖業組合之類的團體」，並引德國甜菜糖公司的事例，「資本家如欲組織製糖公司，會努力使農家持有企業的部份股份，每家公司亦競相勸導不懈，據聞製糖公司資本總額的四分之一係出自農家。此情形使得企業與農民關係密切，不僅可消弭工業利益與農業利益相互衝突之弊，農民由於一方面可從耕作獲利，一方面也從製造獲利，其生計也變得寬裕」，因此主張政府對新設大機械製糖工廠給予獎勵金，同時因應地方的狀況，「勸導耕作者組織團體，設立團體共有的糖廍，以此謀求耕作者與製造者利益一致」[3]。

如前所述，新渡戶博士的《糖業改良意見書》獎勵新式製糖工廠的設立，同時也因應地方狀況，促進耕作者共同合作設立製糖工廠，使蔗農與製糖利益密切結合，以改善蔗農的生計。博士的意見書「所言質實剴切，而且可以立即著手。行事明敏果斷、毫不躊躇的兒玉總督與後藤民政長官採納博士的意見，立即從可施行的部份依序著手」[4]。然而在臺灣糖業的發展中，企業的型態事實上已完全走到資本主義性質，新式製糖工廠具有獨

占的地位，蔗農的地位也徹底改變。即牛掛廍、牛犇廍消滅，尤其在原料採取區域制度設置後，便在全島消聲匿跡。新渡戶博士所主張耕作者新式生產組合之類的組織，是否因為不屬於「應立即實施」的事項，最後不見實現？或許是因為在日本領有時仍屬非資本主義的臺灣，若一方面要保護資本家大企業進入，同時又要發展蔗農協同組合式的製糖工廠，以當時社會發展程度與實際情形而言仍屬困難之事[5]。

　　其次，公家廍及頭家廍雖然轉換為改良糖廍，但是因為新式工廠壓倒了改良糖廍，蔗作者與製糖業者的分糖法關係亦隨之消滅。新式製糖廠由於原料供給者頗多，不便實施分糖法，而且也有引起各種紛擾之虞，於是採行原料收購法。蔗農對會社而言，成為單純的甘蔗出售者而與製糖利益完全分離，臺灣糖業在結構上，遂完成根本性的變革。蔗作者對製糖會社勢必「立即希望能調高原料價格，甚至出現令人不安之舉。例如在甘蔗收購上承受不少痛苦與犧牲的臺灣製糖，便在作業的第二年不得不將收購價格調高約三成，且費盡心血在自作農場生產所需原料的一半，以抑制蔗價高漲」。在會社的原料供給政策上，「到了明治38年〔1905年〕原料採取區域制度實施後，有人倡言蔗作不利，或是要求調高原料價格，希望降低或廢除甘蔗收購等級，或是聲稱秤量不公正、甘蔗採收順序不公平。會社擔任此工作者由於業務尚未熟練，與蔗農互不信任，也引起許多紛爭。不過隨著時間過去，彼此的理解與信用逐漸加深，特別是會社為求穩定取得原料而實施耕作資金借貸，並制定各種獎勵方法照顧蔗農，才產生共存共榮的觀念。自明治41年〔1908年〕左右起，各種紛爭逐逐漸消聲匿跡」[6]。即到了這個時候，糖業的資本家企業才大致進入了新時代的秩序。

　　會社收購甘蔗的方法為何？在開始耕作前，會社先以種植及出售甘蔗

為條件，貸予蔗作者耕作資金。蔗作者需擔負責任斤量，於種植方面接受會社的指揮和指導，而甘蔗出售的價金則必須先充抵前述的預借資金。甘蔗的採收、裝載及搬運，由會社派遣自己的苦力於耕作者希望的時期施行，費用由蔗作者負擔，從甘蔗出售的價金中扣除。甘蔗採收之際，蔗作者尚必須在場整理甘蔗。甘蔗之所以由會社採收及搬運，原因在於其生理性質，如不儘速完成上述工作，將損及糖份，以致有害製糖率。會社公布甘蔗收購價格後，農家固然有依此價格決定是否種蔗的自由，但是公布的時間通常在甘蔗種植前或種植時，也有在甘蔗生長過程中、開始製糖之前，甚至在開始製糖之後。制度實行之初，甘蔗收購價格按規定需由會社與蔗作者協定，再報請地方官廳取得許可，然而後來卻變成會社單方面決定後向官方報備。而且收購價格與糖價無關，係以競爭作物的市價為標準。即以同樣的一年二作水田、一年一作看天田或旱田耕種水稻、陸稻、甘蔗所能收成的生產物總價為標準，決定甘蔗總收穫量的總價，進而決定每 1,000 斤的單價。然而這些競爭作物在本島以外的市場向來就少，而且具有耕作者自家消費的性質，因此價格低廉，使得蔗價（原料費用）與屬於出口商品的砂糖市價比較，顯現不成比例的低廉。不過近年銷往日本市場的蓬萊米生產普及，使得蔗作收益不及稻作，加上旱作作物番薯（甘藷）近年也因可作為燒酎及澱粉的原料，在日本市場打開銷路，因此在市價上壓迫到蔗作。現在，舉三例比較蔗作與其他作物之收益，如次所示：

（一）拓殖局發行《臺灣糖業政策》所載。大正 8 年〔1919 年〕8 月時，臺南廳平均一甲一年份的收益比較：

	灌溉至便、年二作之水田（圓）		一年一作看天田（圓）		旱田（圓）	
	自耕	佃耕	自耕	佃耕	自耕	佃耕
水稻	512.30益	99.30益	214.75益	50.55益	—	—
甘蔗	268.28益	144.72損	125.60益	38.60損	—	—
陸稻	—	—	—	—	122.20益	93.90益
甘藷	—	—	—	—	49.18益	20.88益
甘蔗	—	—	—	—	167.75益	111.15益

（二）三井物產調查（大正15年〔1926年〕6月）中部一年二作水田每甲年收益比較：

在來米稻作　153圓　　日本品種稻作　264圓　　蔗作　163圓

（三）殖產局調查（大正15年）南部旱田每甲年收益比較：

甘藷　109圓　　蔗作　194圓

（但是與甘蔗生長需要16、7個月相反，甘藷僅需6個月以內，因此在土地使用上，算入輪作物的收益時，甘藷可與甘蔗匹敵）。

即競爭作物稻米及甘藷由於出口商品化帶來市價上漲，使得蔗作難以與之匹敵。據言為獲得與蓬萊米（日本品種米）同等的收入，每甲甘蔗收穫量必須要13萬斤到16萬斤，然而現今即使在中部的水田地區，甘蔗每甲收穫量平均也僅在10萬斤左右。雖說今後由於品種及種植法的改良，可預期產量增加，但是並不易快速增加到15、6萬斤。蔗作收益與競爭作物相較，不僅顯得微薄，某製糖工廠更傳出下述狀況：甘蔗每甲收穫量6萬斤，收購價格最高為5圓50錢（每1,000斤），平均每戶（一般勞動人口為3人、水牛1頭、種植面積3甲）年收800圓，扣去苦力費、肥料費用等，實收金額幾乎為零。據說每甲收穫量沒有10萬斤（一說20萬斤）的話，

就無法收支相抵，此即甘蔗收購價格絕對低廉的實例。

　　由於蔗作收益如此微薄，農民因而轉作其他作物，無法轉作者則不熱中於耕作。近年由於競爭作物價格上漲，使得此傾向更加顯著，因此各製糖會社不得不研擬原料取得的必要對策。即為了獎勵蔗作，中部各會社曾嘗試補償稻作及蔗作收益的差額，不過很快就廢止。鹽水港製糖於大正7年〔1918年〕趁景氣好的時候，曾對蔗作者配發100萬圓的收益。又沙轆、臺南、新竹三社自大正11-12年〔1922-3年〕期起恢復分糖法。沙轆因情形特殊，得以圓滿進行，但是其他二社則受米價上漲及糖價下跌壓迫，耕作者反而猶豫是否種蔗。臺南製糖只在競爭關係較薄弱的玉井地區繼續施行，新竹製糖則於大正15年到昭和2年〔1926-7年〕期起回歸普通的收購法。又，原東洋製糖的南靖工廠，採取對米價的Sliding scale〔浮動——譯按〕制，以決定甘蔗的收購價格。不過，會社都將主力投注於增加每甲收穫量，因為在蓬萊米擴張之際，只有這樣做才可解決蔗作面積難以擴大的問題。而且每甲總收益增加，也可避免蔗作者要求調高原料甘蔗的收購單價。要言之，即可以避開生產成本增加。因此爪哇大莖種的普及、早植[7]、施肥、綠肥、集體耕作及其他種植法的改良皆受到獎勵[8]。集約式種植的前景雖然在會社的自作蔗園頗為可期，但是貧窮的農民卻不然，即使他們也能夠施行，也會因為肥料費用、工資、水租等費用增加，結果所得還是不多。獎勵貧農集約耕作的意義，實無異於獎勵勞動者增加效率。因此，近年會社已不傾向用繁雜的獎勵金制度獎勵蔗農，而寧願努力擁有自己的土地獲得贌耕權，以經營自作農園。即使出佃給農民，在耕種上也施以嚴格的指導監督，這些都是原料政策必然的結果。會社自作蔗園每甲收穫增加的情形，如次所展現之數字[9]：

（每甲平均收穫量）	自作蔗園（斤）	一般蔗園（斤）
大正 10-11 年〔1921-2 年〕期	52,230	44,160
大正 11-12 年〔1922-3 年〕期	73,659	51,851
大正 12-13 年〔1923-4 年〕期	83,914	60,181
大正 13-14 年〔1924-5 年〕期	81,346	66,415

新式製糖會社所支配的土地，如次所示情形：

	社有地（甲）	佃租權取得地（甲）	計（甲）
大正 14 年〔1925 年〕6 月末	63,246	23,748	86,994[10]
大正 15 年〔1926 年〕6 月末	78,601	25,237	103,838

　　新式製糖會社大正 13-14 年〔1924-5 年〕期的甘蔗總耕作面積為 12 萬 1,415 甲，其中會社自作農園占 2 萬 4,123 甲（前期是 1 萬 8,587 甲），自作農園每甲收穫量比一般蔗園高。另外，近年又可見到會社所支配的土地及蔗園自作面積增加。不過，會社支配地（社有地及贌耕地）僅占臺灣全耕地面積的八分之一，而且會社自作的甘蔗種植也僅占甘蔗總耕作面積的五分之一，因此可知大部份的甘蔗仍由會社的佃農及一般農民種植。自作蔗園的農民對會社而言，只是單純的農業勞動者，甘蔗收買價格不成問題。會社土地出佃或轉出佃時，農民對會社而言既是佃農又是甘蔗出售者，於是業佃關係及甘蔗收購價格同時成為問題。最後，對種植大部份甘蔗的一般蔗作者而言，甘蔗的收購價格攸關生死，無需贅言。即儘管會社擁有的土地有增加的趨勢，不過收購價格依舊是今日蔗作最重要的問題。一如前述，由於其價格不論絕對上或相較其他作物而言皆屬低廉，為了改善蔗農的生計，絕對有必要調升收購價格，此點至為明顯。而且若計算會社的收

益，並非毫無調升的餘地，請見次表[11]：

年期／每擔	新式製糖會社平均生產費（圓）	其中，原料費（圓）	日本分蜜糖市價（東京行情，年平均，圓）
大正 4-5 年〔1915-6 年〕	6.284	3.182	18.23[12]
大正 5-6 年〔1916-7 年〕	6.733	3.257	19.06
大正 6-7 年〔1917-8 年〕	9.552	3.861	19.98
大正 7-8 年〔1918-9 年〕	11.961	5.146	29.29
大正 8-9 年〔1919-20 年〕	20.771	8.289	38.70
大正 9-10 年〔1920-1 年〕	16.995	7.088	22.00
大正 10-11 年〔1921-2 年〕	12.988	5.844	19.11
大正 11-12 年〔1922-3 年〕	11.541	5.521	23.84
大正 12-13 年〔1923-4 年〕	10.519	4.726	21.91
大正 13-14 年〔1924-5 年〕	10.385	5.017	19.60
大正 14-15 年〔1925-6 年〕	10.707	4.994	18.33

　　日本分蜜糖市價含有消費稅5圓，但即使將之扣去，大正13年期相對生產費為10圓52錢，收益為6圓40錢，而大正14年期生產費10圓38錢，收益4圓22錢，仍有約4到6成的收益。相對之下，原料費雖約占生產費5成，但是即使在大正8年前後景氣好的時代，上漲幅度仍不及一般物價，此情形見於上表。現在假設從上述的會社收益中撥出1、2圓以提高原料的收購價格，雖然會增加生產費，但是很明顯並不至於造成會社經營困難，然而會社最怕調升甘蔗的收購單價。

　　如果是這樣，農民為何還要從事如此無利可圖的蔗作？原料採取區域制並不強迫他們種蔗，也不像爪哇 Culture System 一樣強制耕種，能轉種稻米的人應該就會轉種，然而並非所有蔗農都能如此應對。首先是土地的自

然條件難以種植其他作物，其次是受到會社預借資金的束縛。接受會社預借資金便有義務種植責任斤量的甘蔗，再從出售甘蔗所得價金扣除本金利息。預借資金名義上雖然是耕作資金，然而由於蔗農相當貧窮，因此帶有生活費的性質。蔗價低廉，使得農民在扣除借款的本息後，實際獲得之價金往往所剩無幾，因此許多農民不得不每年繼續向會社預支出售甘蔗的價金以維持生計。會社與這些農民的關係，形式上雖然對等，然而預支資金為消費借貸，甘蔗出售為買賣契約，屬於經濟範疇中的流通。蔗農擁有土地及生產物甘蔗，與擁有工廠及貨幣的製糖會社相對立，蔗農熟讀會社該年期甘蔗收購規定後，考慮競爭作物的市價，可自由決定是否種植甘蔗以獲得最大收益，此為形式上的「自由、平等、所有權、邊沁主義」[*]。然而這只是虛偽的表象，實質就是僱傭、預支奴隸、Credit bondage。相對於會社，蔗農的地位其實比不自由的「自由勞動者」還要不自由。

　　農民作為會社的佃農，除了有預支金的經濟束縛，更因受到租佃契約規範，不得不從事蔗作。臺灣的租佃關係存在許多不良慣行，臺灣總督府雖然努力改善[13]，但是我不甚清楚作為地主的製糖會社所提供的租佃契約，與臺灣一般慣行有多少程度的共通，不過製糖會社的目的在於取得原料而非收取佃租，此與臺灣慣行迥然不同。佃農遵從會社指揮耕作甘蔗的義務，方為契約的主要內容，如次摘錄某強大會社的製糖工廠租佃契約相關條款。

---

* 此處引用《資本論》第一卷第二篇第四章第三節〈勞動力的買和賣〉。馬克思以此四詞批判資本主義下勞動力的買賣，看似自由，實則不然，亦即下文所謂「不自由的『自由勞動者』」。其中「邊沁主義」意指勞資雙方「都只顧自己。使他們連在一起並發生關係的唯一力量，是他們的利己心」。（馬克思，《資本論》，中共中央馬克思恩格斯列寧斯大林著作編譯局譯，聯經，2017年，頁163）——編按

第一條 乙方（佃農）佃租甲方（會社社長）指定左列土地，主要進行
　　　甘蔗耕作。

第三條 佃租繳納時間為甘蔗收購價金清算之時，如有不足，乙方可
　　　直接以現金繳納。

第六條 乙方耕作物的選定及耕種法，服從甲方的指導，特別必須實
　　　行左記條項。

　　（一）甘蔗原則二年一作，甘蔗的輪作物選擇綠肥或水稻，9月底
　　　　　前需種下甘蔗。

　　（二）作為甘蔗的前作，耕鋤綠肥之土地，特予免除地租。

　　（三）甘蔗品種由會社指定。

　　（四）蔗園每甲有義務施用調合肥料15叺*以上及堆肥20車（1車
　　　　　800斤以上）。

　　（五）乙方設置苗圃培育次年度早植用蔗苗。

　　（六）乙方就不同等級的土地，負有生產責任斤量甘蔗之義務。

　　（七）、（八）省略。

第七條 乙方未經甲方許可，不得從事農業以外的其他業務。

第八條 甲方對乙方依甘蔗的整理及發育的狀態，以該年度租佃獎勵
　　　規程為準據，貸予無息耕作資金。但對於該年度未繳納之債務，則
　　　課以百分之十五的年利息。

第九條 於蔗園必須整理的期間，而乙方未實施時，甲方以自作常備
　　　勞動力或其他勞動力整理，其費用自乙方的耕作資金中扣除，乙方

---

* 裝穀物、鹽或煤炭用的草袋——譯按

　　不得提出異議。

第十條　甲方對乙方每戶免費借貸一分地以內的宅地菜園。

第十四條　乙方在勞動力尚有餘裕，而甲方要求提供勞動力時，應欣然應允。此情況下，甲方支付乙方相當的工資。

第十五條　乙方欲出售自己收成之作物，而甲方欲以時價收購時，乙方不得拒絕。

（其他省略）

　　可見蔗園的經營者不是佃農，而是製糖會社，佃農的地位完全隸屬於會社，類似愛爾蘭歷史上有名的小屋農民（cottiers）[14]。遵從會社指揮進行蔗作固不待言，更受到會社限制不得從事農業以外的其他行業，也被命令提供勞動力，會社並得主張生產物的優先購買權。出售甘蔗所得的價金充抵地租及耕作資金的本金利息後，如果所剩無幾，則佃農只能以「一分地以內的宅地菜園」（1分為1甲的十分之一，約1畝）的收穫糊口。農民由於依賴下一期耕作資金以獲得生活費，便被迫成為會社的預支奴隸。雖然各會社的佃租契約書內容不盡相同，佃農也未必皆陷入相同的景況，不過由此已足以察知會社為了獲得原料，所要求的佃租關係是如何使蔗農受會社奴役。

　　以上要言之，會社原料政策的中心在於增加每甲收穫量，近年即為此強化土地所有及蔗園經營，經由會社自作或出佃指揮經營，致力於降低原料生產費用，然而卻同時造成蔗作者的經濟地位下降，因而淪為農業勞動者、佃農，以及預支奴隸，「獨立」的農民也無法改善生計。蔗農無法如願轉種其作他物，而會社即使有能力調高甘蔗收購價格，也無意為之。土

地所有、蔗園自作、出佃制度、甘蔗收購法，從農民在這些生產關係上所處的經濟地位，可見會社獲利的秘密。製糖會社因此視臺灣為確實有利的獲利場所，為企業經營之綠洲。昭和2年〔1927年〕糖界波瀾之際，有力會社競相致力於擴張在臺灣的分蜜糖工廠，也就為意料中事。

1 主要根據臨時臺灣舊慣調查會，《臺灣糖業舊慣一斑》，所謂的糖廍就是製糖廠。

2 竹越與三郎，《臺灣統治志》，頁395-6。

3 新渡戶稻造，《糖業改良意見書》，頁35-7。

4 臺灣總督府殖產局，《臺灣糖業概要》，頁8。

5 向來蔗作者的製糖場所，即所組織的牛掛廍及牛犇廍，自臺南以南較多，公家廍及頭家廍則自鹽水港以北較多（《臺灣糖業舊慣一斑》）。而新式製糖會社之嚆矢——臺灣製糖株式會社的工廠，係設立於牛掛廍及牛犇廍的根據地。此「地方性的狀況」，即這些原始組合性質的小製糖廠若留存或改造，皆會阻礙大資本進入，終究非「資本」所能容許。當時臺灣製糖經理山本悌二郎反對新渡戶博士所提具組合性質小工廠的看法，而強調大資本家企業，原因即在此（杉野嘉助，《臺灣商工十年史》，頁355-6）。

6 《臺灣糖業概要》，頁59。

7 甘蔗通常於每年11月起到翌年5月種植，經一年的生長期後，從翌年11月起到次年5月間採收。如果在8月植栽並加長生長期的話，則每甲甘蔗的收穫量可大為增加，然而就得放棄第二期稻作。

8 會社除給予蔗作者耕作資金外，也在甘蔗收購價格加入苗圃獎勵金、早植獎勵金、集體耕作獎勵金、每甲增產獎勵金、肥料補助金、堆肥獎勵金。

9 臺灣總督府殖產局，《臺灣糖業統計》。

10 其中會社自作部份4萬1,690甲，出佃部份4萬2,764甲。

11 臺灣總督府殖產局，《臺灣糖業統計》。

12 大正5年〔1916年〕度，以下準此。

13 臺灣總督府技師鈴木進一郎講題〈本島の小作問題に就て〉〔《臺灣蔗作研究會報》4（12）（報告50），臺灣蔗作研究會，1927年〕：「只是最後必須說明的是，這次沒機會說到製糖會社與租佃問題的關係，我甚感可惜。」（頁22）此事對我們而言，也是頗為遺憾之事。另外，參照臺灣總督府殖產局，《各州小作慣行調查》。

14 拙稿〈アイルランド問題の發展〉（《經濟學論集》第6卷第3號，頁65）〔小屋農民租地主的土地耕作，以勞動支付地租。勞動所得極低，一日可能僅6便士，所以小屋農民的收入幾乎僅能糊口，依靠馬鈴薯維生。1840年代馬鈴薯晚疫病肆虐，小屋農民難以生存，餓死以百萬計，也有約百萬人被迫移居國外。全集第3卷，頁676以下──編按〕。

◆ 第十節 農民組合

　　日本領臺前的糖業利益為糖商或大糖廍主所壟斷，蔗農則陷於貧窮，或是成為共同製糖場所的成員，或是成為分糖法下的製糖委託人，加入製糖的利益。然而新式製糖工廠出現，導致舊式糖廍消滅，結果徹底改變了上述的生產關係，蔗農被製糖工廠「解放」，進而完全無法享有製糖利益。與舊式糖廍的時代比較，蔗農是否陷入絕對貧窮，我並沒有判斷的材料，不過，生活水準應該多少有所提升。然而，他們如今卻因被「解放」，而完全從屬於製糖會社，生產關係因而資本主義化。那些舊製糖工廠的滅亡及無法享有製糖利益、甘蔗收購制的運用、官員偏袒資本家、新式製糖工廠經營者為日本人及因此引發的民族情感衝突、政治上的壓抑感等，皆引發農民的不平及擾動。日本領臺初期的土匪，也可說就是被這種情勢刺激而產生。臺灣總督府官吏持地六三郎在其著書《臺灣殖民政策》（明治45年〔1912年〕刊）論述「所幸今日可依家父長制政治的權威獎勵、勸導農民

從事甘蔗耕作，話雖如此，隨著時勢進展，他們不會只安於順從地方官吏的經常驅使和警察的干涉」、「土人一旦得知其利益遭受壓迫侵奪的結果只是為了個人的私益，其正義觀念便會刻印上永久無法磨滅的深刻傷害。為了國家利益，他們願意承受利益的壓迫侵奪，但若其結果只是讓某些個人得利，就非他們所能忍受。」因此宜改善製糖會社與蔗農的生產關係，要經常調解、融和糖業者與農民之間的利害，同時國家也有必要予以正當分配 1，此處的「個人」為私人，指的是製糖會社。雖說會社與農民的資本主義生產關係新秩序逐漸確立，會社也聲言「以貸放耕作資金及制定各種獎勵方法，專心致力於愛護蔗農，以產生共存共榮的觀念，因此自明治 41年〔1908 年〕左右起，紛爭便逐漸消聲匿跡。2」然而蔗農在生產關係的地位並未改善。會社反而因為要對抗稻米、甘藷等競爭作物的市價上漲而調整原料政策，也就是盡可能不調升甘蔗的收購價格。然後為了確實獲得所需數量的原料，先是運用甘蔗收購制度、規定佃租關係，進而近年熱中於自有土地經營蔗園，相關情形如前節所述，種種措施卻使蔗農的地位從預支奴隸變成隸屬性質的佃農，再往單純的農業勞動者化發展，現代農民運動發生的階級條件於此逐漸形成。要言之，此即蔗作資本主義化本身的必然產物。特別是大正 12 年〔1923 年〕以來，由於日本品種米的勃興，蔗農的自覺大受刺激。再加上世界大戰後思想上的影響，農民對會社的運動從此步入新的時期。即大正 13 年 5 月畫入林本源製糖會社採取區域的臺中州二林出現了蔗農組合，並於大正 14 年甘蔗採收期之際向會社提出三項要求：甘蔗收購價格於採收前公布、甘蔗秤重時在場監督（為了阻止會社秤重不公）、甘蔗收購價格調升及肥料費用調降（因為與其他會社比較，對蔗農特別不利），此為臺灣最初的現代農民爭議。會社不回應這些要求，

反而派遣苦力進入蔗園收割甘蔗，農民與苦力頭、護衛警察發生衝突，結果50餘名組合成員以妨礙業務執行、妨礙公務執行、傷害罪及騷擾罪遭到拘捕，被處以徒刑。

又，高雄州鳳山的陳中和物產會社所有地70甲，原出佃給來自新竹州的50餘名移民，然而此土地因移交給姊妹企業新興製糖株式會社直營，大正14年〔1925年〕6月突然要求農民退佃，不然就是停止稻作轉作甘蔗，此即鳳山農民組合成立的原因34。

二林及鳳山首開先例，其後臺灣各地紛紛出現農民組合，昭和2年〔1927年〕還舉辦了全島農民組合大會。現今組合運動仍急速地在臺灣全島擴張中，即農民開始團結以組合對抗製糖會社。

新式機械的大工廠並非禍害，而是生產力進步、產糖增加的必要事項，問題在於資本家與農民勞動者的關係具有社會生產關係的性質及內容。原料採取區域制本身並非束縛，基於甘蔗作物的性質，在一定方圓的近距離內，確保迅速且大量的原料供給，乃技術上自然且必要之事。為了維持大工廠，就有必要大量供給甘蔗，而且甘蔗採收後，如不在短時間內製糖，糖份的自然損失會變大。問題在於會社與農民就原料生產有何社會關係？德國的製糖公司會讓距離工廠一定範圍內的甜菜耕作者成為股東，股東也有義務將生產的甜菜賣給該工廠，耕作者與製糖利益緊密結合，同時也確保工廠的原料供給，德國糖業的興起據云歸功於此制度甚多5。如果在臺灣不能夠以某些形式，使蔗農與製糖會社或製糖利益緊密結合，也就是現在的社會生產關係若未能改善，農民運動大概會逐漸「惡化」。而且在普通社會，農民運動只是單純的經濟階級運動，臺灣卻不然。臺灣的農民運動以階級對立、民族對立等殖民地衝突的情勢為基礎6，可能同時

也會變成民族運動。其原因是製糖會社的經營者是日本人資本家，而甘蔗耕作者主要是臺灣人。必須說，蔗農是臺灣「統治」的經濟核心問題。與新式製糖會社的發展向來是臺灣殖民政核心問題同等重要甚至更重要的是，目前在殖民政策上，正在要求重要地位的是蔗農。要言之，這是因為統治臺灣就是統治「臺灣人」。若只見巨大且發達的臺灣糖業生產及貿易統計數字，而不見12萬戶蔗農處於如何的生產關係，就不能建構完整的畫面。

1　持地六三郎，《臺灣殖民政策》，頁212-4。

2　臺灣總督府殖產局，《臺灣糖業概要》，頁59。

3　《今村義夫遺稿集》，頁287-96。

4　二林事件的林本源、鳳山的新興，為何最早的農民爭議都是發生在臺灣人的製糖會社？恐怕是因為這兩家會社雖然由臺灣人出資，經營卻落於日本人之手，而且或許就是因此才產生經營上的缺陷及疏慢，對蔗農的處置欠缺慎重。

5　參照杉野嘉助，《臺灣商工十年史》，頁262。

6　拙著《植民及植民政策》，頁408、439〔全集第1卷，頁330、354〕。

· 第四章 ·

臺灣糖業的將來

◆ 第一節 國內消費與輸出

在臺灣總督府及資本家熱心的獎勵研究及努力之下，臺灣糖業已然成就了巨大的發展。比較日本領臺當初及最近的臺灣砂糖生產及貿易額，如次所示[1]：

	明治31年期[*] 〔1898年〕（上年11月 至本年10月）	大正14年期 〔1925年〕（同上）	昭和2年期 〔1927年〕（同上）
島內產額（擔）	683,450[**]	7,992,330	6,852,340
從國外進口（擔）	65,009	214,969	379,260
從日本進口（擔）	─	35,710	51,119

* 此年期「島內產額＋從國外進口額」小於「對出口外國額＋對日本出口額」，似不合理，但《臺灣糖業統計》（1918年）頁9即如此──編按

** 據《臺灣糖業統計》（1918年）頁9，此年期數字為68,349,907斤，四捨五入至百位數，應為683,500擔──編按

對外國出口（擔）	396,971	414,324	199,574
對日本出口（擔）	378,072	7,412,250	6,928,385
島內消費（擔）	196,179 （明治32年期）	416,435	519,120
島內平均每人消費（斤）	7.37（同上）	10.52	12.21

　　昭和4年〔1929年〕期產糖為1,296萬擔，在30年之間，產量增加近20倍，大部份出口到日本。臺灣糖於大正13年首次出口到朝鮮，不過很明顯絕大部份是出口到日本。

　　其次，日本國內砂糖供需狀態，如次所示[2]：

	明治31年 〔1898年〕	明治35年 〔1902年〕	明治44年 〔1911年〕	大正13年 〔1924年〕	昭和2年 〔1927年〕
日本國內生產額（擔）	907,953	912,785	1,142,733	1,617,265	1,769,558
（指數）		（100）	（125）	（177）	（194）
從國外進口額（擔）	4,373,151	2,645,298	1,314,653	5,106,961	7,109,341
（指數）		（100）	（50）	（193）	（269）
從國內進口額（擔）	377,572	581,700	3,958,204	7,229,187	7,198,111[3]
（指數）		（100）	（680）	（1,243）	（1,237）
對國外出口額（擔）	─	7,784	770,251	1,909,107	2,689,498
（指數）		（100）	（9,895）	（24,526）	（34,552）
對國內出口額（擔）	─	3,855	309,418	154,871	283,432
（指數）		（100）	（8,026）	（4,017）	（7,352）
再對國外出口額（擔）	3,137	2,516	─	─	─
國內消費額（擔）	5,755,539	4,125,628	5,335,921	11,889,435	12,093,370
（指數）		（100）	（129）	（288）	（293）
國內平均每人消費（斤）	13.15	8.96	10.31	21.25	20.24

　　即日本（主要是沖繩）增產的指數小，外國進口額則自日本領有臺灣之後大為減少，世界大戰結束後雖然再度增加，不過數量與領臺之初相差不大。但是輸入糖的內容大為不同，領臺之初為直接消費糖，現今是爪哇原料糖。從殖民地進口的數額則激增，近年雖可見自朝鮮與南洋廳對日本國內的進口（從朝鮮的進口為昭和2年〔1927年〕11萬1,820擔，從南洋廳的進口為大正15年〔1926年〕15萬7,906擔），不過大部份還是臺灣糖。輸出糖的指數激增最為驚人。臺灣糖業成熟前，日本為絕對的砂糖進口國，爾後快速地轉變為砂糖出口國，而且出口精糖。其次，對殖民地的出口額，雖然到明治末年有顯著增加，不過爾後減少，此應為臺灣及朝鮮的精糖、耕地白糖以及再製糖興起的結果。最後尚可見國內消費額的增加遲緩。對日本國內的砂糖供給增加，主要原因是臺灣的產糖增加。日本原先對國外其他地區並無任何輸出，之後急速地變成輸出國。相對之下，日本近年從海外的輸入顯著增加，由其內容可知是從消費糖轉換到原料糖。相對於國內消費額增加的遲緩，輸出額的增加則極為快速，其意義在於我國的製糖業已從粗糖國邁向精糖國，而且市場的擴張與其說在國內，不如說是在國外。

　　糖業聯合會調查大正15年〔1926年〕日本砂糖供需狀態，如次所示[4]：

　　消費。精糖550萬擔、分蜜糖350萬擔、耕地白糖110萬擔、其他赤糖黑糖等，合計1,200萬擔。

　　輸出。精糖250萬擔（90%輸往中國）。

　　生產。臺灣分蜜糖795萬擔、南洋廳16萬擔、沖繩及大東島30萬擔、甜菜糖25萬擔，合計866萬擔。

　　從而必須進口的數量，即生產相對消費及輸出不足部份約600萬擔。其中5、600萬擔預定從爪哇，7、80萬擔從古巴進口。

　　此處的問題是預定進口的數量，為何不單純基於生產對國內消費量的不足額，反而自始即包含輸出額，以此計算生產不足額，其實中間沒有任何差錯。我國的製糖業並非先求國內生產達自給自足後再輸入過剩糖，而是自始即以出口精糖為目的進口原料糖。這是因為我國的製糖會社趁世界大戰帶來糖價上漲、輸出市場擴大之際，競相擴張在日本國內的精糖工廠，其情形一如前述。結果就是目前這類工廠的生產能力合計高達1,000萬擔，與我國精糖消費量550萬擔對比，應可理解我國目前並非砂糖過剩，而是精糖工廠的製糖能力過剩，即工廠過剩。製糖會社害怕生產過剩，因此以糖業聯合會的卡特爾協定限制生產。生產限制就表示工廠停工，由於工廠機械等物質資本的自然腐朽是折舊的原因，因此可說是一種「必要之惡」。不過，由於國內的消費有其限度，因此有必要向海外擴展銷路，即生產輸出用的砂糖，以維持工廠機械運轉。

　　然而若計算盈虧，在現今世界砂糖市場上，輸出並無多大收益。以昭和2年〔1927年〕度各製糖會社的收益預測，根據東洋經濟新報的調查，可知每家的輸出糖皆屬薄利[5]。其中以臺灣製糖株式會社而言，在臺灣生產的分蜜糖收益，每100斤直接消費糖是4圓60錢，原料糖是4圓30錢。在日本國內生產的精糖，如以自家產糖為原料，在日本國內市場每100斤損失1圓，以外國糖為原料時，在日本國內市場銷售卻有1圓50錢的收益，銷往中國則只有40錢的收益。如果將自家產糖作為輸出用精糖的原料糖，損失自然更大，因此會社不會作此愚蠢之事。其他會社的情形也約略相同。那麼吾人由此可以了解到什麼呢？如以臺灣分蜜糖作為製造精糖的原料，雖精糖工廠因此蒙受損失，但是由於臺灣工廠獲利甚大，會社仍有收益。不過，這只限於在日本國內市場販售，輸出用精糖絕對有必要進口爪

哇糖作為原料。與供日本消費的砂糖相比，輸出用的精糖利潤微薄，但是為了工廠的正常運轉，卻不得不為之。假使在輸出方面蒙受的損失可用日本國內市場的收益來填補，按理必須繼續出口精糖，不然就是試著對海外傾銷產品[6]。

卡特爾對國內消費者維持獨占價格，對國外大力傾銷，致力於開拓銷路，此為大規模生產及企業獨占的必然趨向。而國家對此又採行怎樣的政策？無非關稅上的保護、輸出獎勵金的制度等。就這些點而言，我國政府是如何保護臺灣的糖業呢？

（一）廢除輸出稅。臺灣在日本領有後不久的一段期間內，曾經施行從價百分之五的輸出稅，使得砂糖對日本的輸出比對國外的輸出更受保護，臺灣所產的糖因而被吸引到日本。然而到了糖業成熟，恐有生產過剩的時候，因有必要擴展對中國的輸出，政府逐於明治43年〔1910年〕11月廢除該項輸出稅。

（二）輸入稅。日本領臺之時，根據日本與國外的協定稅率，設有每100斤赤糖12錢6厘、白糖23錢6厘、冰糖31錢5厘的輸入稅，後經數次調高。明治44年7月舊通商條約廢止的同時，該稅的稅率大幅調高並持續到昭和2年〔1927年〕修訂為止，其情形見次表所示：

砂糖輸入稅（每100斤）之比較

	明治44年〔1911年〕制定（圓）	昭和2年〔1927年〕制定（圓）
荷蘭標本*第11號以下（赤糖）	2.50	2.50
同第15號以下 ⎫	3.10 ⎫	
同第18號以下 ⎬（分蜜糖）	3.35 ⎬（第22號以下）	3.95
同第21號以下 ⎭	4.25 ⎭	
其他（精糖）	4.65	5.30
冰糖、方糖、棒砂糖**	7.40	7.40

　　即昭和2年的關稅修訂，赤糖及冰糖等高級品的稅率不變，精糖調高，分蜜糖中白皙程度較低的「黃双」調高，白皙程度高的「中双」調低***。臺灣分蜜糖主要為黃双，而中双在今日為世界性商品，爪哇糖即屬於這種砂糖。與黃双比較，中双價格雖然高，但是品質優良、精製率高，精糖生產成本可因此降低。以往為保護臺灣的糖業，向來皆調高爪哇中双的進口稅率以阻止其輸入，因此爪哇為銷售到日本，故意將中双製品染色。現在調升黃双輸入稅率，即為了加重保護日本國內市場的臺灣分蜜糖。此外，調升精糖的輸入稅率，就是為了特別保護臺灣分蜜糖，使之成為日本消費精糖的原料糖。而調降中双輸入稅率，則是為了降低精糖的生產成本，與後述的輸入稅免稅制度共同謀求日本製精糖輸出的利益。要言之，即將輸入

* 荷蘭貿易協會（Nederlandsche Handel-Maatschappij）於1839到1956年之間製作的砂糖實物標本。從顏色最深的8號到最白的25號，分裝在透明玻璃罐中，以便與產品對照，為國際間使用——編按

** 即sugarloaf，將精糖再製成圓棒狀的產品——編按

*** 當時將砂糖成品結晶較大的稱為「双目糖」，再依顏色分為白双、赤双、黃双——編按

的爪哇糖由黃双轉為中双，藉此兼顧臺灣分蜜糖生產的保護及日本製精糖輸出的利益。

（三）免稅制度。我國的《輸入原料砂糖戾稅法》於明治44年〔1911年〕7月因期滿廢除。此後政府為了繼續保護國產精糖業，於《關稅定率法》第9條規定使用輸入原料糖製造精糖輸出國外，可全額退回原料糖輸入稅。與舊有退稅法不同，由於日本國內消費的精糖沒有退稅待遇，此精糖退稅因此帶有輸出獎勵金的性質。大正10年〔1921年〕的修訂，以免稅取代退稅，再於昭和2年〔1927年〕《關稅定率法》修訂之際，更改以往荷蘭標本第18號以下的砂糖免稅規定，擴大免稅範圍，納入第22號以下輸出用精糖原料的輸入稅，不言自明，亦具有間接獎勵輸出的性質。

即我國政府雖並未直接獎勵砂糖輸出，卻也施行了間接的輸出獎勵，昭和2年的修法特別顯示此點。製糖會社及政府之所以皆致力於精糖輸出，也在於日本國內消費市場已無擴張的餘地。昭和2年《砂糖關稅法》修訂的同時，消費稅亦如次修訂：

砂糖消費稅率（每100斤）比較

	明治44年〔1911年〕制定（圓）	昭和2年〔1927年〕制定（圓）
荷蘭標本第11號以下（赤糖、黑糖）	2.00-3.00	1.00-2.50
同第15號以下 ⎱（分蜜糖）	5.00 ⎱（第18號以下）	
同第18號以下	7.00	5.00
同第21號以下	8.00（第22號以下）	7.35
同第21號以上（精糖）	9.00（第22號以上）	8.35
冰糖、棒砂糖、方糖	10.00	10.00

　　也就是大致都予以調降。調降消費稅率，雖然或可說具有社會政策方面的理由，然而僅強調此點，並無法自圓其說，從同時調升輸入稅率一事即可知。調降消費稅具有提高日本砂糖消費量及擴大日本國內市場的意義，固不待言。然而如前所述，我國砂糖消費量增加速度遲緩。比較近年世界各國的每人砂糖消費量，美國不在話下，即使是處於戰後疲憊期的歐洲各國，大致都遠比我國高（根據《第十四臺灣糖業統計》〔1924年〕）：

	1902-3年（斤）	1914-15年（斤）	1920-21年（斤）
德國	21.70	56.21	37.50
法國	18.20	39.26	25.50
奧國	13.45	28.04	18.00
英國	67.85	67.27	49.62
比利時	14.53	32.06	33.00
義大利	5.87	7.84	9.00
荷蘭	12.58	40.08	34.28
美國	52.48	62.87	65.63
日本	11.07	9.64	17.69

　　假如砂糖消費量可視為國民富裕程度的指標，則日本雖然處於低水準，不過檢視明治44年至昭和2年〔1911-27年〕長期的砂糖消費稅率，就精糖而言，每100斤為9圓，如以爪哇糖為原料，尚需負擔輸入稅至少3圓10錢，即精糖市價24圓中，一半是政府徵收的租稅，等於1杯咖啡如加入2粒方糖，其中1粒就是租稅負擔。在如此重稅之下，要如何增進國民的消費、擴張日本的砂糖市場呢？日本精糖工廠趁世界大戰期間的經濟景氣大幅擴張生產能力，卻又遭逢世界性砂糖生產過剩，政府或許就是因此才

修訂輸入稅以間接獎勵輸出，同時降低消費稅來擴張國內市場吧。果係如此，則接著產生的問題是未來我國糖業主要應開發的銷路是在國外還是在日本？

在關稅保護下，卡特爾在國內市場以獨占價格獲得特別利潤，對國外市場則致力於具傾銷性質的輸出，本來就對國內消費增加不抱太大期待。卡特爾既以穩定的消費量（或許正因如此才限制供給）獲得充分的利潤，因此並不在意租稅約占國內砂糖市價的一半。況且此稅為間接稅、庶民稅，而且也是國庫的一大財源（假使減少此項財源，而以增徵直接稅來填補國庫，資本家需負擔的國家財政，不就有加重的危險嗎？），因此致力於使輸出激增。然而如果因國際競爭激烈而難以擴張輸出市場，資本家的目光就會轉向國內，進而調降消費稅。調降消費稅雖然也是出於社會政策的要求，然而此方法卻可使製糖會社不用犧牲卡特爾利潤就得以擴張國內市場，獨占資本家就如此成為了「社會政策家」。於是國民能購買廉價的砂糖，資本家的利潤率不減，利潤量反而增加。國庫雖然一時之間會減少歲入，但是因消費總量增加，最終應可見消費稅總金額增加。從消費者來說，砂糖降價是因消費稅率下降，還是卡特爾利潤減少，實際上並無差異，兩者皆下降當然最為有利。不過，資本一定會要求消費稅率下降，這是因為卡特爾利潤率下降，會影響獨占資本的命運。

我國糖業資本已經卡特爾化，並努力在中國及南洋設置工廠、輸出資本，加上關稅制度的保護、以糖業聯合會的義務輸出協定為基礎對中國的精糖輸出、廉價取得爪哇原料糖、國內市場的政策及與臺灣分蜜糖的生產關係等，在在表現出獨占資本運動的特徵。

....

1 以《臺灣糖業統計》為基礎，不過昭和2年〔1927年〕期的數字是基於《臺灣總督府統計書》及《日本糖業年鑑》而來。1擔＝100斤。

2 同上書。

3 南洋群島進口到日本國內的數量，係大正15年〔1926年〕的數字。

4 東京朝日新聞社，《金と物どう動く？》，頁230-1。

5 《東洋經濟新報》臨時增刊，《續會社かゞみ》（昭和2年〔1927年〕6月）。

6 「根據糖業聯合會的調查，對中國的輸出於3年〔即1928年——譯按〕度（包含從臺灣的輸出）為340萬4,000擔，其價額3,301萬圓，占日本輸出糖的九成左右。然而由於中國進口的砂糖達1,200萬擔，日本糖僅提供其中的三成，因此未來仍有逐漸向上發展的空間。不過反過來看，向來出口到中國的砂糖以香港糖及日本糖占大多數，但是古巴糖最近因其砂糖增產對策，有向遠東地區傾銷之勢。爪哇糖也為了處理生產過剩的砂糖，努力對中國輸出，二者皆為日本精糖輸出的強敵。從價格、交易等各點來看，日本的輸出糖需要極大的努力」（《東京朝日新聞》昭和4年6月15日）。

◆ 第二節 糖業與稻作

臺灣的甘蔗與稻米互為競爭作物，此點已在前節論述。就地理上而言，甘蔗從南部、稻米從北部興起而逐鹿中原。日本領臺前，臺灣糖業地區限於濁水溪以南，即旱作地區。日本領臺後獎勵糖業，結果糖業地區自明治42年〔1909年〕左右開始向中、北部的水田地區前進。為了對抗水田稻作，甘蔗的收購價格比種植甘藷、陸稻地區的南部來得高。中部地區的製糖會社為了獲得原料，不得不特別費心。然而隨著日本國內稻米界的活絡，日本大米商競相買進臺灣米，臺灣米價因而自大正7年〔1918年〕10月

開始上漲。另一方面，「不僅下層人民反映生活困難的地區接二連三出現，米價毫無限制的暴漲，使得以糖業為首的一般產業，有遭受不良影響波及之虞，臺灣總督府因而認為有必要抑制本島米暴漲，予以適當調節，當年（大正8年）突然發布限制移出的命令，規定若未得臺灣總督府特許，便無法移出臺灣米1。」臺灣總督府雖然想阻止蔗作減少及蔗價上漲，但是市場的經濟法則卻使稻作逐漸成為蔗作的大敵。拓殖局發行的《臺灣糖業政策》（稻田昌植稿，大正10年〔1921年〕刊）論說蔗作與稻作的對抗問題，其結論是建議採行兩者調和主義，糖業往可作為甘蔗種植地的臺灣北部及東部擴張，同時為了要使臺灣躍升成為東洋的糖業中心，在華南及南洋地區建設以臺灣為根據地的大糖業地區，以此作為糖業政策的根本目標。聲言「完成此新使命最有效的行政手段，或許就是砂糖官營（同書，頁101-3）。」此言不僅反映臺灣糖業於帝國主義發展上的要求，同時指出製糖會社在對抗稻作方面的困難，暗示以糖業官營為解決之道。

不過由於糖業在大正8年〔1919年〕前後呈現榮景，製糖會社經營狀況因而興旺，官營問題也就止於暗示。然而日本人口增加使得糧食的需求越來越大，臺灣的稻作因而自大正12、3年〔1923、4年〕起，經歷徹底的革命。從前的臺灣米品質接近所謂的外米，並不適合日本市場。但由於日本糧食問題刺激了臺灣米的改良，研究的結果成功地栽培出品質接近日本米的「蓬萊米」。該品種米的種植地區快速擴張，從北部往中部前進，促進埤圳的發展，並繼續往南延伸。曾經從南部興起往中部以北擴張的蔗作，如今反而在中南部受到從北部興起的蓬萊米的壓迫。蓬萊米（日本種米）的生產比在來種米有利，尤其出口到日本更是如此，此點可見於如次的比較2：

	平均每甲收穫量（石）			平均每甲生產物總金額（稻穀及稻草，圓）		中級米平均每石價格（圓）	
	第一期	第二期	平均	自耕	佃耕	臺灣市場	日本市場
在來種米	12.482	10.804	11.569	304.74	330.36	22.57	26.81
日本種米	14.855	9.909	14.015	447.66	396.89	28.57	35.76

對利益相當敏銳的臺灣農民，當然立刻轉為生產日本種米：

（米生產量、石）	大正11年〔1922年〕	大正12年	大正13年	大正14年	大正15年
在來種粳米	4,855,105	4,332,580	5,055,048	4,555,347	4,054,491
糯米	583,413	494,539	674,731	895,158	852,579
日本種米	7,296	38,968	382,368	992,658	1,307,102
合計	5,445,814	4,866,087	6,112,147	6,443,163	6,214,172
（出口到日本的數量、石）					
在來種粳米	402,651	654,568	1,112,058	640,182	475,124
糯米	308,065	449,247	553,300	601,532	907,680
日本種米	1,275	47,266	348,470	1,115,794	1,041,337

在來種米的生產顯示出絕對性的減少，與日本種米飛躍性的增加形成明顯對比，而且日本種米產量超過在臺日本人需求的部份，全部出口到日本市場。糯米產量亦因為有日本市場而增加，增加的產量幾乎全部銷往日本。另外，日本種米在各地普及的情形，如次所示[3]：

（蓬萊米種植面積、甲）	大正 11 年〔1922 年〕	大正 12 年	大正 13 年	大正 14 年
北部（臺北州、新竹州）	427	2,144	13,961	43,164
中部以南（臺中州、臺南州、高雄州）	—*	335	11,085	27,432
東部（花蓮港廳、臺東廳）	—	4	32	231

也就是明顯往中部地區擴張，若埤圳發達，增加種植絕非不可能。對製糖會社而言，此情勢便造成蔗作地減少（耕作者選擇稻作）、甘蔗收購價格上揚（與日本種米對抗），成為其原料政策的一大威脅，其對策則是增加甘蔗平均每甲收穫量、擴張自作蔗園等各種方法，一如前述。而臺灣總督府在日本糧食的問題上，也不再像從前發布命令限制臺灣產米出口到日本國內，反而是致力於日本種米的生產及對日出口的增加[4]。我國「糧食」政策向來標榜自給，因此著重臺灣砂糖，即甘蔗的生產問題，如今這卻被更為重要的生活必需品——稻米所構成的「糧食」問題取代。無需贅言，目前在已投入巨大糖業資本的臺灣，稻米增產政策不會像朝鮮那麼單一[**]，臺灣總督府正面臨如何協調糖業與稻作獎勵保護的難題，不過臺灣

* 據《臺灣の米》頁 15，此年度高雄州第二期有 0.1 甲。矢內原於此表皆四捨五入至整數——編按

** 米騷動後不久，朝鮮總督府於 1920 年推行了「朝鮮產米增殖計畫」，預計以 30 年時間改良 80 萬町（約 7,934 平方公里）田地，方法包括品種改良、耕種改良（使用肥料）、興築水利設施和提供低利資金等等。第一期計畫以 15 年時間改良 42 萬 7,500 町（約 4,240 平方公里）的田地，將稻米產量增加 920 萬石。矢內原曾有專文探討此政策，收入《植民政策の新基調》中——編按

總督府相信糖業與稻作有可能並行發展。由於今後我國人口增加及工業化的趨勢今後將會更加顯著，日本的稻米市場會越來越大。臺灣的蓬萊米與朝鮮米一樣，品質都接近日本米，符合日本人的口味偏好，而且價格比日本米低廉，因此對日本米及外國米皆具備有利的競爭條件，日後種植面積及生產量應該會不斷增加。今後如果稻作的收益遠超過製糖收益，資本應該就會離開製糖，轉而投入稻作。當然，轉換資本的使用方法會損失工廠投入之類的固定資本，不過糖業原本就與純粹的製造業不同，對農業部門亦有極大的投資，工廠方面的固定資本反而相對較小，因而此轉換應可較簡單地進行。即製糖會社既有耕地由蔗作轉稻作相對較容易，如朝鮮的東洋拓殖株式會社轉換成稻作會社一般。農民處於資本家支配之下的情形，則沒有任何變化。然而，對他們而言，即使收益方面沒有任何不同，但是稻作仍比蔗作更有利，理由在於原料採取區域制限制了甘蔗的出售，稻米則相反地有自由廣大的市場，同時也可充當自家消費，農民因此站在對抗資本家的有利自主位置。不過對資本家而言，糖業仍比稻作有利，理由是糖業由於包含農業、工業兩部門，且橫跨粗糖業、精糖業兩階段，就產生利潤及獲得資本家獨占地位而言，皆比單純的農業社會稻作有利。

　　臺灣無需關稅保護即能對抗爪哇糖的製糖會社，如果有的話，大概不過最強大的二三家會社5。若於今日降低砂糖輸入稅率，由於稻作的發展，甘蔗收購價格必須調高，製糖會社則因生產成本而陷於於不利，或許就會轉作稻米。果真如此，臺灣就會只剩下基礎最為堅實的製糖會社，國民應該會因此同時享有更為廉價的砂糖與稻米，然而這只不過是我的假設而已。現實上，我國糖業資本家所採取的策略方針是以所持土地經營蔗園，藉此對抗稻作的威脅，並促使政府調升輸入稅（昭和2年〔1927年〕《關稅定

率法》修訂的內容，即根據糖業聯合會的意見而來），以強化國家對糖業的保護，糖業資本自我防衛的部署至為明顯。總之，臺灣糖業的強敵不是爪哇糖，也不是古巴糖，而是來自始料未及之處，即我國的人口糧食問題。

最後必須一提的是嘉南大圳。嘉南大圳橫跨臺南州北部、中部，灌溉面積15萬甲，為涉及利害關係者達40萬人的大型水利工程。大正6年〔1917年〕開始計畫，大正10年著手興工，預定於昭和4年〔1929年〕竣工，工程費預算達4,800萬圓。然而工程完竣後，由於灌溉區域所有耕地需要的水量超過實際能提供的水量，為了要使所有農民「公平、平等的受益於嘉南大圳」，遂採行三年輪作集體耕作。即稻作連續灌溉、蔗作間斷灌溉、雜作不供水，以此作法調節供水量。而且基於給水、排水工程設計在技術上的需要，以各種作物每50甲集體耕作、150甲為一輪作區，訂立作物耕作標準。此輪作制度雖不具強制性，不過亦非自由放任，而是由嘉南大圳「指導」農民進行集體輪作[6]。

上述水利工程計畫施行的結果容許，不，是強制蔗作與稻作在此15萬甲耕地（占臺灣耕地總面積的六分之一）併行發展。稻作甚至可連作，不，是可一年二穫。與此相反，甘蔗原本就適合三年輪作，由於製糖會社又特意就其集體耕作及綠肥前作，配合發放獎勵金勸導蔗作者，使得此工程計畫最後其實帶有以蔗作為中心的性質。又，姑且不論製糖會社及其他大地主之類目前擁有集體農地之情形，集體耕作對於小地主及佃農而言，會因此被迫從根本改變生產關係，或許將成為促進土地所有及經營集中的原因。這是因為50甲的耕地成為單一整體、一年間進行或米或蔗或雜作（甘藷綠肥等）的單一耕作，由於供水、排水設計的緣故，種植受到機械性的強制，因此必須統括一輪作區150甲地經營，才可展開完整的規劃，

即以此150甲為一個經營單位。獨占性擁有或經營此集體農地的大地主、大企業家，可因此處於最有利的地位。然而耕作小面積土地的農民，當其耕地因輪作之故被分配到蔗作或雜作的年份時，便會陷入連自家食用米都無法生產的狀況。此外，貧農也難以忍受三年間每年收益並不均等之情形。因此嘉南大圳組合將單一輪作區150甲範圍內的農民組織成「實行小組合」，讓耕地集中在單一作物區（50甲）內的農民與其他農民交換耕地，以此使該農民耕地得以跨越二作物區以上，此作法正是一種「土地綜劃運動」（enclosure），然而這種狀況明顯會促進土地所有及經營的集中。

上述實行小組合之目的是承辦其輪作區域內中小水路工程的施行、水路維護、用水的分配及農作物的種植，即謀求大圳工程中組合成員自行負擔的部份以及三年輪作與集體耕作能順利進行，並以此施行區域內土地的交換、重分配。今後實行小組合是否朝向農民的協同生產組織發展，共同擁有一輪作區150甲，或是協同的經營，並無法預測，不過嘉南大圳的水利計畫的確能建構出農民共有或協同大經營的物質基礎。然而現下的問題是大圳在社會關係上所促進的變化，應該是資本家及大地主的土地集中，以及農民喪失土地的無產者化。

嘉南大圳既然已經投入巨額經費並且正在進行中，其完成之時，由於土地生產物的增加及土地價格上漲，應該會帶來巨大利益。此工程不像日月潭水力電氣工程以挫敗收場，反而逐漸接近成功，吾人也不能不希望其成功。然而其竣工之時，區域內的生產關係以及製糖會社與農民的社會關係都將有重大變革，會社在此區域內應可絕對性地不再受稻作威脅。甘蔗收購價格不受競爭作物市價的影響，全憑會社獨占及其「善意」來決定，蔗作將會規律地施行，而且是由「水」來發號施令，稻作與蔗作的對抗應

該也就會完全「隨水而去」。嘉南大圳的灌溉區域位於西臺灣的中南部，於此處設置蔗作及稻作對抗戰的緩衝地帶，試圖在占臺灣總耕地面積六分之一的大區域「調和」兩者的發展，實際上欲解決的是單以蔗作為中心產生的相關問題，其解決即為「水利工程的設計」。雖說一開始規劃嘉南大圳的目標恐怕不是如此，但是就其結果追究嘉南大圳的社會意義，卻可歸納為保護糖業資本，完全配合其利益，使獨占資本更為高度的發展。無論如何，這是在「帝國主義殖民地」臺灣很難被看出其性質的大工程。

1 杉野嘉助，《臺灣商工十年史》，頁129。

2 平均每甲收穫量為大正14年〔1925年〕度、生產物總金額是大正14年第二期作、平均每石價格是大正14年10-11月的數字。根據臺灣總督府殖產局，《臺灣の米》、同單位，《主要農產物經濟調查其の一，水稻》。今川淵，〈本島內地種米的出現と其影響〉（《臺灣時報》第76號）。

3 基於臺灣總督府殖產局，《臺灣の米》，14-9頁。

4 臺灣總督府以大正13年〔1924年〕為基礎，估算30年後島內產米總量1,200萬石，出口到日本730萬石，以及作為本島人食用米之補充，進口外國米200萬石。而其計算基礎為島內產日本種米670萬石、在來種米400萬石、糯米130萬石，也就是日本種米的生產顯著增加，成為主要的臺灣稻作。在來種米的生產，則止於無法完全滿足本島人糧食需求的程度（臺灣總督府殖產局，《臺灣の米》，頁163以下、《臺灣米概說》，頁90以下）──「日本種米是解決母國糧食問題的鑰匙」（殖產局農務課長今川淵述，〈本島內地種米的出現と其影響〉，《臺灣時報》第76號所載）。

5 甘蔗糖生產成本比較（平均每擔、圓）（根據《臺灣糖業統計》）。

臺灣分蜜糖（1924年度）	10.519
爪哇中双及黃双（1925年度）	8.010
古巴糖（1925年度）	6.270

　　此砂糖生產成本的差距主要出於原料費用，即甘蔗生產費用的差距。在工廠生產費用方面，據說臺灣毫不遜色。而甘蔗的生產費用主要因為土地肥沃程度而有所差異。臺灣平均每甲的收穫量是7萬斤，相對之下，爪哇是15、6萬斤，古巴以同一母株連續三年採收，第一年15萬斤、第二年10萬斤、第三年7萬5,000斤。如比較三年輪作的臺灣，可知其土地生產力之大。臺灣糖業由於自然條件之故，與爪哇糖、古巴糖相比皆較為不利，因此要以人為的改良對抗，不能不說是特別困難。

6　參照臺灣總督府內務局，《嘉南大圳組合の事業に就いて組合員諸君に告ぐ》及嘉南大圳組合，《嘉南大圳事業講話要領》等。

Common66

帝國主義下的臺灣
2022新譯版

作　　者	矢內原忠雄	
譯　　者	黃紹恆	
校　　對	魏秋綢	
責任編輯	賴書亞	
封面設計	鄭宇斌	
內頁排版	黃暐鵬	
行銷企畫	陳詩韻	
總 編 輯	賴淑玲	

出　　版	大家出版／遠足文化事業股份有限公司
發　　行	遠足文化事業股份有限公司（讀書共和國出版集團）
	231新北市新店區民權路108-2號9樓
電　　話	(02) 2218-1417
傳　　真	(02) 8667-1065
劃撥帳號	19504465　戶名・遠足文化事業股份有限公司
法律顧問	華洋法律事務所　蘇文生律師
初版一刷	2022年10月
初版二刷	2024年3月
定　　價	480元
Ｉ Ｓ Ｂ Ｎ	978-986-5562-78-6（平裝）
Ｉ Ｓ Ｂ Ｎ	9789865562793（PDF）
Ｉ Ｓ Ｂ Ｎ	9789865562809（EPUB）

帝國主義下的臺灣／矢內原忠雄作；黃紹恆譯.－初版.
－新北市：大家出版：遠足文化事業股份有限公司發行，2022.10
面；　公分.－（Common；66）
2022新譯版
ISBN　978-986-5562-78-6（平裝）
1.CST: 經濟史 2.CST: 臺灣史
552.339　　　　　　　　　　　111015145

永遠列名臺灣史閱讀書單
二〇二二新譯版
迎接經典的再理解和新啟發

本書自1929年出版至今，諸多立論已成學界定說，是日治臺灣研究的標竿之作。作者矢內原忠雄統整分析了1895年之後的整體史事，而著重能夠解釋全局的經濟議題。身為東京帝大經濟學教授，他敏銳的看出殖民政府必須讓臺灣對帝國有利，於是努力引進資本主義並百般維護，一切政策皆由此核心擘劃實行。以此觀點，日治時期的政治、產業、金融、司法、文教等看似互不相干又紛雜多端的單獨事實，便有了前後一貫的脈絡。

書中分析臺灣的現象時，同時參照朝鮮、爪哇和印度等地的殖民統治。將臺灣的內外環境並陳，不僅更能理解殖民當局背後的考量，也能以客觀依據凸顯臺灣處境的獨特之處。矢內原從官方綿密的統計數據中歸納出現象，再建立自己的詮釋，進而形成對帝國主義的批判，使得總督府禁止此書在臺灣發行。

如果你曾感嘆臺灣人遭受殖民壓迫，本書揭露當帝國推行資本主義化時，不只影響臺灣，也讓日本消費者、納稅人和農業移民付出代價。

如果你知道日治時期研發出了蓬萊米，本書會告訴你為何小小的稻米竟然讓臺灣強大的製糖會社陷入經營危機。

如果你覺得臺大曾經是帝國大學頗為氣派，本書會指出在臺灣設立帝國大學為何是「腳小頭大」的教育制度，臺灣的整體文教政策又如何顯露出濃厚的帝國主義，並為資本主義服務。

如果嘉南大圳讓你想到八田與一的貢獻，本書能讓你從帝國主義的視角觀察水利工程的意義和影響，進而更深刻、寬廣的認識帝國主義下的臺灣。

ISBN
978-986-5562-78-6
0CCO0066
NTD480

BOOK REPUBLIC
讀書共和國
www.bookrep.com.tw

common master press+
大家出版

臺灣文化志（全三冊，全新審訂版）

●伊能嘉矩——著
●國史館臺灣文獻館——編譯
●陳偉智——審訂

聳立在臺灣研究史上不朽的金字塔，伊能嘉矩畢生心血的集大成之作。

伊能嘉矩‧臺灣地名辭書

●伊能嘉矩——著
●吳密察——譯
●翁佳音——審訂

一本有讀音的地名辭典，保留了先民在土地刻劃出的音聲痕跡，
也是一部空間向度的臺灣開發史。

臺灣抗日運動史研究（全新增補版）

●若林正丈——著
●何義麟‧陳怡宏‧李承機‧顏杏如‧陳文松‧鄭麗玲‧葉碧苓‧鄭政誠‧許佩賢‧富田哲——譯
●吳密察——專文導讀

臺灣人的認同從何而來？「臺灣人」何時誕生？
若林正丈學術生涯立碑之作，追尋臺灣認同如何形成的重量級經典。
全新增補版新收錄論文二篇，
包括矢內原忠雄與臺灣知識分子的交誼與影響之專文研究。